MANAGING
THE
PROFESSIONAL
SERVICE
FIRM

专业服务公司的管理

·经典重译版·

[美] 大卫·梅斯特（David H. Maister） 著
吴卫军 郭蓉 译

机械工业出版社
China Machine Press

图书在版编目（CIP）数据

专业服务公司的管理（经典重译版）/（美）大卫·梅斯特（David H. Maister）著；吴卫军，郭蓉译 . —北京：机械工业出版社，2018.3（2023.6重印）

书名原文：Managing the Professional Service Firm

ISBN 978-7-111-59252-5

I. 专… II. ①大… ②吴… ③郭… III. 公司 – 企业管理 IV. F276.6

中国版本图书馆CIP数据核字（2018）第036264号

北京市版权局著作权合同登记　图字：01-2008-0696号。

David H. Maister. Managing the Professional Service Firm.

Copyright © 1993 by David H. Maister.

Simplified Chinese Translation Copyright © 2018 by China Machine Press.

Simplified Chinese translation rights arranged with David H. Maister through Andrew Nurnberg Associates International Ltd. This edition is authorized for sale in the Chinese mainland (excluding Hong Kong SAR, Macao SAR and Taiwan).

No part of this book may be reproduced or transmitted in any form or by any means, electronic or mechanical, including photocopying, recording or any information storage and retrieval system, without permission, in writing, from the publisher.

All rights reserved.

本书中文简体字版由David H. Maister通过Andrew Nurnberg Associates International Ltd. 授权机械工业出版社在中国大陆地区（不包括香港、澳门特别行政区及台湾地区）独家出版发行。未经出版者书面许可，不得以任何方式抄袭、复制或节录本书中的任何部分。

专业服务公司的管理（经典重译版）

出版发行：机械工业出版社（北京市西城区百万庄大街22号　邮政编码：100037）	
责任编辑：冯小妹	责任校对：殷　虹
印　　刷：保定市中画美凯印刷有限公司	版　次：2023年6月第1版第12次印刷
开　　本：170mm×230mm　1/16	印　张：23.5
书　　号：ISBN 978-7-111-59252-5	定　价：79.00元

客服电话：（010）88361066　68326294

版权所有·侵权必究
封底无防伪标均为盗版

| 赞 誉 |

MANAGING THE PROFESSIONAL SERVICE FIRM

对于在专业服务领域不断超越自我、视野拓展到全球、意欲比肩国际一流品牌的中国公司来说,这是一本很值得推荐的好书。大卫·梅斯特针对专业服务公司的特殊管理模式、公司团队和客户等管理者需要洞悉的各个维度,以其深厚的理论结合实践总结出精辟的方法论,即使我们身处不同的经济形态和时代,也可以从中获得很多有见地的指导。

张毅

金杜律师事务所中国区主席

如何建立一支高素质的团队,如何激发这些团队成员的潜力,并通过共同的目标和价值观为客户提供卓越服务,这是专业服务公司管理面临的最大挑战。本书围绕专业服务公司管理的关键维度做了深入浅出的阐述,不少观点非常值得借鉴。

徐沪初

普华永道思略特管理咨询公司大中华区总裁

作为专业服务管理领域国际公认的权威,大卫·梅斯特将管理理论和实用建议紧密结合,对专业人士和管理者在服务客户、职业发展和管理服务公司方面都带来深刻的启迪及切实的指导。该书对专业服务公司管理者尤其有益,可以帮助他们实现客户、员工和经济效益之间的巧妙平衡。

郝杰

北京外企人力资源服务有限公司董事、总经理对像会计师事务所这样的专业化组织如何运行和管理，本书不仅提供了很多维度的实践经验，还蕴含着不少值得学者们深入思考和检验的理论假说。

吴溪
中央财经大学会计学院教授

大卫·梅斯特成功避开对发展趋势及宏观理论的空泛介绍，向读者呈现了许多便于快速付诸实践的常识性理念。专业服务公司的管理者们一定会发现他的这本书非常值得阅读。

劳伦斯·韦因巴赫
安达信国际首席合伙人兼首席执行官

大卫·梅斯特在专业服务公司管理领域的成就可以与彼得·德鲁克、汤姆·彼得斯和沃伦·本尼斯在企业管理领域的成就相媲美。他的书深入剖析了企业家具备的所有特质，为如何管理企业、成功建立企业管理制度提供了蓝图。

汤姆·聂夫
史宾沙管理顾问咨询公司主席

凡是专业服务公司的管理者们都不应该错过这部实用建议合辑。我认为大卫·梅斯特的观点是最有用的思想之一。

凯斯·莱茵哈德
恒美国际广告公司主席兼首席执行官

这是由一位经验丰富的律所管理观察家所创作的富有思想的实践性著作。它让不同层次、不同水平的读者都能受益匪浅。

马克·凯塞尔
谢尔曼·思特灵律师事务所首席合伙人

大卫在把学术知识与实践操作相结合方面具备非凡能力，他通过这种方式向读者呈现了可信度高、充满挑战却又非常实用的建议。梅斯特先生是推动专业服务公司走向卓越的管理大师。

亚瑟·米兰特

高纬物业咨询有限公司主席兼首席执行官

大卫·梅斯特的方法对帮助我们理解如何管理全球工程与建筑业务非常有效，并且使我们集团的业务开发效果得到了大幅提升。

达瑞尔·马歇尔

福陆公司金属矿业采购副总裁

大卫·梅斯特对管理专业服务公司的见解实用、深刻且分析得恰到好处。他善于运用富有启发性的比喻和类比，为解决老生常谈的问题提供新思路，使这些问题更易于管理。

弗雷德·斯坦格雷伯

科尔尼管理咨询公司主席兼首席执行官

我和我的同事越重视梅斯特先生的管理理念，我们公司的发展就越好。

约翰·比尔兹利

Padilla Speer Beardsley 公关公司主席兼首席执行官

坦率地讲，大卫·梅斯特是思路最清晰、最风趣幽默且最具智慧的律所军师。阅读他的书籍或者听他讲课既有趣味，又能有所收获。

史蒂夫·布雷尔

美国律师传媒公司主席兼首席执行官

大卫·梅斯特在衡量盈利能力、服务质量、业务开发、人才培养等方面提出的方法已经得到广泛应用。对管理顾问的一个核心测验是：在接受了他的理念及建议之后，你的行为方式是否会发生改变？我每次从梅斯特先生那里获取的宝贵建议，在付诸实践之后总能帮助我们取得实质性的进步。

爱德华·普林格尔

美世人力资源咨询公司执行副总裁

在专业服务公司管理领域，大卫·梅斯特的名字就代表着最新思想。通过阅读本书，你会知道为什么。

詹姆斯·赫斯克特

哈佛商学院教授

大卫·梅斯特的作品不仅使专业服务公司的管理者深受启发和鼓舞，而且他的文章总是直击现实问题，实用性强且便于应用。我个人从大卫·梅斯特的建议中受益良多，我深信，他的文章对于全球任何一家专业服务公司的管理者而言都是最有价值的。

埃贡·兹恩德

亿康先达猎头公司主席

大卫·梅斯特对影响合伙制专业服务公司发展的重要理论及实践理念的深刻领悟使他个人及其作品拥有了极大的价值。

爱德华·康佳斯

德勤国际主席兼首席执行官

大卫·梅斯特的作品不仅能启迪思想，还能指导行动。多年来，高诚公关公司一直是他的粉丝和追随者。这部著作对公关领域的任何一位专业人士都具有重要价值。

里奇·杰斯特德

高诚公关公司主席兼首席执行官

我发现大卫·梅斯特是律所咨询领域最具影响力的思想家之一。其作品以常识及他在业务咨询领域的丰富工作经验为基础，为律所及其他专业服务公司提供了实用性的管理建议。

彼得·马伦

世达国际律师事务所的前首席合伙人

只要是大卫·梅斯特的建议，专业服务公司的管理者们都会听取。在专业服务公司管理领域，梅斯特博士是知识最渊博的专家。

保罗·阿尔瓦雷斯
凯旋公关公司主席兼首席执行官

如今，一位高管做出的最重要的决定之一就是读什么书。我经常阅读大卫·梅斯特的文章。他的文章精辟、实用，展现了他对专业服务公司所面临问题的精准理解。

约翰·林奇
韬睿咨询公司主席兼首席执行官

梅斯特的作品是一部杰出著作，展现了对高难度管理问题的管理艺术。

雷尼·科特曼
贝伦舍特咨询公司（荷兰）首席合伙人

大卫·梅斯特的思想和著作把他的原创战略理念与实用性管理建议有机地结合在一起，并应用于高难度的专业服务公司管理领域。我能想到的最高赞誉就是他的思想和建议正在全欧洲范围内的日常专业服务管理工作中得以广泛应用。

威廉·布罗克
永道会计师事务所

大卫·梅斯特对专业服务公司取得成功的关键因素的理解与众不同。他的见解深刻透彻，他的建议新颖独到、切合实际。即使是最成功的专业服务公司的管理者也能从他的作品中有所收获。

乔恩·莫伊尼汉
英国博安咨询集团首席执行官

梅斯特先生的作品不仅彰显了他的战略眼光，而且为专业服务公司如何在竞争日益激烈的市场环境中脱颖而出提供了实践指导。我们真想把这本书当作秘密武器。

罗伯特·哈勒根
海德思哲国际咨询公司主席兼首席执行官

梅斯特先生的著作充满趣味性，因为它遵循了可读性强、相关度高且切合实际的原则。他的作品总是实用且能使读者深受启发。

伊恩·布林德尔
普华会计师事务所（英国）主席

梅斯特先生是帮助律所领导者解决管理问题及困惑的大师级专家。他提出的解决方案深刻、透彻。他的作品如同他的个人讲座一样出色。这本著作非常值得阅读。

唐纳德·格林
LeBoeuf, Lamb, Leiby & MacRae 律师事务所主席

| 作者简介 |
MANAGING THE PROFESSIONAL SERVICE FIRM

大卫·梅斯特（David H. Maister）

国际公认的专业服务机构管理界的权威，在20多年的时间里，为涵盖范围广泛的专业服务机构提供应对各类战略及管理问题的咨询建议。他的服务覆盖全球，他将40%的时间花在北美，30%的时间花在西欧，另外30%的时间则关注其他地区。

大卫生于英国，拥有伯明翰大学、伦敦政治经济学院和哈佛大学的学位，并在哈佛大学担任教授7年。著有畅销书《专业服务公司的管理》《专业团队的管理》《值得信赖的顾问》《专业精神》。他的许多文章被翻译成主要欧洲语言（包括俄语），他的书籍被翻译成荷兰语、西班牙语、印度尼西亚语、韩语、波兰语、塞尔维亚—克罗地亚语及中文。

他现居美国马萨诸塞州波士顿，联系方式是：

电话：1-617-262-5968

电邮：David_Maister@msn.com

网站：www.davidmaister.com

译者简介
MANAGING THE PROFESSIONAL SERVICE FIRM

吴卫军

金融专业人士，在国际四大会计师事务所担任合伙人超过 15 年。著有《资本的眼睛：实现独立审计的价值》和《走在会计发展和银行改革的前沿》。1988 年毕业于对外经济贸易大学，获经济学硕士学位。

郭蓉

在国际四大会计师事务所担任经理职务。2011 年毕业于英国曼彻斯特大学，获翻译和口译硕士学位。

| 中文版序 |
MANAGING THE PROFESSIONAL SERVICE FIRM

很高兴看到本书中文简体版的推出。世界上没有任何地方的专业服务市场的成长速度像中国那样快，这为中国专业服务公司带来了巨大的机会，它们既能学习世界其他地方的先进经验，又能成为全新经营模式的弄潮儿。

中国的专业服务公司能够建立它们所信仰的文化和体制，因为它们的背上没有历史的沉重负担。一个古老的笑话曾说：成功的最佳途径是选对父母。这句话对专业服务公司来说也适用：专业服务公司成功的最佳途径是拥有合适的创始人。我希望本书可以帮助新专业服务公司的创始人和管理者将他们的公司引导到正确的道路上。

本书从1993年首次出版以来，广受好评。本书多次翻印为精装和平装版本，总销量超过30万册，并被翻译成荷兰语、法语、西班牙语、日语、波兰语、克罗地亚语等多种语言。在很多专业修养方面，本书都被视为专业服务公司的"圣经"。根据亚马逊全球网站和英国网站的反馈，世界各地的读者纷纷给予本书极高的评价，读者范围远及意大利、美国、英国、俄罗斯、挪威、巴西以及中国等国家。

在编写本书的时候，我试图抓住不同专业服务领域中好的管理所具有的核心原则。而且，我希望所呈现的原则能够经受住时间的考验，所以尽量避免选择的主题受到时尚和潮流的影响。当然，本书还省略了以前可能已经介绍过的一些主题，其中包括许多我已经深入研究过的主题。对于省略掉的主题和纵深的研究，我将在日后的其他书中予以弥补。

在我审视自己写下的这些章节时，已经觉得确实无可增减。尽管专业服务领域经历了巨大的变化，但我仍然坚持在本书中所做的分析和表达的观点。本书谈到的许多问题，在实践中都发生了巨大的变化：客户服务以及重视对现有客户展开营销，要比10年前普遍得多。我在10年前写下的即将到来的"人员危机"，由于"精英争夺战"已经成为触手可及的现实，因此受到了极大的关注。相比以往，现在更多的公司都已经将"单一公司"的公司模式当成了自己的追求目标。

但是，仍然还有未完成的工作。"管理"这个概念在许多专业服务领域仍然是问题多多；身居管理岗位的团队领导和其他人的首要职责仍然是扮演"运动员"的角色，而"教练"的职责居次要位置。对管理岗位的培训仍然还是例外情况而不是常规事务。类似地，所谓通过发动、激励、振奋员工来实现成功这种说法，目前仍然只是口号，远远没有变成真正的日常行动。

专业服务公司管理方面在过去15年间最大的变化在于有了更加深入的财务素养，而且这一变化的效果显然是积极的。但是，用我在本书新引入的语言来说，这项改善主要发生在医疗领域。长期的"健康"问题仍然是不变的挑战，而且正像书中提到的，令我感到鼓舞的是，许多个人和公司正在转向这个领域，并将它作为走向长远成功道路的一个思想来源。

大卫·梅斯特

马萨诸塞州，波士顿市

| 译者序 |
MANAGING THE PROFESSIONAL SERVICE FIRM

建设基业长青的专业服务公司

大卫·梅斯特关于专业服务公司的管理思想与彼得·德鲁克的通用管理思想是齐名的。我推荐引进并和郭蓉一道翻译了他在 1993 年第一次出版的经典著作《专业服务公司的管理》，希望在中国的专业服务人士和管理者能够吸收到梅斯特关于专业服务公司管理思想的营养。专业服务人士和他们服务的公司常常无法区分，正如梅斯特所说：与其说专业服务公司销售给客户的是公司本身所提供的服务，倒不如说是某位专业人士（或者是由专业人士组成的团队）所提供的服务。因而，梅斯特关于专业服务公司的管理思想包括专业人士自我提升的思想。

专业服务公司的使命是为他人解决问题，为社会运作创造价值。在我国经济转型升级的时代，市场对专业服务公司的需求越来越大。我们国家的经济体量大，市场有其纵深度，交易复杂。参与市场的企业从微小到庞大，越来越需要支持它们的专业服务公司。专业服务公司在市场的推动下，集聚专业人才，开发他们的潜力，积累知识，开始慢慢地成熟起来。这是相辅相成的关系。如何让专业服务公司做得更好？如何让专业服务公司更好地服务日益发展的中国经济？

梅斯特指出专业服务公司要在两个市场竞争：一个是客户服务市场，另一个是人才招聘市场。专业服务公司通过自己积累的经验，为客户的问题提供解决方案，让客户少走弯路，所创造的价值是客户支付的专业服务费的数倍。中国的经济体量大，一方面，大的经济体能够分散"试错成本"；另一方面，通过优秀的专业顾问减少"纠错成本"，在大的经济体所能收获的成果就更大。从未像今天这样，在中国专业报国的道路那么多、那么宽。

在两个市场中，梅斯特认为人才市场更加重要。对于这一点，译者非常认同。中国每年都有七八百万大学毕业生进入劳动力市场，专业服务公司为他们中的一部分提供第一份工作的意义不同。大学毕业生加入专业服务公司，在很大程度上是在继续学习，从在课堂上学习转变为在工作中学习。他们学习到更加深刻的专业知识和解决问题的项目管理经验，更重要的是，他们在工作中成为专业人士，在他们身上集聚专业主义精神，即那种为客户的利益着想、关心团队成就和掌握自己职业发展主动权的勇气和决心。在成为专业人士后，他们逐渐成长为管理者，同时服务客户和管理专业服务公司。

关于专业服务公司的领导力培养是一门年轻的学问。中国成长的专业服务公司的合伙人和高管，虽然有些有国际合伙人的指导，但大都是自己摸索着进步的。特别是中国的第一代本土合伙人，没有人教他们如何去做中国本土的合伙人，他们必须要自己总结经验，传递给他们的下一代。如何定义谁是中国本土的合伙人？一个简单的定义是当合伙人退休后，会继续在中国生活。只有满足这个条件，一代一代的合伙人退休后生活在他们服务的本土市场，中国的经济体才拥有了本土的专业服务人才。如何帮助中国本土的合伙人管理他们领导的专业服务公司？梅斯特的书给我们带来的就是这种我们需要的经验汇总。他给我们的建议深入浅出，实用性强，适合专业服务公司不同层次的专业人士阅读。同时，通过这本书提供的管理专业服务公司的框架分析和要素阐述，中国的本土合伙人可以更加系统地总结他们的经验，创造适用中国文化和环境的专业服务公司管理体系。

  梅斯特是哈佛学派的教授，他的语言简单概括，涉及的话题广泛，翻译他的作品难度很大，加之译者水平有限（而且我们都在会计师事务所工作，对有些话题的理解恐怕会比较狭隘），翻译中的错误在所难免，敬请读者原谅。但是，我们本身是专业人士，本着对梅斯特的敬佩之心，开展我们的工作，相信我们尽力传达梅斯特思想的文字值得各位同仁阅读，而且阅读之后，相信大家在如何管理专业服务公司和如何提升自己的专业服务能力等方面的认识和理解会有比较大的提高。

  阅读这本书，就等同于梅斯特这位大师在你面前，给你辅导。

吴卫军　郭蓉

2017 年 10 月 28 日，北京

前言
MANAGING THE PROFESSIONAL SERVICE FIRM

专业服务工作从两个方面对专业服务公司的管理提出了特殊挑战。首先，专业服务是一项定制化程度很高的工作。专业服务公司必须对定制化活动进行有效管理，因为在此类活动中，几乎没有哪个步骤可以通过可靠的常规做法来执行，甚至没有可靠、通用的管理信息。工业领域或大众消费领域的管理原则和方法都是以实现重复性工作任务的标准化，并对其进行监督和营销为基础的，因此这些原则及方法在专业服务领域不仅不适用，甚至可能会导致危险性错误。

其次，大多数专业服务都要求与客户进行大量的面对面互动。这意味着质量和服务的定义都具有特殊含义，必须加以妥善管理，同时这也对杰出管理者应该具备的特殊技能提出了要求。

专业服务具备的这两个特征（定制化和直接与客户接触）要求专业服务公司吸引（并留住）高技能专业人才。正因为如此，专业服务公司成为"我们的资产就是我们的人才"这一广为人知的说法的最佳代言人。与其说专业服务公司销售给客户的是公司本身所提供的服务，倒不如说是某位专业人士（或者是由专业人士组成的团队）所提供的服务。

由此得出的主要结论就是专业服务公司必须同时在两个市场中展开激烈较

量：一个是服务"输出"市场，另一个是生产资源（即专业劳动力）的"输入"市场。这两个市场的需求之间存在矛盾且相互制约，为在两个市场之间寻求平衡，专业服务公司在管理方面面临着特殊挑战。

本书的内容均源自过去10年间我在20多个国家的各类专业服务公司中从事顾问工作的经历。在此期间，我与会计师、精算师、建筑师、咨询师、高管猎头、律师、公关顾问、广告公司、工程公司、理财经理、投行、房地产公司及其他专业服务公司开展了密切合作。

许多专业人士可能会惊讶地发现，他们所属的行业与其他性质截然不同的专业服务行业被归为了一类。虽然专业服务公司所面临的管理问题明显不同于工业领域或大众消费领域，它们需要构建一套属于自己的"管理理论"，但是，同样显而易见的是，尽管存在诸多不同，但不论专业服务公司具体从事哪个行业，它们所面临的问题非常相似。在刚开始工作的时候，我只是把这些看法当作假设。我在10多年间对多个专业服务行业的众多公司进行的观察证实，这些看法都是事实。

当然，本书的部分内容相对而言更适用于某些专业服务行业。关于合伙制企业治理问题的讨论对于采用有限公司组织形式的专业服务公司而言，相关度比较低，但也不能说毫不相干。我曾经遇到过多家采用有限公司运营模式的合伙制律师事务所，也遇到过多家遵循合伙制企业运营规则的有限公司。我希望"合伙制"这一专业术语不要对读者造成干扰，也希望来自各个专业服务领域的读者都能得到启发、有所感悟。

大卫·梅斯特

于美国马萨诸塞州，波士顿市

目 录
MANAGING THE PROFESSIONAL SERVICE FIRM

赞誉
作者简介
译者简介
中文版序
译者序
前言

第一部分 基本问题

第 1 章 关于平衡的问题 2
杠杆率和客户 3
杠杆率和员工 6
杠杆率和经济效益 7
"顾问大师"咨询公司：一个基于数字的示例 8
公司增长与盈利能力 14
总结：杠杆率的关键作用 16

第 2 章 专业服务公司的生命周期 19
专家型服务公司 21

经验型服务公司 22
程序型（效率型）服务公司 24
其他差异 25
启示 26

第3章 **盈利：健康因素与卫生因素** 29
健康因素和卫生因素 30
管理利润率 32
管理劳动生产率 33
管理杠杆率 34
盈利与增长 34
结论 36

第4章 **解决授权不足的问题** 38
为什么授权不足是个问题 39
授权不足的原因 40
解决授权不足的问题 42
解决授权不足问题的其他策略 45
结论 46

| 第二部分 | **关于客户的问题**

第5章 **业务开发的一揽子安排** 48
在每项活动上投入多少时间 50

第6章 **倾听客户的需求** 55
为什么要倾听客户的需求 56
倾听客户需求的各种方式 56
结论 62

第 7 章　**工作质量高不代表服务质量好** 63

第 8 章　**服务质量管理体系** 71
　　　　如何实现良好的客户服务 74
　　　　如何开始实施客户反馈系统 84
　　　　反馈问卷的其他用处 85
　　　　结论 85

第 9 章　**针对现有客户开展市场营销** 86
　　　　为什么现有客户是好目标 86
　　　　赢得新客户的重要性 88
　　　　为什么专业服务公司会相对忽略现有客户 89
　　　　如何实现目标 91
　　　　为客户量身定制业务开发方案 93
　　　　结论 97

第 10 章　**客户如何做选择** 99
　　　　购买者的感受 100
　　　　购买者看重的是什么 102
　　　　结论 108

第 11 章　**吸引新客户** 109
　　　　首选营销手段 110
　　　　替补手段 116
　　　　结论 119

第 12 章　**管理营销投入** 121
　　　　存在的问题 122
　　　　管理营销投入 123
　　　　小团体的力量 125
　　　　结论 128

| 第三部分 |　　关于人力资本问题

第 13 章　**关注自己的资产** 130

　　制定解决方案：个人战略计划 134

　　如何加速资产积累 137

　　结论 140

第 14 章　**如何建设人力资本** 141

　　工作分配 142

　　辅导 144

　　对合伙人的培训 145

　　扩充公司的知识库 146

　　对承接的项目类型进行管理 148

第 15 章　**动力危机** 149

　　动力在专业工作中的重要性 151

　　动力和招聘程序的关系 152

　　专业人员的心态 154

　　动力和监督管理风格的关系 155

　　了解工作意义的重要性 157

　　激励与晋升的关系 158

　　结论 160

第 16 章　**人员配置的重要性** 161

　　建立一个"好的"工作分配与人员配置系统应该

　　　考虑哪些要素 162

　　工作分配与其他制度的关系 165

　　谁应该负责分配工作 167

第 17 章　**合伙制的含义**　171

第 18 章　**应对人力资源危机的挑战**　176
　　从劳动力资源富足到劳动力资源受限　177
　　专业服务公司的应对措施　179
　　提高劳动生产率的战略　181
　　寻找替补资源的战略　186
　　结论　189

| 第四部分 | **管理问题**

第 19 章　**公司领导者如何更有效地发挥作用**　192
　　优秀的教练会如何做　195
　　公司领导者如何分配时间　198
　　谁适合做教练　201
　　如何考核公司领导者的业绩　202
　　公司管理者的压力　204

第 20 章　**如何制定战略**　207
　　战略规划的内容有哪些　209
　　应该由谁来制定战略　209
　　个人战略规划　214
　　公司管理层在战略制定中的角色　215
　　启动战略制定工作　218

第 21 章　**速成战略**　220
　　速成战略的不同之处　222
　　教练的角色　224

| 第五部分 | **合伙制问题**

第 22 章　**如何对合伙人绩效进行考核和辅导** 228

　　第一步：明确绩效考核标准 229

　　第二步：设计合伙人的绩效考核和辅导流程 232

　　第三步：过程的实施 234

　　结论 237

第 23 章　**合伙人薪酬分配的艺术** 238

　　论资排辈的薪酬分配制度 239

　　以绩效为基础的薪酬分配制度 241

　　计量和评判 242

　　评判系统的特点 243

　　选择评判员 244

　　确定标准 245

　　在充分掌握信息的前提下做出的评判才是好的
　　　评判 247

　　做出决定 249

　　对决定做出说明 250

　　披露 250

　　在过去和现在之间把握好平衡 251

　　薪酬和战略 252

第 24 章　**合伙人薪酬分配模式** 254

第 25 章　**分切馅饼** 264

　　律师事务所的规模对合伙人薪酬分配并无
　　　影响 268

　　其他回复：每类合伙人分别获得多少薪酬 269

众口不一 272

第26章 **合伙企业的治理** 273
什么使得专业服务行业如此不同 274
战略与治理 276
新兴标准 277
合伙人委员会 278
首席合伙人 279
管理团队 281
管理合伙人 281
薪酬委员会 282
对治理架构进行评估 283

| 第六部分 | 关于多地点问题

第27章 **"一体化"公司** 286
何谓"管理有方" 287
"一体化"管理体系 288
保持"一体化"公司文化 291
招聘 292
培训 293
"自己培养"的专业人士 294
避免合并 295
控制发展速度 295
有选择性地承接业务 296
为员工安排新工作 297
薪酬 297
研发投入 299
沟通机制 300

没有高低贵贱之分 301
尊重民意的治理模式 302
结论：潜在弱点 303

第 28 章　**"猎人"公司和"农民"公司** 305

第 29 章　**发挥网络的作用** 311
放权给地方成员机构 313
寻求在多个地点开展业务的客户 315
关于合作的一些想法 317

第 30 章　**创建合作型公司** 319

第 31 章　**协调行业专门化小组** 326
密切联系有助于提振士气 327
共享知识的五种方法 329
在哪个方面集中开展行动 331
行业主管合伙人的必备技能 332
资源分配保持平衡 334

| 第七部分 | **最后几点思考**

第 32 章　**资产管理** 340
方法 1：开展回顾性综合评价 340
方法 2：对技能转移行为明确地进行衡量和奖励 342
方法 3：对客户满意度进行衡量和奖励 343
方法 4：将提升资产负债表质量的问题应用于合伙人的目标设置、考核及奖励 343

方法5：强调针对现有客户开展市场营销
工作 343
方法6：对项目的系统化总结 344
方法7：对项目方法论的工业工程化研究 345
结论 345

致谢 346
参考文献 348

· 第一部分 ·

基本问题

MANAGING THE PROFESSIONAL SERVICE FIRM

| 第 1 章 |

关于平衡的问题

在从事咨询顾问工作的职业生涯中,我发现了很多有趣的现象,其中最有意思的发现是:(表面上来看)全世界的专业服务公司,无论公司规模大小、从事哪个行业、在哪个国家开展业务,它们对经营理念的表述都出奇的一致,虽然在措辞上各有不同,但万变不离其宗,内容大致如下。

为客户提供卓越的服务;为员工提供一份富有成就感和满足感的职业;让公司获得良好的经济效益,实现员工回报和公司业务的双重增长。

这种理念本身所具备的价值并不会因为它的普遍性而打折扣。简而言之,任何一家专业服务公司要想求得生存,都必须追求三个目标:服务、满意度和企业的成功(见图1-1)。管理一家专业服务公司要求在以下三个要素之间实现巧妙的平衡:客户市场的需求、

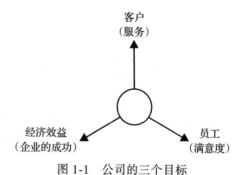

图 1-1　公司的三个目标

劳动力市场的现实状况（员工）和公司在经济效益层面的远大目标。

有很多因素会影响这三个目标之间的协同一致，其中一个因素尤为突出，即初级、中级和资深员工的比例，我们称之为公司的"杠杆率"。为了解这个因素的重要性，我们可以分别分析一下它与公司的三个目标之间存在的关系。

杠杆率和客户

一家公司的人员组成架构（即初级、中级及资深员工的相对比例）主要由（更确切的说法是应该由）工作本身对员工技能的要求来决定，换句话说，由公司所承接项目中包含的初级、中级和高级难度任务的比例来决定项目应配备人员的组成架构。客户服务一般分为三种类型：专家型服务、经验型服务和程序型服务。

在专家型服务项目中，客户遇到的往往是专业或技术知识领域中最前沿的问题，或者至少可以说是极其复杂的商业难题。提供这类专业服务的三个关键要素是：创造力、创新意识，以及能在探寻新方案、新概念及新技术的过程中发挥先驱引领作用。简单来讲，就是要具备用新思路解决新问题的专业能力。提供专家型服务的公司是以其员工具备的高端专业技能为基础来出售服务的。因此，提供专家型服务的公司向目标客户打出的宣传语是："聘请我们吧，因为我们的专业智慧无与伦比。"

专家型服务项目所配备的人员通常是具备极其出色的专业技能，但同时也要求获得极高报酬的专业人士。在这类项目中，几乎没有哪项工作有固定的程序可以沿用，因为每个项目都是"一次性"的。因此，试图用初级员工与这些顶尖专家配合，以便发挥杠杆率作用的机会相当有限。尽管这类项目可能涉及重要数据的收集及分析（此项工作通常由初级员工完成），但即使是这样的任务也无法预先进行明确的界定及分工，在项目推进的过程中起码需要中级专业人士（项目管理人员）的持续参与。因此，在专家型服务项目中，相较于中、高级员工，初级员工投入的时间要少。

在经验型服务项目中，虽然客户会强烈要求按照其各种特殊需求"量身定做"解决方案，但在项目执行过程中，相对于专家型服务项目，经验型服务项目对创新意识及创造能力的要求比较低。在为这类项目提供服务时，对于所需解决问题的本质，专业服务公司并不会感到陌生，并且可以借鉴其他类似项目所采取的解决方案。当客户遇到这类问题时，会习惯性地寻找对解决自身问题具备丰富实践经验的专业服务公司，而专业服务公司则向客户出售知识、经验和专业判断力。因此，提供经验型服务的公司会以这样的方式来推销自己："聘请我们吧，因为我们拥有丰富的实践经验，在这类问题的处理上游刃有余。"

经验型服务项目所涉及的问题或多或少是专业服务公司所熟悉的，因此，至少有部分项目任务（尤其是项目初期的工作）可以事先预知并根据难易程度进行合理分配。这样，初级员工将有更多的机会参与到项目中。

程序型服务项目通常涉及人们常见又比较熟悉的问题。这类项目虽然也需要针对客户的特征及需求制定解决方案，但是项目的实施步骤可以按部就班地有序推进。客户可能本身就有能力和资源来承担这项工作，但它们还是会聘请专业服务公司，原因有很多，比如说：为了提高效率，或者是出于旁观者清的考虑，或者是因为缺乏人手，自己的员工还要承担其他更重要的工作。因此，专业服务公司向这类客户出售的是程序、效率和时间。提供程序型服务的公司的广告语是："聘请我们吧，因为我们知道该怎样做，可以高效地帮助你实现预期效果。"

程序型服务项目一般可以由初级员工承担大部分的工作任务（这也就意味着，以程序型服务为主营业务的公司，其组织架构与其他公司会有很大不同）。一般来说，这类项目所需解决的问题容易理解，项目实施过程中的分析、诊断及得出结论等步骤通常也都有一套完善成熟的章法可以遵循。因此，这类项目中的工作任务可以放心地交给初级员工来完成，（项目经理）对他们进行监督和指导即可。在程序型服务项目中，项目经理对有些环节可能会出现的问题能够做出比较精准的预判,专业服务公司对这些问题的处理很熟练,他们可以像预设电脑程序一样自动针对问题的性质给予不同的回应。

我们在这里归纳总结的三种项目类型,其实只是众多项目类型中的几个代表。但是,无论在哪个行业,要根据客户问题的性质把项目归入其中的某个类型应该都不是难事。专业服务公司如何确定服务上述各类型项目的比例,是公司运用杠杆率,保持平衡的至关重要的因素之一,它将对公司的效益结构和组织架构产生重大影响。

试想一下,如果专业服务公司承接了一个客户项目,该项目需要配备较多的初级人员,并不需要太多的资深人员(也就是说,该项目中程序化的工作任务居多,与公司通常承接的项目类型不同),而公司的人员组成架构却以资深人员为主力,这会出现什么样的局面呢?

如图 1-2 所示,专业服务公司将很快要面对这样的局面:高薪劳动力不得不承担价值含量较低的工作任务(收费水平可能也会降低),资深员工的才智和能力没有得到充分利用,公司的收益也必然会低于预期。

当然,如果情况反过来,局面同样也不会好多少。如果专业服务公司承接了一个技术难度较大的客户项目,该项目需要配备较多的资深人员,并不需要太多的初级人员(如图 1-3 所示),那么最终的结果就是:有能力承担项目任务的资深人员不足,工作质量大打折扣。

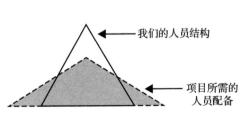

图 1-2　程序型工作过多带来的结果

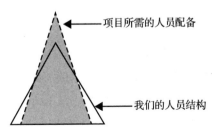

图 1-3　专家型工作过多带来的结果

这些简单的例子表明,客户项目对专业人员的配备要求与专业服务公司的人员组成架构相匹配（即实现人才队伍的结构平衡）是专业服务公司实现平衡发展的核心要素。

杠杆率和员工

专业服务公司的杠杆率（即初级员工与资深员工的比例）和人力资源市场之间的关系可以用一句话来概括：专业人才加入专业服务公司，不是为了获得一份工作，而是一份事业。他们对依照公司承诺的职业发展路径而稳步获得晋升拥有很高的期望值。

我们可以将专业服务公司比作一个现代化的"中世纪手工匠人作坊"，它由学徒、工人和师傅组成。在作坊里工作的前几年一般都是学徒工身份，学徒辛苦地跟着师傅干活，给师傅打下手，而师傅则以向学徒传授技艺作为回报。在专业服务公司中，初级员工与资深员工之间的关系同样如此。

专业服务公司的典型人员组成结构一般包括三个层级的专业人士。在咨询公司中，这三个层级分别为顾问、经理和副总裁。在会计师事务所中，这三个层级分别为员工、经理和合伙人。而在律师事务所中，一般只有两个层级，即律师（包括学徒）和合伙人。事实上，律所中初级合伙人和资深合伙人的层级区分一直存在，只是在人员结构上没有得以明确体现，而近来一些大型律所逐步认可了合伙人的级别区分，在人员结构上明确设置了初级合伙人和资深合伙人两个层级。

在专业服务公司中，三个层级的专业人士在分工方面各有不同：资深人士（合伙人或副总裁级别）负责市场营销和客户关系维护，经理负责项目的日常管理、监督和协调，初级员工负责项目中技术性工作的具体操作。这三个层级的专业人士通常也被称为"找项目的人""管项目的人"和"做项目的人"。公司所需要的人员结构（即资深人士与初级人员的比例）主要取决于客户项目对专业人员的配备要求，而反过来看，它也在很大程度上决定了公司能为员工提供什么样的职业发展路径和前景。

虽然在员工晋升方面，许多专业服务公司没有任何诸如"五年之内不晋升就出局"的硬性规定，但是对于员工在每一个级别上的工作年限，员工本人和公司都会有一个心照不宣的约定。如果在这个约定期限内，员工没有获得晋升，他们就很有可能主动提出离职申请，或者被劝退，到其他公司去寻找更好的职业发展机会。

这种晋升机制在专业服务公司中也起到了对人才筛选的关键性作用，因为并不是所有初级员工都能掌握资深人员所需的项目管理、客户关系维护等技能。当然，如果招聘程序行之有效，那么公司对通过晋升机制来筛选人才的要求就会相应地降低，但即便如此，晋升机制对人才筛选的作用也不能完全被取代。同时，被淘汰的风险对于专业服务公司筛选人才也具有积极作用，因为这种压力会敦促初级员工努力工作，在职业发展路径上不断取得成功。

晋升的激励效应直接受两个关键因素的影响：每个级别上规定的工作年限及"获得晋升的概率"（即晋升比例）。这两个因素都与公司的杠杆率（及公司的增长速度）有着明显的关系。在增长速度一定的前提下，杠杆率高的公司（即初级员工比资深员工占比高的公司）提供的晋升机会较少，因为有很多初级员工竞争数量较少的高级员工岗位。而杠杆率低的公司，在增长速度一定的前提下，则需要让更多的初级员工获得晋升，从而打造优越的晋升环境来激励员工。

杠杆率和经济效益

专业服务公司的杠杆率也是影响公司经济效益的核心因素。合伙人的薪酬（指资深合伙人获得的高收入），只有一部分来自于他们按照顶级专家的收费水平及服务时长向客户收取的专业服务费。公司的盈利能力在很大程度上还是取决于公司是否可以合理有效地为项目分配人力资源，即将资深人员的专业技能与初级人员的劳动进行有效结合，充分发挥杠杆率的作用。

合理配置资深员工的比例是专业服务公司制胜的关键。如后文所述，合伙人的绝大部分利润是这样形成的：公司以给定的薪酬聘用普通员工，而以数倍于他们薪酬的收费水平对这部分人才提供的服务向客户收费，由此而形成的盈余就成为合伙人的利润。如果能合理配置高成本的资深员工和低成本的初级员工的比例，专业服务公司就可以降低每小时应向员工支付的薪酬，进而降低成本，增加合伙人的利润。

专业服务公司的目标服务市场决定着公司的服务收费水平，而对服务成本的控制则可以通过合理配置初级人员、中级人员和资深人员的比例来实现。如果专业服务公司能高效地利用初级员工来执行项目任务，公司就可以降低该项目的服务成本。因此，一个项目团队的人员配备结构是否合理是决定公司盈利能力的一个重要因素。

图1-4描述了专业服务公司的杠杆率和公司的三个目标之间的关系，同时也显示了将这些因素联系在一起的主要驱动力量。

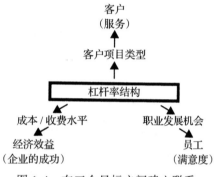

图1-4 在三个目标之间建立联系

"顾问大师"咨询公司：一个基于数字的示例

为进一步探索以上各要素之间的相互关系，我们以一个虚拟的"顾问大师"咨询公司为例，通过数字来对其进行说明（见表1-1）。"顾问大师"公司承接不同类型的客户项目，其中一个具有代表性的项目要求一名高级顾问（资深顾问）投入50%的工作时间，一名中级顾问投入100%的工作时间，3名初级顾问全部投入100%的工作时间。在向客户收费时，任何人员都不可能把他的可用工时100%地向客户收费。但是，如果公司要实现盈利目标，中、高级顾问需要把75%的时间花在可向客户收费的工作上，初级顾问需要把 90% 的时间花在可向客户收费的工作上（这种可以向客户收费的工时在下文中统称为"可计费工时"）。

表 1-1

员工级别	平均每个项目对人员配备的要求	目标利用率	在满足目标利用率的前提下，6 个项目对人员配备的要求	在满足目标利用率的前提下，12 个项目对人员配备的要求
高级顾问	1/2 人	75%	4	8
中级顾问	1 人	75%	8	16
初级顾问	3 人	90%	20	40

注：1/2 人指 1 名高级顾问 50% 的工作时间。

"顾问大师"公司目前有 4 名高级顾问。如果公司能实现高级顾问的 75% 的工作时间为可计费工时这一目标，那么所有高级顾问的可计费工时就是 4×75% 的工作时间，相当于 3 名高级顾问投入全部的可用工时。这就意味着，如果一个项目只需要 1 名高级顾问投入 50% 的工作时间的话，公司就能同时服务 6 个项目。

根据项目团队的人员组成结构，如果公司同时进行 6 个项目，需要 6 名可以投入全部可用工时的中级顾问（每个项目要求 1 名中级顾问投入 100% 的工作时间），如果对他们的目标利用率为 75%（可计费工时除以可用工时），这就意味着公司必须雇用 8 名中级顾问。同样，如果每个项目上配备 3 名初级顾问，那么公司就需要 18 名可以投入全部可用工时的初级顾问，也就是雇用 20 名可计费工时比例为 90% 的初级顾问。

以此类推，如果公司有 8 名高级顾问，那么就需要相应地配备 16 名经理级别的顾问（中级顾问）和 40 名初级顾问。各级别人员的配备比例依然保持不变，即每名高级顾问配备 2 名经理级别的中级顾问和 5 名初级顾问。除非项目团队的人员组成结构（即公司承接的项目类型）或者对员工的目标利用率（和以下将要阐述的内容有关）发生变化，否则随着公司业务和规模的不断壮大，这一比例也必须始终保持不变。

这个看似简单的计算公式，在项目对人员配备的要求及专业服务公司实际的人员组成结构这两者之间建立起了对应关系,具有极其重要的意义。

如果我们知道所有员工的薪酬和他们的可计费工时比例,我们就能编制出这家公司在达到目标人才利用率的前提下的利润表。杠杆率的重要性在"顾问大师"公司中得到了充分体现(见表1-2)。4名高级顾问(即合伙人)个人向客户收取的酬劳总计为120万美元,即人均30万美元。假设每名高级顾问的杂项开支(包括所有秘书、行政人员、办公场所、办公用品等涉及的开销)为4万美元,如果这些合伙人完全不运用杠杆率,那么每位合伙人获得的利润就是26万美元。

表1-2 "顾问大师"公司的收益情况

员工级别	数量	目标利用率	每人每年工作2 000个小时条件下的目标可计费工时	每小时收费标准(美元)	收入(美元)	平均工资(美元)	工资总额(美元)
高级顾问	4	75%	6 000	200	1 200 000		
中级顾问	8	75%	12 000	100	1 200 000	75 000	600 000
初级顾问	20	90%	36 000	50	1 800 000	32 000	640 000
总计					4 200 000		1 240 000
			总收入	4 200 000			
			员工工资总额	(1 240 000)			
			营收贡献	2 960 000			
			杂项开支①	1 280 000			
			合伙人总收入	1 680 000			
			合伙人人均收入	420 000			

①假设每位专业人员(包括合伙人)的杂项开支为40 000美元。

假设在为每位合伙人配备7名员工的较为理想的杠杆率下,合伙人的人均收入会达到42万美元。在每位合伙人的收入中,有60%来自非合伙人级别的顾问所创造的收入,而不是自己的可计费工时。由此可见,杠杆率所发挥的作用有多大!

(这里需要强调一点,高杠杆率也并不总是好事。正如前文所述,高杠杆率对一家以专家型服务为主的专业服务公司而言是完全不适用的。我们只能这样表述,即在满足客户服务工作对人员配备要求的前提下,杠杆率的作用发挥得越充分越好。）

现在我们来看看"顾问大师"公司在人才吸引力方面的做法及表现。"顾问大师"公司认为一名初级顾问一般需要 4 年的时间才能掌握晋升为中级顾问所需的专业知识、技能及经验，同时按照预期计划仅为 80% 的初级顾问提供晋升机会。如果晋升比例低于 80%，公司则对新员工缺乏吸引力；如果晋升比例高于 80%，则意味着当初对人才的"筛选"不充分（也就是说，如果出现"招聘失误"，在晋升/淘汰人选上就没有选择余地了）。从中级顾问晋升为高级顾问同样需要 4 年的时间，但是由于没有多少晋升人选能够成为拓展及维护客户关系的高手，所以平均只有 50% 的中级顾问能晋升为高级顾问。

我们再从有效支撑"顾问大师"公司扩大规模、实现增长的角度来谈谈人员的晋升及流动。我们不妨假设，把 1 名中级顾问培养成高级顾问需要 4 年的时间，那么在 8 名中级顾问中，有 1/4 的人（即 2 人）处在中级顾问阶段的最后一年。按照公司的晋升制度，仅有 50% 的人（即 1 名人选）可以获得晋升。按照公司政策也好，顾问的个人决定也罢，没有获得晋升的中级顾问会离开公司（我们注意到大多数专业服务公司都会有这种情况，无论该公司是否明确制定了"不晋升就出局"的制度。如果公司允许，中级顾问可能会在公司继续待一两年，但如果仍然得不到晋升，他们当中的大多数人会选择离开公司。正如我们所见，中级顾问身后还有正在等待晋升的初级顾问觊觎着他们的位置，这也正是顾问公司劝退中级顾问的强烈动因）。

把晋升人数和离职人数加总，公司一共减少了 2 名中级顾问，增加了 1 名高级顾问。由此得出，公司目前有 5 名高级顾问，相应地需要 10 名中级顾问（除非公司承接的项目类型发生变化），但公司目前只剩下 6 名中级顾问，所以，公司必须从初级顾问中选出 4 人晋升为中级顾问。在现有的 20 名初级顾问中，假设 1/4 的人（5 人）处在初级顾问阶段的最后一年，按照公司晋升制度，80% 的初级顾问可以获得晋升，因此我们只能从 5 名备选人员中选出 4 名来填补中级顾问的职位空缺（这种晋升人数与实际空缺职位数量相吻合的现象并非偶然，专业服务公司中金字塔型的人员结构决定了较低级别员工的晋升比例）。和那些被排除在晋升行列之外的中级顾问一样，没有获得晋升的第 5 名初级顾问离开公司也是情理之中的事情。

"顾问大师"公司目前只剩下 15 名初级顾问，但是因为公司现有 5 名高级顾问、10 名经理，所以公司需要 25 名初级顾问，也就是说，公司还需要再招聘 10 名初级顾问。表 1-3 总结了从第 1 年到第 9 年间公司的人员变化情况。

表 1-3 "大师顾问"公司晋升机制下的人员变化情况

	员工数									
	0	1	2	3	4	5	6	7	8	9
高级顾问	4	5	6	7	8	10	12	14	16	20
中级顾问	8	10	12	14	16	20	24	28	32	40
初级顾问	20	25	30	35	40	50	60	70	80	100
总计	32	40	48	56	64	80	96	112	128	160
新员工		10	10	10	10	20	20	20	20	40
离职员工		2	2	2	2	4	4	4	4	8
员工年增长率（%）		25	20	17	14	25	20	17	14	25

从第 5 年起，第 1 批在第 1 年中由初级顾问晋升为中级顾问的员工就准备晋升为高级顾问了。符合条件的有 4 人，如果晋升比例保持不变，那么他们中有 2 人（即 50%）会获得晋升，而另外 2 人则会离开公司。这样，公司在第 5 年就有 10 名高级顾问，相应地需要配备 20 名中级顾问。公司在前一年共有 16 名中级顾问，其中有 2 人获得晋升，2 人离开公司，这就意味着公司必须为 8 名初级顾问提供晋升机会来填补中级顾问职位的空缺。幸好（但绝非偶然），公司在第 1 年招聘的 10 名初级顾问符合晋升条件，所以依然可以保持 80% 的升职率。

需要强调的是，我们对公司人员变化的计算结果是在只考虑公司的杠杆率和晋升激励（即公司承诺的职业发展机会）这两者之间的相互关系的前提下得出的。通过我们得出的计算结果发现，这两者之间的相互作用决定了公司的目标（或者说必须达到的）增长率。如表 1-3 所示，"顾问大师"公司的规模必须每 4 年增长 1 倍，才能确保其晋升机制的激励作用。如果公司的增长低于这个速度，则会导致两种结局，即要么公司取消晋升激励，要么公司因人员组成结构出现不平衡（高级顾问过多，初级顾问不足）而发生经济效益下降的问题。

如果公司试图获得较快的发展，则会处于这样的境地：要么必须让较高比例的初级顾问获得晋升，要么必须在较短时间内让初级顾问获得晋升。如果不采取相应的调整措施，公司的服务质量将会受到严重影响。

至此，我们已经验证了公司的杠杆率和晋升激励机制这两个因素对公司的目标（或者说必须达到的）增长率的决定作用。但是，我们应该认识到，还可以通过另外一种方式来分析这几个因素之间的关系。换个角度看，在公司的增长率和杠杆率高低已经确定的前提下，公司的晋升激励机制也就明确了。我们可以再次通过表 1-3 来进行验证。假设这个表格是在确定了公司增长率和人员组成结构的前提下进行绘制的。我们会发现，公司只能为 5 名备选初级顾问中的 4 人以及 2 名经理中的 1 人提供晋升机会。我们也会发现，公司会有一个超过 4% 的"内定"或者目标年均人员流动率（在第 1 个 4 年中每年会有 2 人离职，而非高级顾问的平均人数为 45.5）。

在这个例子中，如果"顾问大师"公司的增长率能够达到最佳，那么它的人员流动率就可以说是相当低了。但是，在许多专业服务公司（如会计师事务所），实际人员流动率要比这个数值高得多，往往可以达到 20%～25%。在这里需要着重强调的一点是，如果公司的增长速度和人员组成结构是既定的，那么我们就可以算出公司的预期人员流动率（当然，它并不是公司的实际人员流动率。在这里，我们只考虑公司为保持自身平衡所需要的人员流动率。尽管公司的晋升机制可以确保实际人员流动率不会太低，但公司也必须采取其他举措来保证实际人员流动率不会因为离职人数太多而变得太高）。

在大多数专业服务行业中，总会发现一家或个别几家公司明确制定或选择了高人员流动率的目标。在这些公司中，合伙人（或股东）可以照常利用初级员工赚取剩余价值，但并不需要以晋升作为对初级员工的回报。当然，高人员流动率在很大程度上对人才有筛选作用，只有"最好"的员工能留在公司。毫无疑问，采取这种战略的公司将成为行业中的佼佼者。

正是因为可以成为行业中的佼佼者，我们也就不难理解为什么这些公司会长期采用这种战略了。求职者们即使知道"成功"的可能性很小，但他们还是会源源不断地加入公司。因为在许多求职者看来，即使晋升几率很低，但是能在行业顶尖公司中获取工作经验、接受培训、与出色的专业人士共事，这种经历也是十分难得且值得争取的。

年轻的专业人员把在这类公司中工作的短暂时间当作"硕士后"深造阶段，之后他们往往会为了获得高职位而跳槽到其他公司，这就是在行业顶尖公司中拥有工作经历的独特优势。实际上，大多数采取保持人员高流动率战略的行业顶尖公司不仅鼓励员工离职，而且会为离职员工介绍新职位，对他们"再就业"提供积极的帮助。这种做法会使公司在招募新一批初级员工时更具有吸引力；同时，这些"校友"也常常会给公司带来新业务，因为他们了解旧东家的实力和服务质量，所以会向现任雇主的领导推荐优先使用旧东家的服务。

由此可见，帮助员工找到一个有声望的职位，也是行业顶尖公司能够成功实施滚动式业务发展战略的前提条件之一（一个例外的情况是：有些行业规定，初级人员必须在公司中工作满一定的年限才能获得执业资格。然而，即使是在这些行业中，顶尖公司也会积极地为离职员工介绍新职位）。

公司增长与盈利能力

在结束公司增长这个话题之前，我们应该简要回顾一下"顾问大师"

公司给我们带来的启示。公司的增长对提高盈利能力有何作用？让我们排除通货膨胀的干扰，在假设美元价值保持不变的前提下进行分析。这也意味着每个级别员工的工资和收费水平保持不变。那么，公司的利润表会有哪些变化？表1-4用"顾问大师"公司第5年的人员组成结构代替第1年的人员组成结构，重复了表1-2的分析。

表1-4 "顾问大师"公司第5年的收益情况（假设美元价值保持不变）

员工级别	数量	目标利用率	每人每年工作2 000个小时条件下的目标可计费工时	每小时收费标准（美元）	收入（美元）	平均工资（美元）	工资总额（美元）
高级顾问	10	75%	15 000	200	3 000 000		
中级顾问	20	75%	30 000	100	3 000 000	75 000	1 500 000
初级顾问	50	90%	90 000	50	4 500 000	32 000	1 600 000
总计					10 500 000		3 100 000
			总收入	10 500 000			
			员工工资总额	(3 100 000)			
			营收贡献	7 400 000			
			杂项开支①	3 200 000			
			合伙人总收入	4 200 000			
			合伙人人均收入	420 000			

①假设每位专业顾问的杂项开支为4万美元。

结果如何？合伙人的人均利润没有增加！实际上，合伙人的人均利润依然保持完全一样的水平。

这个简单的例子表明：公司的增长与利润之间没有必然的联系。正如上文所述，专业服务公司的增长并不能为合伙人提高人均收入提供保障，而是吸引和留住人才的关键因素。

为什么会这样？我们将在随后几章中详细进行解释，但基本事实是，假设有公司像虚拟的"顾问大师"公司一样，在以下两个保持不变的条件下实现发展：①客户项目类型（包括收费水平）保持不变，②项目的人员配备比例（即杠杆率，高级顾问或合伙人在每个项目上投入的时间）保持不变，那么，公司所需要的高级顾问或合伙人的数量会随着公司业务的增长而增加。因此，随着业务的增长，公司的利润额会提高，但是分享利润的合伙人的数量也会相应地增加。

如果想让合伙人人均利润有所增加，那么就需要打破上述两个条件中的任何一个。要么公司需要引入收费水平比较高的新项目类型（即为员工找到价值比较高的工作），要么公司必须想办法让初级员工完成更多的项目任务，从而减少高级员工的投入时间。

有趣的是，在我观察的一些有名的专业服务公司中，仅有少数几家意识到了公司的业务增长与利润没有太大的关系。事实上，实现快速增长往往被列为公司的首要目标，而高速发展也是衡量公司成功与否的首要标准。如果是为了给员工提供更好的职业发展机会，这种追求增长的战略还是有道理的。然而，如果是为了提高利润，那么很多专业服务公司就是在自欺欺人了。

总结：杠杆率的关键作用

或许前文分析所揭示出来的最重要的管理变量就是公司管理层选择承接什么类型的项目及其对（标准的）项目团队人员配备结构（即杠杆率）的影响。正如我们所见，后者对公司的经济效益、组织结构以及公司在客户和人才市场中的定位有重要影响。"杠杆率"在本书中是指不同层级专业人员在项目上的平均时间投入比例，但它并不是公司管理层会经常观察的一个变量。然而，我们的分析证明，它对公司保持平衡发展发挥着至关重要的作用。

一家专业服务公司的项目团队人员的组成结构可能会经常发生变化，而且这种情况也并不少见。如果可能用较高比例的初级员工来完成项目任务，那么一般来说项目成本就会降低。激烈的市场竞争促使专业服务公司不断寻求降低项目成本的办法，即尽可能地使用初级员工来完成原本应该由高级员工投入大量时间的项目任务。在过去几年尚属于"专家型"或"经验型"的项目，或许在未来几年按照"程序型"项目的思路就可以轻松完成。

在承接新项目时，如果恰巧在近期做过类似的项目，那么这样的项目对专业服务公司而言更合算。一方面，公司已经积累了相关知识、专业经验和解决问题的基本方法（通常这些都是专业服务公司投入大量的人力和财力后获得的），可以直接应用于解决类似或相关的问题；另一方面，在做第二个类似的项目时，给客户开出的报价或账单往往接近（或者略低于）第一个项目，因为客户同样认为（并接受）专业服务公司为它量身定做了解决方案。但是，专业服务公司因定制类似的解决方案而节省的项目成本并不会全部与客户共享（甚至是一点都不分享，收费水平保持不变）。因此，这类公司通过"领导市场"来获取最大利润，它们能够提供定制化的服务（同时收取为客户提供定制化服务的高价服务费），并能够让这类定制化服务迅速地实现程序化和标准化。

虽然经常承接类似或者同样的项目对公司而言最有利，但却无法让项目的执行人员获得满足感。大多数加入专业服务公司的人员都期待有机会接受专业上的挑战，接触各类专业问题，他们不愿意例行公事或者从事重复性很高的项目工作。尽管他们可能在承担第 2 个或者第 3 个类似的项目时还感到很惬意，但如果是第 4 个、第 6 个或第 8 个类似的项目，他们便不会再有同样的工作热情了。

对这个问题的解决方法是：继续承接类似项目，但在第 2 个或第 3 个类似的项目上起用更大比例的初级员工，进而将项目人员在承担类似项目任务中累积的经验转化成公司的专业技术资源。除了可以减少经验丰富的资深人士在项目中的时间投入外，这个方法还可以实现对初级员工进行培训的目的。

出于以上原因，我们或许会存有这样的疑问：长此以往，公司在某个业务领域，对初级人员的需求比对资深人士的需求大，因此初级人员的比例将会提高。如果公司不对业务范围及其承接的项目类型进行相应的调整，那么公司拥有的基本的项目团队人员结构就会发生变化，这将会对公司的收益和组织结构产生重要影响。显然，忽略对公司项目团队结构的监督对专业服务公司的管理而言是一大隐患。

这样的失败案例在不同的专业服务行业中均有很多。有一家顾问公司，为提升项目上的初级人员比例，招聘了大量初级员工。但当大量初级员工到达晋升的时间点时，公司意识到，按照公司的增长速度，它并不能和之前一样，让同等比例的初级员工获得晋升，因为公司并不需要太多的合伙人及经理。最终造成初级员工的士气下降，生产力降低（出现这样的结果并不意外，在专业服务公司中，员工的士气、工作主动性和积极性及生产力这三者之间是息息相关的）。

一家投资银行发现，在过去几年，它为客户提供的服务范围及内容有所扩大和增加，所以，它需要更多的初级员工参与到项目中。要满足这种新的项目团队结构对人员的需求，就必须对公司的管理程序进行较大的调整，尤其是在人力资源及职业发展路径两个方面。与所有的专业服务公司一样，成功管理这些公司的关键也在于掌握好平衡。

| 第 2 章 |

专业服务公司的生命周期

在任何一个专业服务行业，客户的三项最大需求都是专业服务公司提供的专业知识、经验和效率。然而，即使是在同一行业或同一领域，不同客户在考虑这三个要素时的相对优先级也会有很大差异。对于面对重大、复杂、风险高且非同寻常的问题的客户来说，其必然会不惜一切代价地去寻找最有创意、才干及创新精神的专业人士或专业服务公司来协助自己解决问题。对客户所属行业的理解以及在过往类似项目中累积的实践经验，对于客户来说虽然会有帮助，但也仅仅是次要考虑因素，客户最需要的是最前沿的专业知识及技能。

虽然许多专业人士都乐于认为所有客户都需要"专家型服务"，但实际上，在任何一个领域内，这类客户在整体咨询费用中的占比都很小，更大比例的客户需要"经验型服务"。这类客户认识到，它们所面临的问题，其他公司也可能遇到过或处理过，它们并不需要完全定制的服务，而且它们所面临的问题也很有可能不是什么攸关公司存亡的大问题。因此，它们更倾向于向一家可以根据过往经验来解决问题的公司购买服务，而不是购买几位关键人物的"最强大脑"。高水平的专家服务仍然是必需的，而效率也并非无关紧要,但对于客户而言,在解决类似问题上的丰富经验,要比高超的智力水平或者省钱更有价值。

在同样的行业或领域中还存在第三类客户,这类客户知道许多公司都能够很好地帮助它们解决问题。所以,它们不会去寻找专家服务水准最高的公司,也不会去寻找经验最丰富的公司,它们寻找的是一家了解它们的需求并能够立即开始行动,快速解决问题,且成本低廉的专业服务公司,换句话说,它们要寻找高效的专业服务公司。

因为上述不同类型的客户在所有的行业或领域中都存在,所以不妨让一家专业服务公司有能力来应对不同类型客户的不同需求。在专业服务公司为增加收入而展开激烈竞争的环境下,这个想法尤其让人心动。但是,一家公司要应对不同类型客户的不同需求几乎是一件不可能的事情。如果一家公司的目标是承接"高水平专家服务型"的项目,它就必须按照这个目标来安排和组织业务运营,确定开展业务的模式及方法,这样它就基本不可能成为寻求高效率服务的客户所选择的顾问公司。当然,反之亦然。

专家型、经验型和程序型(即效率型),显然并不是三个相互独立的分类,而只是用来说明一系列顾问工作实践的突出重点(见图2-1)。但是,正如图2-1所示,一家专业服务公司的每项管理事务,从业务拓展到人员招聘,从收益结构到公司治理,都将会受到它在顾问工作实践图谱中所处的相对位置的影响。接下来,公司必须决定自己要服务哪类客户,并相应地组织和安排业务运营。

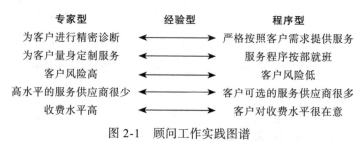

图 2-1 顾问工作实践图谱

专家型服务公司

为了证实这个结论,我们将逐一观察并探讨这三类专业服务公司的理想管理模式。首先,试想一家专业服务公司专注于为客户解决前沿难题,那么该如何管理这家公司?

若要符合专业服务行业中精英实务工作者的传统形象,这类以"专家服务"为基础的公司对员工的需求就是从最好的学校中发现和吸引最优秀的毕业生,从而找到能满足前沿实务工作质量要求的顶尖"学徒"。对"学徒"的培训最好通过非正式的学徒体制来完成,并且因为标准很高,所以"不晋升就出局"的严酷晋升机制将保证只有最优秀、最有天分的"学徒"能够留在公司。

虽然有一些大型项目可能需要大量初级人员来起草文案、进行材料分析或者执行客户访谈,但大多数专家型服务项目,因为包含精密诊断工作,它更倾向于要求资深人员投入较多的时间。因此,专家型服务公司的杠杆率相对较低,而且固定成本低,边际利润高。公司通过高收费水平或者依照工作成果的价值收费的方式来创造利润。鉴于客户项目的重要性、复杂性和高风险,公司获得利润的方式是合情合理且可以长期持续使用的。

专家型服务公司的理想营销模式与专业服务行业传统的业务开发模式很接近。由于客户愿意为这类重大项目聘请最优秀的专业人才,所以知名度和口碑就成为赢得客户的关键。最佳的业务开发方式是写文章、写书、发表演讲或者通过合适的媒体发表自己的观点,从而累积自己作为"专家"身份的凭据和口碑。这种业务开发更倾向于围绕树立个人口碑而不是公司口碑来进行,这就如同客户的普遍认知:"我聘请的是律师,不是律师事务所。"个人在行业中的声望对专家型服务公司开发业务发挥着至关重要的作用。

由于大部分客户并不会经常或者持续地需要顶尖的专家服务,所以专家型服务公司的客户结构也是多样的,且会经常发生变化。由于相对较低的杠杆率和不晋升就出局的晋升机制，公司内部所承受的来自增长的压力相比其他类型的专业服务公司要小，而且，实现增长并不是专家型服务公司的主要目标。

从公司管理的各个方面来看，传统专业服务公司的最佳治理方式适用于专家型服务公司：由一位象征公司高标准服务承诺的领导人（若有）来率领一支平等的合伙人团队。大家一致做出决定，对公司的管理（若需要）主要靠激发大家的积极性来实现。每位合伙人的自主权是专业类服务公司最难能可贵的优势，标准的内部组织架构很少有用。没有任何一名或一组合伙人可以说自己"拥有"这家公司。合伙人把参与公司未来利润分配的权利让渡出来，以便留住最优秀的人才。

经验型服务公司

现在来看这样一类专业服务公司：它们的绝大部分客户不需要行业中最富有创新精神的专业人士，而是希望寻找一家在处理某类特定问题上拥有丰富经验的专业服务公司，这些客户并不希望采取成本高昂的"从零开始"的方法来解决问题。这类专业服务公司需采用不同的市场营销方式，它不能只依靠个人力量去赢得客户，而是需要提升机构整体的知名度。建立公司知名度的立足点不是少数人的出众才干，而是公司对其在以往项目中累积的知识、经验加以运用的能力。

对这类公司而言，业务开发手段包括将公司获得的行业专门化知识编写为商业案例，并通过客户资讯、专题研讨会等宣传公司在该领域的经验和资源。经验型服务公司的客户群体更加集中和稳定，因此与客户保持稳定的合作关系就显得越来越重要。

与"实务前沿的专家服务"不同，经验型服务项目并不需要在问题诊断上花费大量时间，而是要把更多精力放在可以预测的，但仍有一定技术要求的任务上。因此，初级人员投入的工时比例将会提高，因加杠杆而带来的利润可以对较低的项目收费水平实现抵销。因此，对于处于中等发展阶段的经验型服务公司而言，以可计费工时和支出为基础进行收费应该是（也确实是）最适用、最普遍的做法。

由于公司可以越来越多地利用系统和程序来处理类似项目，所以它对顶尖人才的需求越来越少，会更多地倾向于使用初级人员或准专业人员。公司对员工的培训也将更加标准化，会更多地依赖课堂培训和使用实践手册。

对于在公司工作了一段时间且学会了公司所提供的知识与技能的人员而言，即使他们没有能力晋升到最高层，但仍然拥有高生产力且获得了客户的广泛认可，因此，对他们公司不需要执行严格的"不晋升就出局"的制度，而是可以采用保留"永久性中层管理人员"的人才管理机制。虽然公司对资深人员的需求还是很大，但也可以更广泛地吸纳人才，因为公司可以用其累积的实践经验使这些人才的个人才干进一步得以提升。除在更广泛的范围内招募人才（公司不必局限于只招聘成绩好的优秀毕业生），公司还可以吸纳更多来自同行的资深人员。相应地，员工培训也要在更大程度上实现标准化和结构化，以便在公司内部更有效地积累和传播行业经验。

由于客户服务对团队协作的要求越来越高，也出于在公司内部分享、积累知识和经验的需求，专业人士之间相互依赖的程度会随之加深，对清晰划分部门职能、实现行业专门化的要求也会提高。将公司的人才力量聚焦于公司经验最丰富的几个领域上，成为公司管理的重点，因此，公司需要一支责任更加明确的管理团队。

虽然对公司的增长仍然需要加以控制，但是为占比较大的初级专业人士提供职业发展机会所带来的压力也越来越大。这部分专业人士积累了对公司来说不可或缺的宝贵经验。由于公司为客户提供的增值服务很少依赖个人因素，而更多地源于公司的集体智慧和经验，所以公司更强调企业所有权的意识，新合伙人或股东可能会被要求投入合伙资本金或者购入股份，才能参与分享未来公司的利润。

程序型（效率型）服务公司

最后，让我们来讨论这样一类专业服务公司，它们的大部分客户最关心服务供应商是否能够高效处理低风险的常见商业问题。这类公司的业务发展战略很直接，即让客户广泛知道顾问公司为处理某类特定问题或者项目而建立了相关系统和程序。成本、可靠性、速度等特征将发挥越来越重要的作用，市场营销手段包括使用目标群体明确且针对性强的服务推广手册、具有竞争力的业务演示等方式。目前，有些专业服务行业（包括会计、医药、建筑和投行）甚至会选择通过广告来推广某些特定服务。程序型服务公司的客户群体大多以业务量大的几家客户为主。

客户对费用比较敏感，这要求专业服务公司尽量为项目配备初级人员，包括最大限度地使用准专业人员，以及更多地运用技术手段来替代人工劳动。公司可以通过人员结构和技术手段发挥的杠杆率作用，抵销来自低收费的压力，定价方式也会逐步变成固定价格合同或以招标形式确定合同价格。除少数专业服务行业（如律师服务），固定价格合同或招标形式在投行、医药、咨询及建筑行业等将越来越常见。

程序型服务公司拥有固定成本相对较高的成本结构和大量初级人员，需要采用更加深思熟虑、有计划的方式实现业务增长，以规模扩大的增益抵销较低的边际利润。这也对公司的整体管理和行政管理提出了更高要求，即设计出能处理常见项目类型的最佳业务运作方式，并对项目团队进行监督，以保证最高效的项目处理程序确实得以应用。与需要大量依靠专业判断的专家型服务公司不同，程序型服务公司更需要建立用以保障质量与生产力的短间隔的业绩衡量系统。相比专家型服务公司所推崇的启发型领导风格不同，程序型服务公司则更需要纪律严明、组织性强且注重细节的管理者。

由于给公司带来的增值将更多地来自于它的操作系统、工作程序和市场营销方式，而不是专业人士的个人才能，因此所有权通常被少数人紧紧守护着。事实上，在很多不同的专业服务行业，越来越多的程序型服务公司采用标准的公司组织形式，公司的股权掌握在一小部分人的手中。所有权的转移是通过在公司内部或外部以公允市场价值买卖股份来完成的。

其他差异

在上述分析中，我们发现这三类"理想"的专业服务公司在市场营销方式、定价、对杠杆率的使用、人员招聘需求、员工晋升模式、所有权结构和领导风格等方面存在着互不相容的巨大差异。但是，三种项目类型之间的差异还不仅仅如此。比如，在对不同的专业服务行业进行观察时，我们还有可能发现，不同类型的专业服务公司会制定不同的地区发展策略。概括地讲，专家型服务公司会重点选定一个国家或地区立足，通过树立良好的声誉来吸引客户。当一家经验型服务公司发展成熟并转型为程序型服务公司时，它通常会选择在不同地点设立分支机构，形成"利润中心"的管理模式。这种演变是自然而然的事情，因为跨区域发展战略的本质是提升各分支机构借助整个网络的经验和系统来服务客户的能力。

薪酬方案在专业服务公司的生命周期中也会发生重大变化。在专家型服务的发展阶段，合理（且普遍采用）的薪酬方案是让员工（包括初级人员）参与利润分享和奖金分配，而直接支付薪水的方法则更适用于经验型服务的发展阶段，每年的加薪安排则根据员工的级别和经验的累积来决定。而在提供程序型服务的发展阶段（如会计行业、工程行业），薪酬结构基本表现为（蓝领）工资系统，并向级别最低的员工提供加班费。

在专业服务公司的生命周期中，不仅市场营销战术要改变，公司的业务开发责任也会发生变化。在专家型服务公司中，业务拓展更多表现为合伙人（或等同于合伙人级别）的个人责任。随着公司的发展成熟，公司需要更加有步骤、有组织地开拓业务市场。在部分专业服务行业中（包括精算服务、工程和医药行业），某些业务领域已经发展成熟，需要在公司内部设立一个由来自本行业外的市场专家领导的市场营销部门。

启示

专业服务市场对专家型服务、经验型服务和程序型服务这三者之间的显著差异及这些差异的体现的认识存在很大不同。在建筑、咨询及公关等竞争激烈的行业，公司的定位不同，它们之间的差异也就清晰可辨。而在其他服务行业中，这种差异才刚刚显现出来。

专业服务行业的两个发展趋势表明，理解专家型服务、经验型服务和程序型服务这三者之间的差异（并相应地采取行动）对专业服务公司的成功至关重要。这两个趋势包括：①越精明的客户越有能力分析它们在不同项目类型上的真实需求，并能准确判断哪家专业服务公司提供的服务类型能与它们所寻求的利益相匹配。②顾问业务在不同阶段的演变速度明显加快。在任何一个专业服务行业，我们都会发现，一个原本只有少数几家创新型服务公司有能力处理的行业前沿问题，在短短几年之内，就变成很多公司都完全有能力处理的常见商业问题。

当这种变化发生时，专业服务公司都会面临一个基本选择。一方面，它们可以选择随着业务领域逐渐发展成熟，对组织架构、人才发展战略、定价方式、领导风格以及我们在前文讨论过的其他方面进行调整，以满足市场的新需求。当然，这样做会从根本上改变公司的性质。一个业务领域的发展周期则变成一家专业服务公司的发展周期。另一方面，它们可以选择逐步放弃日益发展成熟的业务，以保持公司文化与管理的稳定，同时，这也要求公司开拓与公司的基本运作方式相匹配的新业务领域。

第三种（也是最常见的）选择是，让公司保持拥有处在不同发展阶段的多种业务，这是一个充满挑战的管理任务。不同业务领域对公司经济、文化及管理手段的要求存在很大差异，这会使得公司在试图建立面面俱到的管理体制的过程中遭遇巨大的内在冲突和压力。

最常用且最有效的化解冲突的方法是实现部门及职能的细分，即在不同的运营部门或团队之间建立一道"墙"，让各业务部门制定并实施适合自身发展特征的管理方法，以满足市场的需求。这听起来可能是一种潜在的分裂主义，但相比试图以公司为单位，强制性地采用不适合业务发展特点的统一管理方式，这通常是更为合理的解决方案。一个典型的例子是，有些大型会计师事务所允许其审计、税务及咨询部门采用不同的管理方式。这种方法甚至也被一些律师事务所使用，例如诉讼、公司业务、税务、并购等部门会采用不同（但符合各部门特点）的运营及管理方式。

在采取第三种做法的公司中，需要确保各业务部门的发展成熟度保持相对稳定，并实现稳步发展。即使一家公司在业务部门层面实施多样化的管理方式，但部门管理的某些特定因素必须要符合公司的整体特点。这些特定因素主要取决于公司中专家型业务、经验型业务和程序型业务的相对占比。如果一家公司在第一年以提供专家型服务为主，第二年则以满足客户对程序型服务的需求为主，那么公司的运转和管理不可能顺利。

很多公司在管理上需要展现出更大的智慧，它们需要在不同的业务部门之间保持内部的一致性，这样就可以在更高层面采取统一的管理方式。这种一致性不仅有利于内部管理，而且有助于公司以统一的形象在市场中立足。经验表明，若一家公司早已是业内闻名的"低价服务供应商"，而其中的一个业务部门却要建立"前沿问题专家"的声誉，虽然不是不可能，但至少难度很大。同样，在一家拥有"行业最前沿问题解决专家"声誉的公司，也不太可能组建或保留一个拥有成熟市场的业务部门。在大多数专业服务行业，在市场中保持统一的形象是一项有价值的资产，如果公司试图满足过于分散的客户需求，那么这项资产会迅速减少。根据我的经验，很少有公司能够准确、清晰地在专家型服务、经验型服务及程序型服务这三者之间给自己定位，加之很多专业服务公司中各业务部门的定位也不同，所以我们无法得出一个唯一正确的答案。这就是专业服务公司的很多战略规划及市场营销工作都以失败而告终的原因所在。

专业服务公司在试图明确其市场定位时遇到的第二个问题是，在所有服务行业中，专业人士都会不自觉地低估业务的发展成熟度及其在专业服务生命周期中所处的发展阶段。我在专业服务公司内部做过很多匿名调查，最令我感到惊讶的是，在各个级别的专业人士所完成的工作中，我发现有很大比例的工作可以由初级人员来完成（这个比例有时会超过30%或40%）。即便考虑到某些客户倾向于由资深专业人士为其提供服务，调查结果仍表明，许多专业服务公司的市场定位其实已经接近于程序型服务阶段，但它还继续保持着专家型服务的运营模式。

考虑到客户需求的广泛性和多样性，在每个行业中，各种业务模式都能获得充足的生存空间。对专家型服务、经验型服务和程序型服务的市场需求总会存在，提供任何一类专业服务的公司，只要管理得当，都可以获得成功。然而，我们会发现，这些专业服务公司将逐步采用不同的经营、管理模式。理由很简单：公司或业务的管理模式必须与公司及业务的发展程度相匹配。

| 第 3 章 |

盈利：健康因素与卫生因素

在一家合伙制公司中，盈利的最终衡量方法是（或者说应该是）每位合伙人的利润。合伙人的利润主要受三大驱动因素的影响，即利润率、劳动生产率和杠杆率。

如图 3-1 所示，应该将"每位合伙人的利润"视为专业服务公司的"股权回报"，合伙人（有权参与分享公司利润）投入的时间和精力可以看作是公司的股权投资（常被称为"血汗钱"）。公司拥有的全部资产是（合伙人的）股权投资和非合伙人员工的总和，支付给后者的工资相当于是用固定利息债务做出的融资安排。

$$\boxed{\text{工业企业的杜邦公式}}$$

$$\frac{\text{净收益}}{\text{股东权益}} = \frac{\text{净收益}}{\text{营业额}} \times \frac{\text{营业额}}{\text{总资产}} \times \frac{\text{总资产}}{\text{股东权益}}$$

$$= \text{利润率} \times \text{劳动生产率} \times \text{杠杆率}$$

$$\boxed{\text{专业服务公司的公式}}$$

$$\frac{\text{利润}}{\text{合伙人}} = \frac{\text{利润}}{\text{收费}} \times \frac{\text{收费}}{\text{员工}} \times \frac{\text{员工}}{\text{合伙人}}$$

图 3-1　盈利公式

管理专业服务公司，同管理任何一家拥有多个产品条线或业务条线，或者在多个地点经营的公司一样，在三个驱动因素（利润率、劳动生产率和杠杆率）中过于偏重任何一个，都是错误的。不同的业务运营单元能够而且也确实可以通过不同的方式让每位合伙人获得高利润。有的办公室、业务单元甚至是个别合伙人将通过从事边际利润高的业务，并适度加杠杆的方式来实现这一目标。其他办公室、业务单元或合伙人则可能在边际利润低、劳动生产率处于中等水平的情况下，通过高杠杆率来让每位合伙人获得高利润。

遗憾的是，很多公司的报告制度都没能合理和全面地反映专业服务公司实现盈利的各种途径。例如，相比于合伙人如何有效发挥杠杆率作用，公司管理者更加看重合伙人的可计费工时及其价值确认的报告。其结果就是，那些没有发挥杠杆率作用，但个人投入的可计费工时多、实现的价值大（即劳动生产率高）的合伙人，在公司的报告制度下，显得比那些个人可计费工时少、每小时收费较低，但是能让五个初级员工忙碌的合伙人看上去表现得"更好"。但实际上，发挥了杠杆率作用的合伙人对合伙制公司的贡献比那些没有发挥杠杆率作用的合伙人要多。

作为专业服务公司，不应该就边际利润、劳动生产率或杠杆率等建立全公司统一的目标，而应该让每个业务单元（或合伙人）对实现每位合伙人的利润目标负责，并且，要让每个业务单元（或合伙人）制定出为实现目标所需要的利润率、劳动生产率和杠杆率的最佳组合。

目前，这个方法在专业服务公司中还没有得到广泛使用。很少有公司用"每位合伙人的净利润"作为合伙企业业务收益情况的主要报告方法。只有真正理解不同业务、不同服务（甚至是项目）中每位合伙人的盈利水平，专业服务公司才能管理好它的"股权投资"（合伙人投入的时间）。

健康因素和卫生因素

很多公司的控制系统，往往只重视盈利公式中的某些因素（而忽略其他因素）的原因在于，它们的控制系统只关注短期盈利（我称之为"卫生"因素），而忽视了"健康"问题（即如何从根本上提升公司的盈利潜力）。

为测试你的公司中是否存在这样的问题，我设计了一份问卷，供公司的合伙人传阅。表3-1列举了一家专业服务公司为提升盈利能力可能采用的措施。

表3-1 公司盈利能力问卷

请对本表中的各项按三种方式进行评分。首先，按照对盈利能力产生影响的快慢，按1～19给各项排序。然后，按照对盈利能力产生影响的长久性，对各项进行排序。最后，按1～5的分数对公司在各项上的表现打分（1=表现很出色，2=做得好，3=需要改进，4=做得不好，5=没有任何投入）。

		按产生影响快慢排序	按影响长久性排序	表现得分
a	让客户乐于接受高收费（专门化、创新、增值服务）			
b	提高员工使用率（每人的可计费工时）			
c	寻找在客户项目上使用更多初级员工的方法			
d	放弃不盈利的项目			
e	放弃不盈利的客户			
f	加快出账单的速度			
g	加快应收账款的回收速度			
h	利用营销得到"更好"的项目，而不是"更多"的项目			
i	投资新的（价值高的）服务项目			
j	开发能避免重复劳动的方法体系			
k	帮助项目负责人提高管理技巧和水平			
l	加速提升员工技能			
m	更多地利用初级员工			
n	降低租金和设备成本			
o	降低后台支持人员的成本			
p	对绩效欠佳的合伙人进行处理			
q	对绩效欠佳的员工进行处理			
r	其他（请具体说明）			
s	其他（请具体说明）			

如果你的公司同其他许多公司一样,那么你会有这样的发现:对盈利能力迅速产生影响的举措与对盈利能力有长远影响的举措有很大差异。许多公司都会在短期战术上打最高分,而对具有长效改善作用的战术打最低分。

这就揭示出提高盈利能力的两种不同管理效果:对某些因素(主要指具有短期效果的"卫生"问题)管理得过多,而对许多其他因素(主要指具有长远影响的"健康"问题)缺乏管理。为了弄清具体问题究竟出在哪里,我们将分别对盈利公式中的各项要素进行分析。

管理利润率

很多专业服务公司,在对不同业务部门的盈利能力进行比较分析时,会特别重视边际利润。这样做不仅会误导管理者,而且也有危险性。以我的经验来看,按照每位合伙人的利润来衡量公司的盈利情况,由于有效发挥了杠杆率作用,许多边际利润低的业务部门比那些边际利润高但杠杆率低的业务部门获得的利润高。这并不意味着高杠杆率总是好事或者总是适合这家公司。但它的确表明,在公司的日常管理和控制系统中,像边际利润这样的指标并不能充分反映公司的盈利情况。

在管理业务时,避免过分关注边际利润的另一个原因是:项目所实现的边际利润在很大程度上是劳动生产率和杠杆率共同作用的结果。让我们以一个劳动生产率高(即人均收益高)的项目为例来进行分析。从定义上就可以看出,在这个项目上,挣取每一美元的收入所需要投入的人员少。因为专业服务项目的绝大部分成本与投入的人员数量有关,因此,成本低,毛利就高,毛利会随劳动生产率的提高而自动提高。

除劳动生产率和杠杆率之外,有些因素也会影响毛利润,例如,办公场所的租金成本、设备成本等,这些均属于"卫生"因素。避免浪费很关键,绝不能有过多的剩余办公空间、过多的计算机、过多的后台支持人员。但是,一旦达到"卫生水平",再想通过压缩办公空间、减少计算机和后台支持人员数量来追求更大利润就不是明智的做法了。在超过"卫生水平"后,这些削减成本的做法只能提高短期利润,并非长效提升公司盈利能力的明智战略(也就是说,它不会彻底改善公司的健康状况)。对边际利润的管理是一种短期管理行为。

管理劳动生产率

如图 3-2 所示,一家公司的劳动生产率就是员工使用率乘以收费价格。我们需要再次弄清卫生因素和健康因素之间的区别。例如,大多数专业服务公司重视并且会很仔细地监测员工使用率,这是一个很典型的短期管理问题。每一年,这都是公司必须关注的首要管理问题之一,好比要做好卫生工作。如果公司的员工使用率低于"合理"水平,长期战略也就无从谈起。

$$\text{劳动生产率} = \frac{\text{收费}}{\text{员工}} = \frac{\text{收费}}{\text{小时}} \times \frac{\text{小时}}{\text{员工}}$$

$$= \text{收费价格} \times \text{员工使用率}$$

图 3-2　劳动生产率

然而,一旦达到员工使用率的"目标"之后,基本上就不可能再通过逐年提高员工使用率的方式来提升公司为每位合伙人创造的长期利润了。尽管公司可以通过让员工周末加班来赚取更多的钱,但这恐怕不是最英明的利润提升战略。真正的挑战在于想办法做到员工不那么辛苦地工作,公司就能赚到更多的钱。

如果想实现高生产率,公司必须提高员工每工时的收费(或价值)。能做到这一点的公司就会超越卫生水平,从根本上提升公司的健康水平。当然,这不仅意味着提高公司的服务价格,它还意味着公司必须做一些能让客户乐于支付更高服务费的事情,例如提高员工技能、实现行业或技能专门化、创新或提供增值服务。

管理杠杆率

回到我们的盈利公式，还有一个因素需要讨论，即杠杆率。同收费水平一样，这是一个涉及根本健康状况的问题。一旦杂项开支和员工使用率均在卫生范围之内，那么只有提高收费水平或杠杆率，才能改变公司的盈利状况。但是，加多少杠杆合适？

对于任何一家专业服务公司来说，加多少杠杆合适只有一个因素能决定，即公司所提供服务的性质。如果公司从事的是尖端的、高客户风险的服务（"脑外科手术"型），那么为这类项目配备的人员结构无疑是合伙人占比较高、初级人员占比较低，因为低级别员工没有能力满足项目对服务质量提出的高要求。另一方面，如果公司更多的是处理更加"程序化"的"非紧急"需求，那么杠杆率低就会导致效率低。道理很简单，不应该让高价雇用的员工去做附加值低的工作。

管理杠杆率有这样一层含义，即确保为项目配置的技能结构与客户服务工作实际需要的技能水平相匹配。遗憾的是，这一方面许多企业都做得不够好（请参阅第 4 章）。

盈利与增长

有趣的是，在盈利公式中，我们看不到公司的增长和规模这两个要素。当然，专业服务公司追求业务增长的一个基本动因是激励并留住最优秀的员工。公司不增长，推动公司发展的许多动力就会丧失，士气就会低落。但是尽管如此，增长和盈利之间的关系还是不明确。

例如，一家公司在某一年，其业务成功增长了 25%，但是，它实现增长的方式是：业务结构（即每工时的收费水平）保持相同，且公司仍然采用和过去一样的每位合伙人带多少名员工的比例服务增加的那部分业务量。在这种情况下，公司就需要增加25%的合伙人来处理新增业务。如果每工时收费水平与公司现有业务的收费水平相同，那么每位合伙人所产生的净利润也将保持原有水平（请参阅第1章）。

在业务增加25%的同时，增加25%的合伙人的结果也不错，但它不能实现提升合伙人人均利润的目标。要提高合伙人的人均利润，就必须打破两个条件中的其中一个：要么新业务要比原来业务的收费水平高，要么在服务新业务项目时加杠杆。这个结论与前面得出的结论相同：只有提高收费水平或者加杠杆才能推动公司向前发展。其他做法可以说都是出于维持卫生水平的目的。真正对公司盈利的长期健康状况起作用的是业务所涉及的服务性质，而不仅仅是业务量。

然而，大多数公司并不按照这个方式来管理业务开发工作。许多公司都是受收入驱动的，或者说以"销售收入"为导向，它们的观点是"新业务就是好业务"。这显然是不正确的。一个10万美元的新项目可能为公司带来的利润很高，但也可能让公司赔上很多钱。许多公司以合伙人争取到的项目的收费（销售收入）为依据奖励合伙人，却不考虑该项目能否获利。

很大程度上，公司之所以这样做，正是出于我们之前讨论过的原因：缺乏好的有关盈利能力的报告制度，公司无法了解哪些项目能获利，哪些项目不能获利。如果不在项目层面上衡量它的盈利性（或者仅用利润额或实际收费率等有误导性的指标来衡量盈利性），公司就很难恰当地指导和奖励合伙人的业务开发活动。要想提高利润，就只有提升盈利项目的运作方式：合理的人员配置、恰当的授权、有效利用员工的时间。项目负责人应该对项目的成功负责，既要考虑收入，又要考虑项目所消耗资源的成本（包括合伙人的时间成本）。

在开始研究不同项目上每位合伙人每个可计费工时获取的利润（不论是以专项研究的形式，还是作为新的报告方法）的公司中，这种做法的效果已经显现出来。一个非常普遍的现象是，公司会发现125%的利润来自 80% 的项目，20% 的项目损失了 25% 的利润。如果这是有选择的战略性投资决策，那么情况可能还不坏。但是，一家接一家公司所揭示的问题是：有些项目在以利润额或实际收费率为判断标准时看起来"很赚钱"，但当我们把利润与合伙人投入的时间挂钩，这样的项目投资可能就很不值。

结果就是：许多公司无法通过"对症下药解决表现差的方面"的方式来提高利润，因为公司的报告制度无法揭示出问题到底是出在项目、服务条线、客户还是合伙人自己身上。

对症下药解决表现差的方面既可能是卫生问题，也可能是健康问题。通过消除造成损失的行为，公司在短期内就能提高利润。另外，通过释放被锁定在低利润领域的资源（尤其是合伙人的时间），公司就有机会将这些资源部署到生产力更高的领域。没有公司会因为短期利益而放弃不盈利的客户或项目，但是如果通过更有效的人员配置（即提高杠杆率），仍然无法解决盈利低下的问题，那么，以高盈利型项目替换低盈利型项目则对公司的长期成功至关重要。

盈利战术见表 3-2。

结论

表 3-1（公司盈利能力问卷）中列举的提高盈利能力的战术可以分成五类，这是提高任何一家专业服务公司盈利能力的基本方法（请参

表 3-2　盈利战术
（按照对盈利健康状况的影响递减排序）

1. 涨价（提高专业服务收费水平）
   - 通过专门化、创新及增值服务，提高收费水平
   - 利用营销获得"更好"的项目
   - 加速对员工技能的培养
   - 投资新的（高价值）服务项目
2. 降低变动成本（即服务每个项目产生的成本）
   - 提高项目管理绩效
   - 在提供项目服务时发挥杠杆率的作用
   - 更多地使用初级专业人员
   - 开发能避免重复劳动的方法体系
3. 解决表现差的方面
   - 针对表现差的方面采取应对措施
   - 放弃不盈利的项目
   - 放弃不盈利的客户
4. 增加业务量
   - 提高员工使用率（即增加每名员工的可计费工时）
5. 降低杂项开支
   - 加快出账单的速度
   - 加快应收账款的回收速度
   - 降低租金和设备成本
   - 减少后台支持人员的成本

阅表3-2)。这五类(按照对盈利健康状况的影响排序)分别是:

1. 涨价(提高专业服务收费水平)。
2. 降低变动成本(即服务每个项目产生的成本)。
3. 解决表现差的方面。
4. 增加业务量。
5. 降低杂项开支。

如上所述,前两组措施是维持健康水平的关键,中间一组(解决表现差的方面)也有可能是保持健康的关键因素。最后两组措施属于对短期效果起关键作用的卫生因素,对从根本上改善盈利能力的作用有限。提升盈利能力不仅仅依靠对卫生因素的管理,公司未来的盈利能力还取决于能让公司长期保持健康水平的因素。因此,公司用来衡量、报告和管理盈利的方法既要反映卫生因素,也要反映健康因素。

| 第4章 |

解决授权不足的问题

就像人一样,专业服务公司如果可以根除自己的坏习惯,就会变得更加健康。本章着重介绍专业服务公司会犯的一个坏习惯,这个坏习惯会削弱公司的盈利能力,对员工激励、士气产生负面影响,还会削弱公司的竞争力。另外,这个坏习惯还会影响资深专业人士对客户的时间投入以及他们对公司未来发展的投资。

这个坏习惯就是"系统性授权不足"。

假设,让公司的每位专业人士都做这样一份问卷调查,从管理层到初级员工,都回答这样一个问题:

您有多少时间会消耗在那些原本可以由初级员工完成的工作任务上(当然,这不包括客户坚持让您亲自完成的那部分工作)?公司是否已经组织培训你的下级员工,使其有能力在保证质量的前提下完成这些工作?

设想每个人都给出了诚实的答案,并且依据他们给出的数字制成表格来计算公司的平均值。结果显示,对于典型的专业服务公司而言,这个平均值往往高达40%或50%,有时甚至会更高。也就是说,公司的整个生产力,有40%或50%的消耗是因为高价聘用的员工在做低附加值的工作。

很显然，这种情况不尽如人意。

如果反过来看看制造型企业，就会发现在用于生产的全部资源中，如果有40%或50%的花费高于生产同等质量的产品应该付出的成本，那么人们就会用"效率差""低产能""浪费"等词来形容这种行为。我相信，同样的词也可用在大多数专业服务公司的运营方式上。

为什么授权不足是个问题

在解释为什么会出现这个问题以及应该如何解决这个问题之前，我们先看看系统性授权不足在四个方面给公司带来的不利影响。

盈利能力

从定义上来看，系统性授权不足是指公司产品／服务的交付成本高，即公司完成项目的成本，要比让经过培训的初级员工来做他们有能力完成的工作所需要的成本高得多。短期内，这种做法可能不会给公司造成太多伤害：如果客户愿意为这些低效率的做法支付高额费用，公司何必还要改变呢？

但是，有一个原因使公司不得不变，它就是"竞争"。随着行业竞争更加激烈，客户对收费越来越敏感，高额的交付成本将会引发业务开发受阻、竞争力下降等问题。另外，除收费压力外，还有一个原因也会推动公司做出改变，即盈利能力。在客户愿意支付费用的前提下，如果公司为客户项目配置的人员成本过高，那么公司能获得的利润就会降低。

职业技能发展

让高收费的员工去做低收益的工作，会阻碍这些资深员工累积（提升）专业技能，同时也会阻碍初级员工对专业技能的快速掌握。专业服务公司出售的不是时间（尽管它们通常会按时间计费），而是技能。任何对提高员工技能有影响的行为都会对公司产生不利影响，而系统性授权不足就属于此类行为。

士气、动力、满意度和积极性

在授权不足的情况下，初级员工虽接受了良好的培训和指导，有能力承担更多工作，却没有获得充分的授权，结果就会导致初级员工士气低落、缺乏动力。我的研究表明，如果不解决这些问题，那么工作缺乏挑战性将是引发人才流动率高（公司难以留住人才）等问题的最大原因。我的研究还显示，如果资深员工花费50%的时间去做原本初级员工就可以胜任的工作，他们的士气和动力同样会下降。

对未来的投资不足

授权不足会导致资深员工无暇顾及那些价值高且对公司的未来发展有重要作用的工作。在多家专业服务公司中，我遇到过不少专业人士，他们对客户服务、业务开发、建立员工辅导及培训机制、设计方法体系以及投资个人进步的重要性都十分明白。但是，因为他们"太忙"而心有余力不足，在上述这些方面无法展开太多的工作。

但是他们在忙什么呢？如果他们有50%的时间花费在那些原本由接受过专业培训且薪水低一半或1/3的员工就能处理的工作上，这样的时间分配对高价资深人士来说太不合算了。

授权不足的原因

盈利能力降低、专业技能提升受阻、士气受损、无暇顾及对公司未来发展的投资，这是一系列由于授权不足所造成的负面影响。那么，为什么授权不足的情况如此普遍呢？

虽然授权不足的问题显然会受到多种个人主观性因素（比如"我更愿意自己做"或"如果我来做，我相信会做得更好"）的影响，但我认为，在大多数专业服务公司中，授权不足主要是由考评和奖励系统造成的（所以才将这个问题称为系统性授权不足）。

第一，对资深员工在项目上投入的可计费工时施加过大压力会导致人员配置的低效率。如果合伙人觉得他的主要责任是保证自己在项目上投入足够的可计费工时（而不是对整个项目的利润负责），那么他更愿意闷头工作，而不是积极地想办法改善项目运作效率。

在公司效益不景气的时候，这种情况尤其明显，但也更加无益于问题的解决。在效益不景气的年份，为了帮助公司走出困境，合伙人应该放下工作，把时间更多地花在拓展市场及开发新业务上，而不是为了保住现有的位置而忙于那些原本初级员工就能完成的工作，逃避市场营销工作（这正是我在众多经历经济衰退的国家中观察到的现象）。

第二，很少有公司要求项目负责人来负责想办法降低项目成本。令人惊讶的是，有些公司并不跟踪记录每个项目的利润。即使有些公司会跟踪记录项目利润，但其主要衡量标准还只是停留在实际确认收入上，也就是向客户收取的各级别项目人员的标准费率。虽然这个因素很关键，但是我的研究表明，它还不足以推动资深员工为自己的项目加杠杆（即把工作更多地授权给初级员工完成）。当没有特别的动力使合伙人愿意加杠杆，授权不足就是必然结果。合伙人不仅要对他们收回的项目利润负责，还应该对公司完成项目所产生的精确成本负责。

第三，不愿意在如何成功做到授权上投入必需的辅导和监督时间。就单个项目而言，使用初级员工的成本总是更高，而不是更低。让初级员工做事要比自己亲自做更费时间，而且需要花时间辅导、监督他们。结果就是，从长远来看，花费在辅导和监督上的时间有助于降低成本，但从短期来看，成本却是增加了。这就是一个很难化解的矛盾。"这次"使用初级员工的成本太高，因为他们之前没有接受过训练，如果每次都存有这样的想法，那么初级员工始终都没有机会接受训练。因此，口号喊得响亮，实际上公司很少在初级员工的辅导培训上进行投资。问题就在于，目前没有几家公司建立了有效机制，实时监督初级员工是否接受了良好的工作辅导（和潜在的授权）。没有这样一个系统，就会导致以短期利益为重和授权不足的问题。

第四，合伙人本身也担心如果把工作下放，那他又能去做什么呢？合伙人有这种担心也是可以理解的。但其实他们应该更加重视市场营销、客户服务、员工培训，并找准自己的位置，去做真正需要合伙人来做的工作。如果成功把那些能够且应该下放的工作授权给低级别的员工来完成，那么就需要给公司的合伙人找到与他们的专业水平和丰富经验真正相匹配的工作。但是，据我所知，因为担心没有更适合合伙人角色的工作，或者因为通过现在的工作收取服务费让他们心里感觉更舒服，合伙人不愿意寻求改变，这是问题的关键所在。

要想提高运营效率（即工作任务与员工技能水平实现更好的匹配），就需要重新将注意力放在对高附加值新业务的开发上。有人，包括很多合伙人，可能会对此有异议，认为在某些市场中，这样的工作并不存在，或起码从业务量来看，不能够完全替代合伙人下放的工作量。

事实可能确实如此，但这并不是延续低效率的人员配置做法的理由。相反，这正说明，在公司的某些业务领域，合伙人有点人满为患了。对该问题的合理解决方案是帮助这些合伙人找到提高自身在市场中价值的方法，对他们的工作进行重新部署，甚至帮助他们重新规划自己的职业生涯。让高价合伙人过多地从事低价值工作是一种灾难。

解决授权不足的问题

执行"瘦身"计划对解决授权不足的坏习惯而言并不是一件轻松愉快的事情。事实上，这个过程很痛苦，目的是要让坏习惯出现时很容易被察觉，让每个合伙人都下意识地在自己的项目中根除这些坏习惯。

"瘦身"计划有三个核心步骤，还有一些附加选项。

第一步：从项目层面衡量盈利水平

第一个核心步骤是改变合伙人的绩效考核体系，将考核重点从合伙人的个人工作成绩（即投入的可计费工时）转向让合伙人主要对其管理的每个项目的合伙人人均净收入（或每个合伙人每小时的净收入）负责。

大多数公司通过电脑记录每个项目的收入，以及每个项目人员在项目上投入的小时数。因此，用最新的工资和薪酬数据计算公司在项目上消耗的资源成本，实际是个相对简单的任务。

通过综合考虑收入与成本，公司能够更好地确定哪些项目的盈利能力最强，哪些项目可以通过更加合理地配置人员、增加授权和发挥杠杆率的作用来提高效率。

有了这个信息系统之后，公司就能够促使合伙人对项目利润负责，鼓励他们想办法提升项目的运作效率。

第二步：跟踪记录并奖励合伙人对下级员工的辅导培训活动

为了克服在对下级员工的辅导培训上出现"滞后维护"的问题（以及引起的授权不足问题），公司应该引入一个系统，在每个项目结束时，让所有项目成员都填写一个表格（见表4-1），对他们参与此次项目的经历进行评分。

表 4-1　请对你的项目经历评分

请用 1～5 分对表格中的各项进行打分，1 分代表强烈不同意，5 分代表强烈同意。

我的工作使我的知识和能力得到了很好的运用	1	2	3	4	5
这个项目有助于我的学习和进步	1	2	3	4	5
我的工作有趣且富有挑战	1	2	3	4	5
当分配给我任务和项目时，我完全理解公司对我的预期	1	2	3	4	5
当分配给我任务和项目时，我明白我的工作应如何与项目的整体目标相符合	1	2	3	4	5
当我有问题时，我总能得到帮助	1	2	3	4	5
我能收到上级对我工作的及时反馈	1	2	3	4	5
当我犯错误时，总能获得富有建设性的指导建议	1	2	3	4	5
我能获得导师的有效指导来帮助我改进工作表现	1	2	3	4	5
我能及时获得开展工作所需要的信息	1	2	3	4	5
我总是能受到鼓励，主动提出自己的看法及改进意见	1	2	3	4	5
在工作上，我有适当做出决定的权利	1	2	3	4	5
团队会议是在建立相互信任和尊重的基础上召开的	1	2	3	4	5
我为自己在项目中的高质量工作感到自豪	1	2	3	4	5
在这个项目中，我们设定了很高的绩效标准	1	2	3	4	5
我感觉自己是有效运作的团队中的一员	1	2	3	4	5

> 说明：为了鼓励大家如实回答表 4-1 中的问题，不需要在这个表格上填写个人信息。然而，我们希望大家能够将填写完成的表格放入信封里，寄给本次调查负责人的秘书，她会负责收集汇总所有项目成员的反馈，然后我们将跟踪记录每个项目的整体表现。请大家在信封上写下名字和项目代码，以便秘书可以记录收到的反馈情况。
>
> 请回答以下问题，仅为记录反馈情况使用：
> （1）本次项目的代码是什么？
> （2）请说明你的级别 / 职务。
> （3）你在该项目中投入了多少工时？
> （4）你在这个项目中的直接领导是谁？

这些表格填写完成后交给项目主管合伙人，每年汇总一次。年末，每名合伙人的总得分（即受该合伙人管理的所有项目成员给出的评分）与办公室（及公司）的整体评分进行对比。

通过这种方式，可以实现激励与责任并重的授权行为，实现良好的项目管理以及对专业技能的传授。建立这样一个可以对员工的辅导培训活动进行衡量、监督的系统，它所产生的影响是再多次的演讲、对企业使命的阐述和培训项目都无法达到的。

在解决项目的人员配置效率问题时，没有什么措施比有效管理人员的部署及调配过程更重要。

第三步：项目人员的部署及调配

一旦确定了项目人员的配备结构（分配哪些人员、项目的每个部分计划由谁完成），该项目对杠杆率的使用也就明确了。项目的人员配备决策显然也对员工能够掌握什么样的技能、累积多少技能具有重大影响。在公司的业务实践中能掌握什么样的技能取决于员工所参与的项目类型，以及在项目中负责哪一部分工作。

正如前文所述，多项研究表明，对激励、士气以及最终留住人才的最主要影响因素是员工所从事工作的类型。因此，对公司运营的管理决策大部分发生在人员的部署及调配上。这也是在短期利益、客户服务、专业技能的累积和留住人才之间寻求战略平衡的关键点。

只要公司或业务部门管理者对该问题给予高度重视，那么纠正授权不足的问题就大有机会。但遗憾的是，在许多公司，人员的部署及调配仅仅被当作一项行政或战术职能，但实际上并不是。公司的强势管理者应当去质询同样强势的项目主管合伙人，让他们说明项目人员的配置理由，解释为什么确实需要他们指定的那些人员。只有经过反复交锋，授权不足的问题（通常是隐蔽的）才会暴露出来（关于这个话题的更多内容，请参阅第16章）。

解决授权不足问题的其他策略

作为对上述方法的补充（但很少能替代上述方法），有些公司通过以下方式也成功解决了授权不足的问题：更为激进地提高资深或者有经验人士的收费水平；同时在收费上采用因人而异的策略，不再根据资历对某一部分人士采用相同的收费标准。事实上，这些公司在持续不断地检验每位资深员工的市场价值。

这种做法产生了许多积极效果。首先，它促使公司的资深员工将自己的工作"延伸"到价值更高的领域，而不是将自己的收费标准保持在自己的真实价值之下，轻松地达标。其次，通过激进地提高资深人员的收费标准，促使他们更加认真地思考哪部分工作应该由他们自己完成，哪些工作可以下放给下级员工，从而使得授权不足的问题得到有效解决。

有一些公司则采用合伙人年度绩效考核系统对合伙人的时间利用情况进行"挑战"，帮助合伙人制定个人成长目标。这种做法背后的理论是：如果合伙人对如何"转移"到价值更高的领域有着清晰的想法和目标，他就会更愿意（甚至是急切地）将其他人也可以完成的工作"移交"出去。如果合伙人没有"个人战略计划"，他就不愿意将当前的工作交给别人来完成。在某些情况下，公司的管理者有必要"保护"那些将工作下放给其他人的合伙人，直到他们找到新的工作任务为止，从而降低合伙人承担新任务的风险。

在另外一些公司中，为了帮助合伙人更好地通过授权来改善运营效率，这些公司成立了运营委员会，研究公司运作的方法体系，并开展"产业工程"研究。通过探索执行特定工作究竟需要什么样的技能水平，这类研究可以提供现成的方法论（和培训手册），供合伙人在提供专业服务时使用。

结论

解决授权不足的问题并不容易。根据我的经验，这个问题是专业服务公司的职业病。解决这一问题要求我们重新审视公司的一些重要管理系统。

读者应该问自己以下几个问题：
- 我们公司是否存在授权不足的问题？
- 如果我们能够彻底根除，甚至是部分解决授权不足的问题，会有哪些好处？
- 我们能否借鉴本章介绍的一些方法？
- 如果不能，还有哪些解决办法？
- 如果我们什么都不做，局面会怎样？

我的经验表明：大多数公司会发现，它们不仅在授权不足方面存在改进的机会，而且公司会因为改变而拥有健康和活力，其所带来的好处将远远超越改变给公司带来的痛苦。

· 第二部分 ·

关于客户的问题

MANAGING THE PROFESSIONAL SERVICE FIRM

| 第 5 章 |

业务开发的一揽子安排

当一屋子的专业人士谈到"营销"的时候,每个人对此都有不同的理解。有人认为"只要照顾好现有客户,新业务自然随之而来";有的人认为"源源不断地开发新客户对公司的健康发展至关重要";有的人则认为"关键是处理好客户关系";还有人认为"我们需要融入某个圈子去结识新朋友"。

实际上,这些观点都有道理,但是仅凭其中的任何一个又都不能完全解释"营销"的含义。专业服务公司必须执行业务开发活动的一揽子安排,具体包括:

- 广而告之。
- 展开追求。
- 超越客户的预期。
- 培育客户关系。
- 倾听客户需求。

以上五个方面,不能忽视其中任何一个,必须综合应用,才能产生理想的效果。

"广而告之"包括所有能引起潜在客户注意和兴趣、挖掘新业务机会的活动。从这个定义来看,"广而告之"的活动包括组织座谈会、发表文章、发布简讯、召开讲座等。这些活动的共同之处是:目标群体不是某个人或某个特定公司,而是多个人或多个公司。专业服务公司向目标市场传播讯息,希望由此与潜在客户建立联系,吸引客户前来咨询相关服务,甚至是获得向潜在客户提供服务建议书的机会(第11章将详细探讨"广而告之"的有效策略)。

一旦机会出现或者目标客户出现,公司就要采取新的行动了,即"展开追求"。这时,公司的目标不再是一群潜在的专业服务购买者,而是某个特定的客户。这项活动通常被称作"销售"或者"推介",但是这两个词并不能确切表达专业服务公司真正需要做什么。在客户决定聘请一名专业人士或者一家专业服务公司时,他也必须决定是否要建立并维护一个长期合作关系,这就如同是否要与对方建立恋爱关系(有关这个阶段的一些做法将在第10章中介绍)。

前两项活动重点关注如何寻找新客户。然而,有句古话说得好,无口碑就无营销。因此,业务开发的一个重要方面是在既有项目中,提供超越客户预期的卓越服务,大幅提升客户满意度。这不仅仅意味着提供出色的技术服务或让客户满意就可以。只有当客户与其聘请的专业服务公司合作得很愉悦并且非常期待继续合作下去时,才能有效推动公司口碑的建立和传播。正是因为好的口碑要靠一点一滴的积累,因此专业服务公司和专业人士必须在这个方面进行长期不懈的投入(详见第7章和第8章)。

用心服务好客户的当前项目,是赢得客户未来项目和业务的必要条件,但不是充分条件。要想与客户保持牢固的合作关系,就必须"悉心培育"这个关系,并赢得客户的未来项目。客户不喜欢专业服务公司理所当然地认为后续业务一定会交给它来做,客户希望"服务供应商"通过对双方关系进行大量投入来赢得未来的业务。客户期待专业服务公司投入自己的时间(无报酬的)来了解客户的业务,通过提出更好的创意、投入更多的时间与客户探讨未来的发展规划及问题等来赢得新业务。要想"悉心培育"客户关系，专业服务公司需要制订针对老客户的营销计划（详见第9章）。

一揽子业务开发活动的最后一个方面是倾听客户的需求，即"收集市场情报"。专业服务公司越了解客户的想法，越了解客户最近关注的事情和问题，营销工作的针对性就越强，营销方案也越有效。如果一家专业服务公司在聆听客户需求方面不下工夫，那么问题就会非常严重，这类公司会通过胡乱猜测或者自以为是地设想客户需求来制定营销策略。相反，如果公司愿意下工夫去倾听客户的需求，就可以更加深入地了解客户的想法、需求以及客户选择服务供应商的方式。为了达到"倾听"的目的，公司需要系统地、有组织地去和客户接触，询问客户的需求，比如参加客户研讨会、资深合伙人拜访客户、参加客户所在行业的专题研讨会等，但是参加这类活动的目的不是给自己打广告、推销服务，而是倾听、了解客户的需求（详见第6章）。

在每项活动上投入多少时间

专业服务公司可能也想对应该如何在各项业务开发活动上分配精力和时间做出评估（见表5-1）。对于公司而言，什么样的组合才是合适的？公司目前是不是过于偏重某些方面，而忽略了另外一些方面？公司还应该反思一下开展每项活动的成效如何。你为公司的每项业务开发活动打多少分呢？

我对专业服务公司的整体观察是，它们倾向于在"广而告之"和"展开追求"两个方面投入过多的不可计费工时，而在"超越客户预期""培育客户关系"及"倾听客户需求"等方面的投入却很欠缺。我发现问题的主要原因在于，专业服务公司自认为后三项活动在项目执行过程中，即在可计费的工作时间内自然而然地就可以完成，没有必要投入额外的不可计费工时去做这些工作。以我的经验来看，这个假设是错误的。

表 5-1　时间都去哪儿了

	在业务开发活动上投入的不可计费工时比例	公司目前在该方面的表现（1=我们在这方面的表现很出色，5=我们在这方面做得很差）
广而告之（引起潜在客户的注意和兴趣）		
"展开追求"（销售和推介）		
超越客户的预期（确保客户对当前项目感到满意并与专业服务公司相处得很愉悦）		
培育客户关系（面向现有客户，开发新业务）		
倾听客户需求（收集市场情报）		
	100%	

以倾听客户的需求为例，专业服务公司可能在工作中很关注客户，自以为很了解客户。但实际上，在执行当前项目的过程中，专业服务公司需要集中精力将手头的工作做好，一般也没有机会专门和客户谈论除当前工作之外的其他事情。但是，如果邀请客户参加工作晚宴或者到公司举行会谈，那么双方交谈的内容就不会只局限于当前要解决的问题，还有客户对未来业务发展的规划，这样专业服务公司就可以获得许多对公司未来业务开发有价值的信息。如果在没有倾听客户需求的前提下就去向客户推介服务，营销效果肯定不尽如人意。

我所说的并不是一些虚无缥缈的修养或道德标准，也不是什么"你应该多关注客户，倾听客户的意见"之类冠冕堂皇的话，我指出的不过是有效开展业务活动的一个简单标准：什么样的投入才能给每个用于业务开发的不可计费工时带来良好的回报？我们可以通过表 5-2，从另外一个角度分析一下专业服务公司或者专业人士个人对业务开发活动进行投入时有哪些选择。总体而言，这些选择可以分为两类：一类是针对现有客户和潜在客户的投入，另一类是针对已经意识到有新业务需求和尚未意识到有新业务需求的现有客户和潜在客户。

表 5-2

	现有客户	潜在客户
意识到有新业务需求	超越客户的预期（投资回报率最高）	展开追求
尚未意识到有新业务需求	培育客户关系	广而告之（投资回报率最低）

表 5-2 中，公司在业务开发上每投入一小时的不可计费工时，在哪个象限中获得的投资回报最高？对于大多数专业服务公司而言，答案是左上象限——确保能从意识到有新业务需求的现有客户（无论客户是否告知过你这项需求）获得新项目。当现有客户有新需求时，是否会将全部（或者大部分）新项目交给你来做？如果答案是肯定的，那么你的这项业务开发安排就是有效的，不需要再做更大的投入。但是，如果客户给你的业务只占其业务的一小部分，那么就需要你重点关注这个方面，并且投入相当数量的不可计费工时。除非与客户关系维持得很糟糕，一般而言，从现有客户获得更多项目要比攻下新客户容易得多。由于这类业务开发活动的投资回报率很高，所以，公司在制订业务开发计划之前最好先问自己几个简单的问题：

- 哪些老客户可能带给我们更多的项目？
- 要想赢得这些项目，我们需要投入多少不可计费工时？
- 哪些具体措施有助于提高赢得这些项目的可能性？

那么，公司在业务开发上每投入一小时的不可计费工时，在哪个象限中获得的投资回报最低？毫无疑问，答案是右下象限——尚未意识到有新业务需求的潜在客户。如果你走入一家律师事务所，问问他们如何开展业务开发活动，你会听到很多"努力参加社交活动""主动建立新关系"之类的话，你结识的陌生人可能目前还没有意识到自己有什么需求，这些活动恰好可以向他们推介服务。当然，专业服务公司必须开展这方面的工作，因为源源不断地开发新客户对公司的健康发展至关重要。然而，问题的关键在于平衡。这是一项最耗时的业务开发活动，在整体的业务发展安排中，只能充当配角，不能作为主角。

表 5-2 的另外两个象限，哪个投入回报率更高？这个问题没有绝对的答案，这两类业务开发活动的目标大不相同。右上象限代表的是意识到有业务需求的潜在客户，但是我们与这类客户尚未建立关系。我们看到了商机——这些客户会聘请某家专业服务公司——我们则需要确保客户最终会选择我们。这时，我们的首要任务是对客户"展开追求"，这项任务也比较花时间。为了赢得项目，我们必须从零开始了解客户的业务，与主要决策者建立关系，在准备公司及项目团队介绍、服务建议书等方面投入时间和精力，并在客户做出最终决定前积极参加一系列的沟通会等。因为客户了解自己的需求，通常会邀请几家公司竞标，所以专业服务公司在开展业务开发工作的过程中也会承受较大的竞争压力。

相反，左下象限代表我们的老客户，我们与它们已经建立了业务关系，但是这些客户还没有意识到自己有新需求。在这个象限上投入时间就像下赌注。如果我们花时间和客户的管理层探讨其业务问题，我们就可能帮助客户发掘一些其尚未意识到，但却应该做的事情（你花时间去深入了解客户的业务，能够发现新业务机会的可能性有多大？大多数情况下，可能性比较大，所以这应该是个不错的投资）。一旦发现客户的新需求，下一步工作就是让客户的决策者（或许和你是老交情）了解具体情况。这项工作不需要花费太多的时间，但回报率应该很高。

以上分析表明，在业务开发活动上投入不可计费工时，投入回报率处于第二位的是加强与尚未意识到有新需求的老客户的沟通，而发展有业务需求的新客户则处于第三位。但是，需要再次强调的是，这个分析并不代表其中的某个象限最重要，或者某个象限可以忽略。事实上，恰恰相反，这四个象限都重要，都要认真对待。

另外，这些业务开发活动之间也存在逻辑关系。首先，要认真倾听客户的需求。做好这一点，其他方面的工作难度就会降低。其次，要超越客户的期望。我们在这方面做得越好，就越容易赢得现有客户的新项目，并通过好口碑赢得新客户的青睐。再次，相较于克服难题、赢得新客户，还是应该优先考虑争取老客户的新项目，这样做更合理。最后，与提升探索和发掘新商机的能力相比，还是应该将重点放在确保把已经出现的业务机会变成实实在在的项目上。

那么，如何合理分配在各项业务开发工作上花费的时间？我的大致安排是：首先，开发一套高效的倾听系统，使公司能够定期、持续不断地获取市场信息。为了达到这个目的，做好这项工作需要多少时间，我就投入多少时间，一般占整套业务开发活动所花费时间的10%～15%。

其次，我会考虑如何超越客户预期，为达到让现有客户真正地感到与我合作很愉快，而不仅仅是满意的目的，应该投入多少不可计费工时。或许，在执行项目的可计费工时之内，我就能做到让客户"满意"，但如果在项目之外稍微多投入一些自己的时间就能让客户超越它们对专业服务公司的期望，让客户感到欣喜。我认为这是一项很明智的投资。为实现超越客户期望的一系列安排也需要占整套业务开发活动所花费时间的10%～15%。

再次，我会重点培育客户关系。我会问自己：通过维护和发展客户关系，哪些现有客户能给我带来新项目？我很有可能会在这个过程中发现若干个高回报的业务机会，需要投入30%～35%的时间。

最后，我会考虑利用剩余35%～50%的时间开发新客户。在"广而告之"和"展开追求"之间，很显然，后者（包括赢得潜在客户的信任）花费的时间更多。为此，我会努力将"广而告之"所占用的时间控制在10%左右，把25%～40%的时间用于对潜在客户展开追求。

这样的时间分配比例是固定的吗？当然不是。新公司与发展成熟的公司会有不同的侧重点，而随着公司处于不同的发展阶段，也需要对侧重点进行调整。但是，在业务开发活动上的时间分配必须保持平衡，而且应该以全盘考虑所有业务开发活动，并确定投资回报最高的那项活动为前提。

| 第6章 |

倾听客户的需求

专业服务公司与其他类型的公司一样，要想在激烈的市场竞争中占据优势，关键是更好地了解客户的想法和需求。对客户的深入了解则直接依靠"倾听"。

良好的倾听并不是指在争取新客户及新项目的过程中开展的非正式、偶然性的商业情报收集活动，也不是在执行当前客户项目的过程中靠"放亮眼睛、竖起耳朵"发掘机会。"倾听"不能只局限于在"三年一次"的战略规划活动中进行的专项市场调研。相反，它要求对客户的偏好、期望和要求有步骤、持续性地进行跟踪。对于"客户需要什么，它们的需求正在发生哪些变化"之类的问题，必须通过在公司的日常运营活动中建立并运用以信息收集、信息分析和行动方案为一体的结构化流程来处理。

几乎没有几家公司拥有这样的流程。在许多专业服务公司中，"客户究竟想要什么"是引发无休止的争论和猜测的根源，尽管如此，却很少有公司采用最直接的方式即通过直截了当地询问客户来解决这个问题。简单地讲，问题就在于专业服务公司在倾听方面做得远远不够。

本章将介绍倾听客户的各种方式（和目的），并对每种方式的优劣进行评估。需要强调的一点是，下面要介绍的各种倾听方式并不能互相取代。道理很简单：知识就是力量，你对市场的了解永远不够。聪明的公司会尽可能多地采用各种倾听方式。

为什么要倾听客户的需求

倾听，即征询客户对于当前服务的评价，并请它们说出尚未被满足的需求。这种做法有两个目的，它们之间相互作用：①提高当前服务的竞争力；②发掘机会，开发新业务。

通过征询客户对于当前服务的评价，专业服务公司可以获得改进服务的机会。正如日本的制造商所说："缺陷也是一笔财富。"换句话说，积极地发现"缺陷"，并认真反思，找到原因所在，就能获得提升的机会。如果对客户的反馈意见避而不听，就永远没有机会学习如何成为一个更有实力的竞争者。制造商可以通过检查货架上的产品来研究"缺陷"，但专业服务公司却没有机会这样做，因为判断服务是否有缺陷，只有客户说了算。

客户的看法除了是评价当前服务的主要依据外，对于明确新的业务需求则更为重要。专业人士对市场的潜在需求可能会有自己的看法，或者也会猜测市场需求正在发生哪些变化，但是，这些看法除非得到客户的认可，否则毫无用处。因此，在收到客户的意见之前，没有一家专业服务公司能真正进行战略思考，也不能决定哪项投资更有价值。显然，如果公司建立了有效机制，能够持续征询客户意见，并对客户意见进行分析、采取相应的行动，那么它们就会比那些随机或不定期征询客户意见的公司更好地把握住战略发展机会。

倾听客户需求的各种方式

倾听客户需求的方式有很多，这里仅列举部分我在专业服务公司客户中观察到（或帮助它们采用）的有效做法：

（1）客户反馈小组。

（2）反向座谈会。

（3）参加客户的行业会议。

（4）市场调研。

（5）资深合伙人拜访客户。

（6）业务团队的客户反馈报告。

（7）客户反馈系统。

客户反馈小组

客户反馈小组的概念，在计算机软件等行业中很常见，但依照我的经验来看，这种方式在专业服务领域同样适用而且有价值。

专业服务公司的客户反馈小组可以采用这样的工作方式：询问5～7名德高望重的客户代表是否愿意参加定期举行的客户反馈会议（每年2～3次），并在会议上对公司服务进行反馈，如果这些客户代表愿意，即组成客户反馈小组。

此类会议通常是在一家豪华餐厅的私人包间内结束丰盛精美的晚餐后举办的。晚餐之后，公司会介绍在某个领域的业务发展规划，包括新业务的开发、现有服务的改善以及其他正在考虑实施的战略变革。然后邀请客户对这个计划提出批评意见，从客户的角度考察专业服务公司的投入规划是否合理，在改善现有业务的过程中是否还要考量其他因素。

采用客户反馈小组这种方式的背后逻辑很清晰：在专业服务公司如何提升竞争力方面，没有谁比客户给予的评价更有价值，毕竟，客户才是最终的裁决者。

依据我的经验，针对某项特定服务（或者某个业务领域）组织客户反馈小组来提供反馈意见要比泛泛地评价整个公司的业务有效得多。我感觉，客户通常乐意参加这种反馈会议（毕竟，专业服务公司正在努力寻找为客户创造更多价值的方法，所以参加这样的会议也会让客户直接受益）。很多时候，我发现客户既能坦诚地提出批评，又能提出具有建设性意义的改进意见。客户很容易指出哪项计划"对自己没用"，还有哪些需求没有得到满足。实际上，一个运作良好的客户反馈小组有助于公司做好战略规划。

反向座谈会

如果座谈会是专业服务公司邀请一组客户代表聚在一起，并向其进行宣讲，那么反向座谈会就是专业服务公司邀请客户的高管人员来对专业服务公司进行宣讲。

典型的座谈会邀请函可能是这样的：

> 尊敬的客户，我们对贵公司及贵公司的业务非常感兴趣。很遗憾，在为贵公司提供服务的过程中，我们只有少数几人有机会和贵公司接触。因此，能否邀请您在工作之余拨冗光临我公司（或约在附近地点），向我们简单介绍一下您所在行业的发展趋势？也许会请您回答我们提出的一两个问题。我们非常希望能对贵公司及贵公司所属的行业进行深入了解，敬盼您的回复。

这样做的好处有很多。第一，大多数客户都会因为受邀接受访谈而感到荣幸，并且会把这种邀请视为公司关心客户、想深入了解客户的诚意。从这个角度来看，反向座谈会是一种建立并管理客户关系的有效机制。第二，反向座谈会有助于扩大公司的知识面。专业服务公司的工作人员都是某个领域的技术专家，比如法律、会计、精算、公关等领域。然而，要想成为一名出色的咨询顾问，专业人士不仅要精通自己的专业，还要熟悉客户所在的行业。但是，几乎没有哪个专业服务领域或公司能够系统地向专业人士提供了解客户、全面获取商业知识的机会。反向座谈会，尤其是定期召开的反向座谈会（一些专业服务公司每两周召开一次，但会邀请不同的客户参加），为专业服务公司及其员工提供了了解商业人士思维及想法的有效机制。

反向座谈会的第三个好处是有助于发掘未来的业务拓展机会。当听众中不仅有来自公司现有业务领域的客户代表，而且有来自其他领域的专业人士时，这种好处更能突显出来。

这些座谈会必须认真对待。如果客户感到专业服务公司邀请他们，不是想听取他们的意见，而是想向他们出售服务，那么客户就不愿意来。根据我的经验，其实这并非不可把握，如同处理其他事情一样，只不过是时机和方式的问题。如果客户在交谈中表达了需求，那么专业服务公司就可以询问他是否可以进一步安排会谈，探讨他所关心的问题。大多数表达出需求的客户都会愿意听取专业服务公司的建议方案。

参加客户的行业会议

听客户谈论所面临的挑战、兴趣和需求的最好机会就是出席其谈论这些话题的场合，即参加客户的行业会议。我的客户告诉我，参加这类会议时，若能有一位受人尊敬的客户陪同，效果会更好。从这位客户的眼中，就能看到他对发言者所谈内容及观点的评价（如"是否同意发言者的观点""是否认为自己的公司也面临同样的问题""发言者所说的内容对你而言究竟意味着什么"），这样的对话有助于强化专业人士对会议主题进行判断和解读的能力。

当然，如果参加会议的专业人士能够将收集到的信息进行总结并写成书面资讯供公司内部传阅，那么参加这类会议的价值就会大幅提升。

市场调研

在大多数行业中，正式的（通常由第三方运作）市场调研是听取市场反馈的基本方法。在专业服务领域，市场调研也发挥着重要作用，但其目的通常略有不同。

顾名思义，专业服务公司并不是为大众市场服务的。专业服务公司的每个项目，或者说每个考虑事项都是根据特定的客户需求量身定制的。因此，那种将大量客户对不同问题的"思考"结果汇总起来的市场调研形式，对专业服务领域不像对其他行业那样有直接帮助。但这并不意味着市场调研在专业服务领域就没有作用，而是说定性方法（例如小组座谈会）可能更加适合专业服务环境。根据我的经验，尤其是当与会客户同意录像时，召开小组座谈会的效果会更佳。对于专业服务公司而言，将客户所表达的需求、关心的问题以及面临的挑战录成影像，相比于纸面上记录的市场调研统计的具体数字（无论这些数字多么精确），效果要好得多。

资深合伙人拜访客户

聆听客户意见的一个主要且常用的方式是资深合伙人拜访重要客户（如果是非合伙制企业，则应该由公司经理、业务主管经理或"执行委员会"的成员拜访）。通常，这种"拜访"不在客户办公室进行，而是在餐桌上进行。

这种"拜访"的好处不仅仅是获得客户对当前服务质量的反馈（如"我们员工在服务贵公司时表现如何""他们是否满足了您的全部需求"），更是商谈长期合作问题的大好机会，而这一点是业务团队很难做到的。通常，相比于项目负责人，专业服务公司的资深合伙人或高级管理层成员由于身份对等，更便于安排与客户高层管理人员的会面，从而能够更广泛、更深入地了解客户所面临的挑战、关心的问题及其对专业服务的需求。

业务团队的客户反馈报告

最优秀的专业服务公司经常会采用这样的做法：在每个项目结束时，项目负责人和客户一起坐下来，详细听取客户对于哪些方面做得好，哪些方面做得不好，以及应该如何改进等问题的反馈意见。双方讨论的内容不仅仅是项目的技术质量标准（和成败），还包括应该如何加强专业服务公司和客户之间的互动交流。

如果双方能够坦诚地进行交谈，不仅会对日后的工作及项目有所启发，而且（我不止一次地听客户说过）会揭示一些尚未解决的新问题（或许并不在当前业务范围之内），这也许就是专业服务公司可以立刻开展的新业务。

正是因为这种听取客户反馈的谈话形式很有效，专业服务公司会要求项目团队编写反馈报告，这样公司就能以规范的形式记录客户提出的改进意见，并成为公司的一项智力资本。公司的这项要求确保与客户召开工作反馈会议能够成为一项例行程序，并形成一套收集客户反馈意见并在公司内部分享的长效机制。

客户反馈系统

虽然征询客户的反馈意见很有价值，但是另一种客户反馈形式则更有效，即公司强制性规定，在每个项目完成后向客户发出调查问卷，请客户对公司做出评价（调查问卷的样本请参见第 8 章）。

这种做法在大众消费服务领域很普遍，但在专业服务公司中却并不常见，原因是这种调查问卷不够"专业"，不能替代客户反馈交谈会这种一对一、针对性强的反馈方法。

既然已经认识到各种倾听方式并不能互相取代，只能互为补充，那么我们就必须了解在业务团队已经听取了客户的反馈意见后，调查问卷将发挥什么样的作用。答案是：调查问卷由公司而不是个人发送给客户，它所征求的是客户不愿意当面向项目人员表达的意见。其次，发送调查问卷是一项制度，它有助于在全公司内实现保障服务质量的目的，并且也是公司系统地跟踪监测服务质量、密切关注质量发展趋势（以及客户反馈交谈会可能没有揭示出的改进方面）的手段。最后，调查问卷本身是征询客户反馈意见的行为，是向客户释放出的愿意倾听客户意见并做出回应的信号。

结论

　　本章介绍的各种方法并不是什么新招式，在许多专业服务公司都能看到采用这些方法的实例。在所有优秀的公司中，每个实务工作者都能积极倾听客户的需求和意见，然而，这些公司所欠缺的，是一个能把所有的数据资料以及各种零散的客户意见汇集起来，并转化成有用信息，帮助专业服务公司改善服务质量、进行战略规划的机制。

　　专业服务公司目前所面临的挑战不只在于获得客户的反馈，更在于如何有效地利用这些反馈。专业服务公司如果能把本章所介绍的大多数方式融合成一套完整的客户反馈流程，那么必然会在竞争中占据优势地位。

| 第 7 章 |

工作质量高不代表服务质量好

请思考这样一种情况,你把车送到本地新开的一家汽修厂修理。一两周之后,你的邻居也在考虑到这家汽修厂修车,他向你咨询:"汽修厂把你的车修好了吗?""我想是的,"你回答说,"修完后车跑起来很平稳,我觉得工人的技术还不错。"接着,邻居又问了第二个有意思的问题:"那你觉得汽修厂的服务怎么样?"这个问题究竟是在问什么呢?修车当然也是一种服务,这么说对吗?可以说对,也可以说不对。修车是汽修服务的一部分,而且是重要部分,但是把车修好并不能等同于享受到了优质的汽修服务。

邻居的问题涉及很多除了修车本身之外的影响你对服务供应商满意度的方面。例如,服务人员是否具有亲和力?修车预约是否方便?是否能及时有效地帮你解决问题?他们是否愿意花时间告知(用便于普通客户理解的语言)他们发现的问题、采取的具体措施及其原因?

当你第一次与这家汽修厂接触时,服务人员是否了解了与汽车故障症状密切相关的一些问题,而且根据了解到的情况推断出问题究竟出在哪里?或者他们只是轻描淡写地说一句"把车辆留给我们,等我们修好之后您来取车"就把你打发了,然后让你自己担心状况是否严重,最终的修理费用是多少等问题。他们给你的感觉，是帮你修车只是多了一项工作，还是让你觉得他们非常期待能接下你的这笔业务？他们是否是用尊重、友好的态度接待你？

如果在修车过程中遇到了棘手问题，他们是否会及时和你联系，告知你问题处理的进展，并就下一步的修理方案征询你的意见？还是在没有预先征得你同意的情况下就替你做出所有决定，让你感觉他们就是想让你多花钱？账单上列出的每项费用是否都一目了然，而你也愿意支付这些费用？他们是否会告诉你如何防止再次发生类似问题，或者如何避免在检修过程中发现的其他潜在问题？

以上问题表明，在汽修服务中，所谓"优质服务"的实际含义已经远远超过了技术层面上的把车修好。汽修服务的服务对象不仅仅是车，还有车主。实际上，服务好车主才是更重要的事情。许多消费者并不能看出修车高手和一般修车工人的技术水平有什么区别。所以，在选择汽修厂时，他们可能更关注服务质量，而不是修车质量，显然，这两者并不是一回事。即使车主的经验非常丰富，能够看出修车高手和一般修车工人之间的技术差距，但他们对修车技术的实际需求也就是能把车修好就行。他们知道任何一家汽修厂都能把车修好，所以没必要找技术最好的师傅（技术越好，要价越高），这些聪明的消费者会通过综合考虑各个方面来评估和选择服务供应商，包括回应速度、服务态度和其他非技术层面的"服务"标准。

从上述例子中总结得出的经验教训同样适用于除汽修服务之外的其他行业，包括所有服务行业，尤其是专业服务行业。提供法律咨询、税务咨询、投行服务、广告服务和咨询服务的所有公司都可以学习汽修厂的经验，即服务好车主与修好车同样重要。上文中提出的所有问题同样可以请使用专业服务的客户来做答，以此反映客户对专业服务质量的评价。作为客户，我可能会认为我的服务供应商在解决具体技术问题上表现出色，但如同汽车修理一样，我毕竟不是专家。然而，随着时间的推移，我就能观察出，车况是一直保持良好，还是又出现了问题；法律合同是否被发现有漏洞；

税务规划是否创造了良好的经济效益，或者我的并购计划是否获得成功等，这样我就会对服务质量有更加深入的了解，正可谓"路遥知马力"。

但即使是经过长时间观察，我也未必能对我的专业服务供应商是否提供了最佳解决方案做出准确判断。很多意外状况或偶然性事件会影响我对工作质量的判断能力。即使我的法律顾问最优秀，我也有可能在法庭上败诉；即使我聘用了最出色的顾问，我也会不可避免地做出错误的战略决策。那么，我究竟应该如何对服务供应商进行评估呢？

无论是否合乎逻辑和情理，在这样的情况下，即使是最老练的客户，也会将关注重点放在服务质量而不是工作质量上。因为技术是好是坏，有很多难以把握的模糊点（因此客户在判断上会有一定的难度），客户和供应商之间的人际关系就成了所有服务行业的重中之重。

如同汽车修理一样，当我找到一个信得过的师傅，相信他可以让我感到放心、踏实，我就会考虑与他保持长期合作关系。实际上，对于大多数超出我经验范围的技术或专业领域，我更多的是购买信任、放心、踏实和保障，因为我对这些领域很"陌生"。同所有客户一样，我在选择专业服务供应商时主要考虑服务方式、服务风格，以及还有一个最关键的因素——服务态度。

特别需要注意的是，商品是用来消耗和使用的，而服务是用来体验的。专业服务供应商在做好技术工作的同时，也要（或者说应该）为客户提供良好的体验。

上述讨论可以总结归纳为"服务第一定律"，公式如下：

$$客户满意度 = 客户体验值 - 客户期望值$$

如果客户体验到了某个水平的服务，但他期望得到更高质量（或不同）的服务，那么客户就会感到不满意。

这个看似简单的公式其重要之处在于：不论是客户体验值还是客户期望值，都不能反映现实。两者都是主观感受，都属于意识形态。因此，服务机构面临的最大挑战是：不仅要做好实质性的技术工作，还要把握好客户期望，提升客户体验。例如，一家连锁餐厅在告知排队等位的顾客时总是高估他们的等位时间，它会失去一些不愿意等待的顾客，但那些留下来等座位的顾客就会比预期更快地等到座位，这就变成了意外惊喜，变成良好服务的开端。这或许只是小事，但是让一个满意的顾客继续保持满意，比让一个原本以为很快能够等到座位而恼怒、失去耐心的顾客变满意要容易得多。

我的已故同事戴瑞·威可夫曾讲过这样一个故事。有一次，他入住洛杉矶的一家酒店。退房时，他对前台工作人员说入住房间窗外的景色很漂亮。当他再次光临这家酒店的时候，侍者欢迎道："威可夫教授，欢迎光临。我们已经为您安排好了那个窗外景色很漂亮的房间。"这是一项会给人留下极深印象的服务体验，只要酒店想做，就不难做到。

最关键的是，客户期望和实际体验之间的差距，不仅仅反映在客户服务上，还有可能（事实上，在专业服务领域很普遍）是专业人士提供了卓越服务，但得不到客户的认同。或者是另外一种可能，专业服务公司投入大量的时间和精力来处理一些意料之外的状况，但由于这些状况并不在客户的预料和规划之中，所以他非但不会感谢专业人士所具备的出色能力，反而会对由此造成的项目延误或超出预算的情况而大发雷霆。

这种可能不仅仅发生在那些因缺乏经验而没有真正领会专业服务公司为它们所创造的价值的客户身上。在不同的案例中，我都听到（或者观察到）许多专业人士太过专注于自己的价值观（比如作为手工匠人在技术方面的专业成就感），而将客户的真正需求置于专业人士想在专业技术领域有所突破的渴望之后。我经常会听到"如果客户不捣乱，我会做得非常出色"。建筑师有可能疯狂爱上自己的作品，律师有可能执着于自己的结案陈词，顾问也有可能痴迷于复杂的分析，所有这些情况都没有考虑到客户的需求和期望，也没有考虑客户会如何看待他们的付出。

论"以客户为中心"的必要性是现代管理类文章的永恒主题，而专业服务公司尤其要关注这个话题。由于专业人士更喜欢在专业技术领域挑战自我而忽视对客户的回应，专业人士会经常嘲笑客户缺乏专业知识，蔑视客户的需求，憎恨客户控制预算而限制了专业人士的自由发挥。

在医疗服务行业有一句老话，即成功的三大关键要素是：让客户容易找到你、平易近人、有能力，它们的先后顺序也应该如此。这个深刻的道理同样适用于其他行业。在所有的专业服务行业中，客户可能都会这样发牢骚，"他们做得很好，但总找不到他们，他们不回我的电话。"另一个常见的抱怨是，"我希望他们可以及时告诉我工作进展，这对于他们来说可能只是一个一般项目，但对于我来说却非常重要，我想知道事情进展得如何。"

客户的最后一句抱怨尤其能说明一些问题。个人或者客户公司都是因为自己面临着带有较高风险和不确定性的重大问题，才会寻求专业服务公司的帮助。正因如此，客户才愿意支付高昂的专业服务费。不论是涉及健康问题、法律问题、财务问题、办公场所问题、内部组织的问题还是广告宣传的问题，专业服务公司的客户总是在焦虑、紧张的状态下去寻求专业服务公司的帮助。他们需要一个能让他们感到放心、踏实的服务供应商。我曾经研究过一家发展迅速的专业服务公司，它的口号是"人们不会在意你知道多少，除非他们知道你在意他们多少"——话虽简单，却很有道理。专业服务公司的客户希望能感觉到受重视，没有被忽略，希望自己的事情得到了应有的关注。如果专业服务公司能树立一个关心、体贴客户的形象，并用实际行动展示这一形象，这样公司就能在市场竞争中占据优势。

不论是对内行客户，还是外行客户，对待客户的方式都很重要。再回头想想上文提到的修车的例子。不懂机械的顾客认为好的服务就是干净的设备、热情的接待人员、浅显易懂的解释、即时的回应和快捷便利的服务。对于喜欢自己动手解决一些小问题的车友来说，优质服务则意味着有机会参与决定解决方案，与汽车修理人员讨论细节问题，并对修理车间四处了解一下。不懂机械的人可能会被一个满身油污的修理工的专业用语牵着鼻子走，而内行人则会对接待人员的过分热情、不停续杯的免费咖啡和缺乏专业性的说明感到反感。关键是，这两类顾客都在意服务人员对他们的招待方式，服务供应商是否能以此为导向，满足他们的不同需求，采用他们喜欢的互动方式。这两类顾客关心的都不仅仅是交易内容——把车修好（或者是解决了法律问题、对账务进行了审核），还有达到最终结果的过程和步骤。不同的顾客对服务方式的要求不同，但他们都期望获得优质的服务。

许多行业都越来越强调不同客户要不同对待的重要性。企业日益成为懂行的专业服务购买者，它们通常有能力自行解决一部分问题。以前，律师直接和公司的高层管理人员打交道，而如今，外部律师必须通过和内部律师合作来开展工作。内部律师就变成了真正的客户，他对服务方式的要求与总经理又有不同。同样，在投资银行、咨询、建筑业，首席财务官、战略规划部门和设施规划委员会就分别成为专业知识渊博的懂行客户。上述例子都传递出同样的信息：客户的性质已经发生改变，因此与客户的互动方式也必须随之改变，对"优质服务"也要重新定义。专业人士再也不能自以为是地认为客户会无条件地信任、相信和尊重他。

在所有行业中，主动权都在逐步从专业人士转向客户。专业服务公司必须更多地展示出合作的意愿、迅捷的回应能力和出色的适应能力，这样才能赢得客户的信任。

在具体实践方面可以做些什么呢？对于许多公司来说，可以采取一系列看似平常但却非常有效的行动。一家大型企业的律师讲述了这样一次经历："在房地产交易中，我们的竞争对手每一次都在成交后24小时内将交易文件送到客户手中。虽然我们认为我们在文件中写明了更多有利于保护客户的条款，但不可否认的是，我们的竞争对手给客户留下了更加深刻的印象。客户告知我们，他们在服务质量方面的口碑比我们好。"这个例子充分反映了客户对服务的实际体验和期望之间的差距：如果这家公司想要留住自己的客户，它就需要在满足客户期望方面做得更好，即明确告知客户准备一份交易文件需要多长时间，为什么客户多等待几天会更有好处。关键还是要预料到客户的想法和反应，并事先明确处理方案。这种做法的思路很清晰：凡事预则立，不预则废，要尽早讨论可能出现的一切障碍、弯路及突发性事件，并有针对性地制定解决方案。

在为赢得新客户所做的积极努力中，可能存在这样的隐患：许诺过多，导致客户建立不恰当的预期。一位专业人士曾描述过这样一种现象："办公室里情绪最低落的一天，就是赢得新客户后的第一天，我们面面相觑道，'到底怎样才能在预算之内实现对客户的全部承诺呢？'"

客户的期望也并非不可掌控，主要方法就是尽量让客户及时了解项目的发展方向、进度和服务供应商在项目执行过程中酌情做出的决策。我与一位专业人士探讨过这个问题，他采用的技巧是："每当需要做决策的时候，我就给客户打电话，告诉他有哪些备选项，并提出自己的建议，然后询问他的想法和指示。99%的概率是，他让我按照自己的计划去开展下一步工作。但我凡事必征求其意见的态度让他感觉良好，而且他还要为耗费的资金和工作时间负直接责任。我会始终让他知道我在为他做哪些工作，所以对于我代表他所做出的任何决定，他都不会感到很意外。即使没有需要他做决策的事情，我仍然会给他打电话，让他了解工作进度和现状。我们的每次沟通都会以这两句话为结束语——询问他是否还有其他事情需要我帮忙，并告诉他我下次和他进行沟通的时间。"这个策略并不一定适合所有客户：有些客户认为电话太频繁是一种骚扰，而不是什么良好的服务。专业人士应该根据客户的喜好而不是自己的工作习惯来决定工作方式。专业人士必须了解每位客户更喜欢哪种工作风格，并摸索出可以让客户接受的互动方式和态度。前面提到的那位专业人士想让客户感觉到他很重视客户，电话沟通只是表达其重视程度的一种方式。

史蒂文·比瑞尔是《美国律师》杂志的出版商，他曾提起自己收到过一封令他倍感意外而且高兴的信，而实际上，寄信人写这封信只是告知他已经收到他支付的律师顾问费，并感谢他的惠顾。仅仅是一个非常简单的小举动，就完美展现了这家专业服务公司的服务态度。在商业领域中有很多类似的富有创意的例子。比如，酒店在房间的马桶盖上放一张纸条，告诉客人浴室已经清洁、消毒，这个小细节会让客人更加安心。另一个例子是：汽车修理厂把换下来的坏配件还给顾客。虽然这么做没什么意义，但能让顾客放心，让他们知道这些坏配件确实需要更换。再比如，金融服务公司向客户邮寄一些在不起眼的金融杂志上刊登的关于客户公司的剪报，不论这些剪报有没有用，都能让客户感觉自己很受重视。这些细节都可以提高客户的满意度。

在专业服务领域中也有类似的例子：有的公司坚持对客户会议进行跟进，通过简单备忘录的形式记录每次会议讨论的主要内容和达成的一致意见，并请客户在发现异议时及时电话联系；有的公司会事先向客户解释复杂的账单格式，使客户对即将收到的账单有所了解；有的公司在接收到客户推荐的业务后，不论结果如何，都会向客户寄送感谢信；有的公司努力了解客户对截止日期的实际要求，并尽力在规定时间内完成任务；有的公司会通过提醒客户哪些工作可以由自己完成，从而帮助它们避免不必要的费用来赢得客户的信任；有的公司要么会主动承认自己的弱项，并推荐其他专业服务公司，要么在忙不过来的时候不再承接新项目，展现出了重诚信、重质量的形象。这些举动不是只靠系统、程序就能完成的，纵使系统和程序能够发挥一定的作用。从根本上讲，这些举动取决于专业服务公司对待客户的态度，而这种态度必须由公司的高层管理人员通过发挥个人表率和榜样作用来树立。

很多专业服务公司都有一套保障工作质量的流程和体系，包括质量审阅委员会、资深合伙人监督机制、要求制作工作底稿等。但是，很少有公司注重改善服务质量。许多公司为回避客户日益上升的价格敏感度，而喊出了这样的口号："我们竞争的是质量，而不是价格。"这个想法很对，但也容易引起误会和误导。提升工作质量费时费力，成本高，还很难证明；而改善服务质量既简单又经济，有时只需要培养员工的责任意识就可以奏效，而且这种改变，客户一定会更加容易注意到。

在服务业，尤其是专业服务行业，有一首老歌的歌词永远适用："重要的不是你做什么，而是你如何去做，这样才会有成果。"

| 第 8 章 |

服务质量管理体系

大多数专业人士和专业服务公司对客户服务的重要性都有深刻认识。即使并非全部，至少大多数公司也都认识到技术质量（工作成果如何）和服务质量（客户的体验如何）之间存在着显著的差异。同样，几乎所有的公司也都认识到了服务质量对客户满意度所起的重要作用。多年来，不论是对内还是对外，这些公司都在不懈地宣扬服务质量的重要性。这一点也在大多数公司对企业使命的表述和战略规划中得到了充分体现。

但是，能持续如一地保持出色表现的专业人士或专业服务公司并不常见。我曾协助一家大型国际专业服务公司开展一项覆盖范围很广泛的调研，我们邀请购买各类专业服务（包括审计、精算、咨询、法律和市场营销服务）的企业，在两个维度上对它们与专业服务公司的合作体验打分。

首先，我们请参加调研的企业对技术工作质量的满意度进行评估，结果显示满意度水平很高。由此可以看出，客户找到技术能力过硬的服务供应商并不难。

然后，我们询问这些企业在项目执行、交易或其他商业问题处理过程中对专业服务的体验和感受，它们的满意度普遍偏低，甚至可以说是怨声载道。

这个现象并不出人意料，作为读者的你可能也购买过专业服务，应该对此深有同感。回想一下你自己与专业人士打交道的经历（你最近可能使用过律师、医生、会计师、精算师、顾问、室内设计师、公关顾问等提供的专业服务），他们是否：

- 主动了解你或者你所属公司的特定情况和需求？
- 认真听取你的想法，而不是擅自做主，替你决定应该做什么以及如何做？
- 耐心细致地解释他们正在做什么以及为什么要这样做？
- 提前告知你下一步的工作计划？
- 协助你了解事情的进展并得出结论，而不是直接告诉你他们得出的结论？
- 让你充分、及时地了解工作进展？
- 清晰记录工作过程？
- 避免使用晦涩难懂的专业术语？
- 确保在你需要的时候能方便地找到他们？
- 在服务范围及内容有所变化时，及时告知你并征得你的同意？
- 切实履行对工作期限的承诺？
- 请你参与决策？
- 让你感觉受到了重视？
- 除了具体的工作之外，还在其他方面对你或者你所属的公司表现出兴趣？
- 除本项目之外，还在其他方面尽力提供协助？

我（和参与调研的客户）的经验表明，能始终如一地把这些事情做好的专业人士非常罕见，而能坚持这样做的专业服务公司就更难寻觅了。

毫不夸张地说，大多数人都能轻易地列举出在与专业人士打交道的过程中遇到的不良行为。我们的感受肯定是厌恶与"这些家伙"打交道。

事实证明，会计师、咨询顾问和公关顾问会抱怨律师和精算师，反之，律师和精算师对会计师、咨询顾问和公关顾问也会有同样的抱怨。我们在"那些家伙"身上发现的令人生厌的行为对于认识客户对我们的看法是一个很好的参考。

由此可见，客户希望从专业人士身上得到的并不是所谓的"对客户好""陪客户谈天说地""讨好客户"或者"手把手地教客户"。相反，我们谈论的是如何通过改变专业人士与客户的互动方式，从而使客户提出的每项任务都确实能为客户创造更大的价值。客户服务绝对不是"花架子"：专业人士对待客户的方式是客户对专业人士的服务价值进行判断的主要决定因素。

可惜的是，当我与专业人士讨论这个问题时，大多数人对客户服务的理解是"讨好""套近乎"和"拉关系"。许多专业人士似乎总是认为客户服务就是请客户喝酒吃饭、陪客户消遣等。如果专业人士持有这种认识，那么他们对客户服务采取不屑一顾的态度也就不足为奇了。这种认识也导致了专业人士在客户服务领域的表现欠佳。

在上述调研中提到的另外一个问题则证实了管理好客户关系的重要性。在这个问题中，我们向参与调研的企业高管们询问了有关服务供应商推荐的情况，结果显示，在全部推荐案例中，仅有10%是出于对技术质量或"成果"的考虑，而90%的推荐原因则都与上文谈到的管理好客户关系有关。

大多数客户说如果一家服务供应商能够在上文中提到的几个方面有持久、可靠的良好表现，那么他们将非常愿意：①成为该服务供应商的回头客；②向别人推荐该供应商；③在使用该供应商的服务时不对价格斤斤计较。

这里存在的一个矛盾点是，大家都承认服务质量的重要性，但是大多数专业服务公司在这个领域表现欠佳。这个矛盾该如何解释？

问题的关键在于，没有几家公司拥有系统的保障及提升客户体验的程序或方案。在大多数专业服务公司，客户服务就是在年度总结大会上空泛地喊口号、做口头承诺或者偶尔提供一些相关的培训。

必须强调的是，实现卓越的客户服务不能靠"说教"（例如教导或培训员工）。在日常工作的压力下，几乎所有需要员工自主完成的客户服务培训课程都成了摆设。如果询问专业服务公司的员工，大多数人都能很容易地列举出提高客户服务质量的手段，现在的问题是他们为什么不付诸行动呢？

回顾前面列举的代表专业人士良好服务态度及方式的各种行为，其中有哪些需要高超的技能？又有哪些需要极高的聪明才智？我认为没有。

但是，要做的事情太多了！比较棘手的是，卓越的客户服务是由上百个微不足道的细节与行为组成的，并不是靠几个大动作就能实现。卓越的客户服务意味着反思与客户的每次沟通和互动，不论这种沟通和互动是多么寻常。对细节的关注是"态度"问题，而态度是一种自律，是专业人士能主动站在客户的立场与客户进行接触、互动的基本要素。

如何实现良好的客户服务

许多专业服务公司要明白的是提升客户服务在很大程度上是管理问题。专业服务公司及公司里的专业人士都知道什么是好的客户服务，但是如何才能把认识转化为行动？公司的管理层又该制定一个什么样的框架，让公司里的所有专业人士都能够把对客户服务的认识真正地落到实处？

实现卓越的客户服务与人们想成功戒烟或减肥的愿望相类似。他们的目标明确，并且相信有付出就会有收获，他们也知道应该如何达成目标，但是，人类的本性使然，为实现长期目标而要持续坚持做一件短期来说不舒服的事情很难。人们总是有各种完美的理由拖延实施减肥计划。拖延会让人内疚吗？当然会。人们会做出改变吗？除非是强制性的，否则不太可能。

坚持减肥并取得成效需要一个周密详细的计划。竭力宣传减肥的好处没有什么作用，因为我已经明确了减肥目标。仅仅是多给我一些提示也没什么作用，因为我已经知道哪些减肥方法最有效。我所需要的是一套能够帮助我强化自我约束的减肥程序。

根据我的经验，内疚不会让人做出改变，但是适当的尴尬还是能发挥一定的作用。如果我每星期都要参加减肥训练营，每次都当着同一群人的面宣布自己的体重，那么对待减肥我就会更有自觉性。

专业服务公司想要实现卓越的客户服务，必须设计一套系统，这就如同一系列无法逃避的、强制执行的节食活动。为实现这个目标，公司不能放权，不能只依靠每个人的良好意愿。放权就好比说："新年要下定决心，12月31日我们秤上见分晓。再见。"这样做是没有什么效果的。

我们需要的是一个监督系统，就像节食一样，这个监督系统总是会让人感到不舒服，因为它要求我们对日常生活方式做出严格的改变，迫使所有的参与者实现自己承诺的目标。

要想建立一个能通过优质的客户服务来提升公司竞争力的系统，需要在以下五个方面开展行动，依次是：

1. 跟踪反馈。
2. 管理。
3. 方法和工具。
4. 培训。
5. 奖励。

我们将分别对这五个方面进行探讨。

跟踪反馈

尤其是近年来，为衡量客户满意度，很多专业服务公司制定了一系列收集、听取客户反馈的措施，例如，在公司内部举行项目执行情况报告会、主管合伙人偶尔拜访客户等（参见第6章）。这些措施虽然实用，但我发现，它们都不能替代在项目结束之后给每个客户邮寄的"客户满意度调查问卷"。

当类似表8-1那样的调查问卷作为对其他反馈方式的补充手段（而不是替代手段）时，它的优点是系统性强。调查问卷的作用不仅仅是收集反馈意见，更重要的是在公司的管理体系中引入"客户满意度责任制"。通过衡量每个项目的客户满意度并对此进行监督，可以使公司的每位员工无一例外地都致力于提供优质的客户服务。

表 8-1　客户反馈调查问卷

关于我们公司的如下描述，请选择：1. 完全不同意；2. 不完全同意；3. 既不赞同也不反对；4. 在一定程度上同意；5. 完全同意。

描述					
你对工作总是认真负责	NA	1	2	3	4	5
你提出的解决方案富有创造性	NA	1	2	3	4	5
你有助于我们换个角度看问题	NA	1	2	3	4	5
你帮助我们分析产生问题的原因	NA	1	2	3	4	5
公司的员工平易近人	NA	1	2	3	4	5
你总是能按时完成任务	NA	1	2	3	4	5
你认真做好对工作活动的记录	NA	1	2	3	4	5
你在双方沟通中不会使用晦涩的行业术语	NA	1	2	3	4	5
你对我们的要求总能做出迅速回应	NA	1	2	3	4	5
你认真倾听我们的意见	NA	1	2	3	4	5
你和我们的团队相处愉快	NA	1	2	3	4	5
你总是让我们及时了解项目进展	NA	1	2	3	4	5
你总是提前告知我们你的工作计划	NA	1	2	3	4	5
当工作范围及内容发生变化时，你总是会及时通知我们，并征得我们的同意	NA	1	2	3	4	5
你能对自己的行为及其发生的原因做出合理的解释	NA	1	2	3	4	5
你能主动预期下一步工作	NA	1	2	3	4	5
你不会轻率地下结论	NA	1	2	3	4	5
你总是让我们参与项目的核心工作和决策	NA	1	2	3	4	5
你对我们的公司业务有深入的了解	NA	1	2	3	4	5
你认为了解我们公司是你的职责所在	NA	1	2	3	4	5
你能实时跟进了解我们公司及我们所处行业的最新变化	NA	1	2	3	4	5
你让我们感到我们对你来说很重要	NA	1	2	3	4	5
与你们公司合作起来很容易	NA	1	2	3	4	5
你总是能以开放的心态、快速有效的方式处理好各方之间的关系	NA	1	2	3	4	5
对于影响我们公司业务发展的技术层面的问题，你总是会予以及时提醒	NA	1	2	3	4	5
除了本项目之外，你还在其他方面对我们公司表现出兴趣	NA	1	2	3	4	5
除了合作项目之外，你还在其他方面给我们提供帮助	NA	1	2	3	4	5
你帮助我们的团队提升工作效率	NA	1	2	3	4	5
通过与你合作，我对你所在的领域有了更进一步的认识	NA	1	2	3	4	5
总体而言，我认为你们的服务非常好	NA	1	2	3	4	5

感谢你完成此份调查问卷，若有其他补充意见，请予以说明。

反馈系统的好坏不在于它是否能精确地衡量满意度，而在于它是否能对员工行为产生积极影响。作为市场调研工具的反馈系统和作为公司管理工具的反馈系统之间存在鲜明对比。对于前者，定期的、有选择性的且面对面的调研方式比较适合；对于后者，则有必要建立一个强制性的问卷调查程序。

面对面的反馈方法（项目执行情况报告会、资深合伙人拜访客户、授权第三方开展市场调研等）可能会收集到更有价值的信息，也可能更受客户的欢迎，但却起不到"强化责任意识"的效果，并不能使员工时刻以让客户满意为己任。

很多合伙人在初次接触这套系统的时候经常会问："这些问题会不会把客户的期望越抬越高，让客户考虑一些他们根本没有考虑到的问题，如果我们不问，客户也就不会计较。"

很显然，如果客户有问题，那么让客户把问题提出来也对专业服务公司有益。只有当客户说明他对哪些方面尚不完全满意时，我们才能有的放矢地采取相应的措施。假设客户对某些小细节不满意，再进一步假设这种不满意主要是因为误解造成的，那么让客户提出不满，对我们是有利还是有弊呢？当然是有利。

对该系统的设计必须便于客户提意见，而一份详尽、有针对性的调查问卷恰好能满足这一点。有研究表明，书面回答问题比面对面提意见更真实、更坦诚。

征询客户的意见绝对不会让专业服务公司受到伤害，除非我们对客户提出的问题置之不理或处置不当。因此，整个系统的关键就在于：我们是否愿意为服务质量的高标准负责？我们做得到吗？如果能，我们就应该主动了解客户的意见。如果不能，当然就根本不需要考虑这种反馈系统。还需要注意的是，向客户征询意见本来就是一种良好的服务行为（客户会有一种"这些家伙确实在意我们"的感觉），但征询意见本身并不一定会带来更高的客户满意度，它只会让客户形成"静观其变"的态度，而专业服务公司在收集反馈意见之后如何采取相应的措施才是对跟踪反馈系统的真正考验。

管理

收集了客户反馈意见，但却缺乏对这些信息进行系统处理的流程，这显然会是个灾难。因此，客户反馈系统并不能孤立地发挥作用，要么将其作为质量控制体系的一个部分，要么完全不实施。

由于建立客户反馈系统的核心目的是树立以提升服务质量为己任的责任意识，所以处理反馈意见与征询反馈意见同样重要。这一点应该很明确，但是我在实践中看到过不止一个设计得很糟糕的客户反馈意见跟踪系统。

显然，每位合伙人和项目团队的每位成员都应该收到一份客户反馈结果。主管合伙人应该研究客户的每条回复，并与项目合伙人（或项目团队）讨论如何回复客户。这项工作非常费时，但是主管合伙人的时间却花在了最有价值的地方。合伙人之间应该就采用以下哪种方式来回复客户达成一致意见：

1. 致函对客户给予的好评表示感谢。
2. 项目合伙人拜访客户，对客户尚不满意的方面进行解释和澄清。
3. 主管合伙人拜访客户。

反馈系统要发挥作用还需要采取更多的后续跟进措施。客户的反馈结果应该制成表格，每隔6个月到1年，主管合伙人还应该与所有合伙人（及其他员工）讨论汇总的反馈结果，并对不同业务领域项目团队的平均表现直接进行对比。

这种做法很有必要，只有这样才能建立起一套责任体系，推动公司上下的行为发生变化。为制造"适度"尴尬的效果，有必要公开讨论不同业务领域、不同办公室的做法、表现及各类项目收到的不同反馈意见。

当然，单个合伙人的业绩和表现不宜公开讨论，那样太尴尬，但在私下里一定要让每位合伙人感受到压力。不过，公开讨论各个团队的平均表现会有好的效果。在公布各团队的表现对比结果后，各业务领域的负责人要主动到每位合伙人的办公室，关上门说："只有你和我知道这些数据，这是你的总得分（即你所负责的所有客户的反馈汇总）及与团队平均水平的比较。我们应该如何帮助你提升客户满意度？"

管理问卷

谁应该负责发放调查问卷？根据我对全球各行各业 40 多家专业服务公司的反馈系统的观察发现，对调查问卷的管理一般采取以下步骤：项目合伙人亲自知会客户即将为其寄送调查问卷，并解释公司为什么这样做，然后调查问卷以公司的名义（或以公司主管合伙人的名义），而不是以项目合伙人的个人名义寄送。这就给客户一个信号，不仅是项目合伙人个人，公司整体对客户服务质量也非常重视。

出于同样的原因，留给客户的回邮地址也应该是公司地址或者是公司主管合伙人的地址。经验表明，这么做有助于获得更加坦诚和真实的反馈，也有利于强化公司的品牌建设，或许最重要的是有助于提高对服务质量的责任意识，让每个项目团队都意识到其服务质量将会受到监督。

一般而言，这种调查问卷的回复率很高（经常超过 75%）。如果客户没有答复，可以再发一封信提醒客户提供反馈意见，强调公司对服务质量的承诺。如果还是没有答复，那么也可以理解，客户拥有拒绝的权利。

大多数客户很高兴有提意见的机会并且会积极地予以回应。负面反应（"这种做法真老土，就像是经济型连锁酒店的做法"）也确实会有，但占比不会超过 1%。

应该将调查问卷寄给客户公司的哪位管理人员？其实完全可以寄给客户公司的不同管理人员。实际上，大多数专业服务公司发现，一个项目上不止有一个"客户"，我们会接触到客户公司的许多人员。因此，我们规定至少要先寄出一份问卷，然后项目合伙人和公司主管合伙人（或业务主管合伙人）将酌情决定为每个项目发放多少份调查问卷。

多方征询反馈意见并没有什么坏处，但不要把决定权完全交给项目合伙人。有反面教训表明，如果可以由自己做主，有些人可能就会趁机钻空子，只把问卷寄给与自己建立友好关系的人员，尽量回避可能会毫不客气地提出批评意见的高层管理人员，从而使客户反馈系统失去意义。这听起来有点像"家长式管理"，但这毕竟是依靠自觉和自我责任意识来运行的系统，这就好比在减肥过程中，我们总是会偷吃东西，直到被抓个现行。

设计问卷

有的合伙人看到表 8-1 时会说，"问题太多，客户会厌烦。"这是一种逃避。经验表明，对 25 个问题进行打分（1～5 分）对客户来说不会占用太多时间，而且问题越具体，越能表现出希望深入了解客户意见的诚意，也有助于客户在表达高度满意的同时留有指出他们尚不满意方面的余地。

友情提示

我的一些客户会对调查问卷进行刻意设计，从而把客户反馈系统当作推销业务的渠道。这种做法很危险。如果运用得当，客户反馈系统绝对可以创造更多的业务推广机会，但千万不要让调查问卷承担这个职能。

如果想让反馈系统充分发挥其应有的作用和功能，既成为客户眼中为提高服务质量而开展的诚意做法，又是合伙人眼中实现卓越服务的重要尝试，那么质量反馈和营销活动必须区分开。

如果反馈问卷围绕"你还需要我们提供哪些新服务"来设计问题，客户就会对问卷的目的产生怀疑，同时也会让项目合伙人的工作重心发生偏移，即不再专注于通过提升当前项目的价值来赢得新项目。营销活动当然是有价值的，但是只有当客户真正看到专业服务公司致力于寻求客户反馈、提升服务质量时，业务开发工作的效果才会达到最佳，因此寻求客户反馈不能被业务开发活动所取代。

很多专业服务公司已经意识到，要想激励专业人士提升服务质量，公司管理层必须积极推动、做出表率。例如，专业服务公司通常需要投入资金来建立保障客户服务质量的后台支持系统。最常见的例子就是花钱安装电话系统、聘请前台接待人员，为服务客户提供便利。这种投入很有必要，它向员工展示了公司管理层（不仅仅是员工）对服务质量的高度重视。

方法和工具

上文阐述了跟踪反馈和管理这两个因素，接下来我们将介绍服务质量体系的第三个方面：就在项目服务过程中，如何为客户提高专业服务的价值提供一些有针对性的具体建议，供专业人士分享和参考。

开展这项工作可以采用正式的方式，也可以比较随意。下面介绍一个比较正式的做法，但殊途同归，最终目的都是一样的，即记录和共享最佳做法，让每位专业人士在努力为客户提供有价值服务的过程中获得有效帮助。

一个比较成功的做法是，在每个专业领域（或者服务领域）组建一个小团队，专门负责根据每个业务领域的特点研究制定为客户提供有价值的服务的专属方法。这些方法将有力证明专业服务公司提供的服务方案，与其他竞争对手相比，能为客户创造更大的价值。从根本上讲，这是公司在市场上区别于竞争对手的地方，即"我们与众不同，因为我们的服务方式更加契合客户的需求。"

首先要详细研究客户项目的每个环节，找准提升客户体验的每个机会，具体方式包括：使书面沟通（包括报告）为客户提供更多有用的信息、让客户更多地参与服务过程、让双方会谈对客户更有价值、帮助客户及时了解项目进展等。

在对具有共性的项目实施统一的服务方案和流程的专业服务公司中，客户服务团队要针对每个项目的具体实施步骤制作出工作流程图，分析每个环节，抓住有助于提升客户体验的每个机会。他们要研究客户体验流程图，找到"自我反省"的关键节点，并在每个关键节点上思考在这一服务阶段应该相应采取什么样的做法。

分析清楚每个步骤之后，团队成员应该向公司中经验丰富的资深人员求教，收集他们对如何提升客户体验的最佳建议（热点提示）。他们累积和分享这些顶尖的专业顾问的最佳做法,并将这些客户关系管理做法融入公司的操作实践手册。

团队也可以从客户反馈表中获得灵感,找出客户共同关心的问题。有必要的话,也应该拜访客户、参与客户研讨会等。

上述团队劳动的最终产物通常是一本为客户服务团队提供项目规划好主意、好方法的工作指南。表 8-2 列示了一些典型的良好做法。

表 8-2　提升客户价值的技巧

对所有会议及重要的电话沟通内容做好记录,并于当天或次日发送一份给客户

让客户全程参与,包括参与集体讨论、为客户分配任务等

为客户提供选项,让客户自己做决定

对于可能发生的事情及下一步工作,要解释清楚,记录在案,确保客户事先了解流程,合适的时候,制作、印刷小册子,对整个流程进行说明

让会议更有价值:
- 会前明确会议日程和目标
- 预先向与会人员发送相关信息和报告,为的是节约讨论时间,而不是演示陈述的时间
- 提前了解与会人员的相关信息
- 在各方面都为双方留有余地
- 会后通过电话沟通确认会议目标达成

让报告更有价值:
- 在格式及观点陈述方式上听取客户的意见
- 提供报告摘要,以便客户不加修改就能在内部使用
- 在交付报告之前,请项目组之外的人员审阅,确保报告可读、易懂
- 各类运营管理开支提供所有的图表汇总分析,以供客户内部使用
- 编写进度报告时,使用客户不加修改就可以在内部使用的格式编写

帮助客户有效使用报告:
- 帮助客户与单位内部的人员打交道
- 帮助客户掌握有理有据的分析步骤
- 就如何在内部分享报告成果,为客户提供建议(包括解决公司政治的方法)

便于客户联系:
- 提供家用座机号码
- 当不方便接听客户电话时,提前通知客户
- 确保秘书了解项目组负责人的行程安排
- 确保秘书知道所有客户人员的姓名,以及项目组所有人员的姓名
- 帮助客户更好地了解"下级"人员,让客户愿意与"下级"人员合作,目的是当项目负责人不能及时出现时,"下级"人员能派上用场

培训

在一些专业服务公司,为顾问提供一些客户沟通技巧方面的培训是很有必要的。这项培训应该包括如何应对一些典型状况,比如"如何告诉客户他做错了""客户不喜欢你的创意怎么办"。公司累积的智慧和经验应该写入这类培训课程,以确保在公司内部有效、快速地分享这些技巧和做法。

培训课程分为知识转移(介绍优质服务的基本要素)和技能锻炼(提供应对各类状况的模拟实践的机会)两个部分。当以上所描述的如何实现良好的客户服务的方法制定完成后,公司可以立即开展知识转移部分的培训。

技能锻炼首先要求收集一些在服务客户的过程中经常会遇到的典型实例,开发一些分角色设计、编写的模拟训练教材。如果专业服务公司已经开设了"如何让会议更高效""如何陈述观点"等培训课程,那么可以从提升服务质量的角度对这些培训课程进行分析讨论,巩固知识,并将知识运用到服务客户的过程中。

需要强调的是,对与客户进行面对面沟通的技巧进行培训十分关键,很多人认为这些技巧是天生的,但实际上它们是可以后天培养的,人们不可以用"这就是我的个性、风格,我不会改变的"作为借口。据我观察,一些公司的技能培训内容包括:

- 学习说服客户,而不要固执己见。
- 帮助客户理解你在做什么、说什么以及为什么要这么做、这么说。
- 给客户充分的理由,不要只给客户结论。
- 采用能给客户带来更多价值的形式举行会议。
- 用客户认为更有价值的形式进行汇报。
- 指导客户使用报告成果。
- 根据客户的能力交付适合它们的成果,以方便客户相应地开展行动。

奖励

一个完整的客户服务质量体系的最后一步是确保在客户服务上表现出色的专业人员（以客户满意度调查结果为准）获得奖励，对表现不佳的人员进行某种形式的惩罚。如果缺少这一步，很多人马上就会产生这样的想法："客户服务质量或许很重要，但公司真正看重的并不是它。"

当然，在对客户满意度记分的第一年就根据客户满意度调查结果来决定合伙人的薪酬分配是错误的，因为每个人都应该有改进的机会，大家也要逐渐认可数据的真实性和有效性。但是，一旦开始记录客户满意度评分，以评分结果来决定合伙人的薪酬分配是迟早要进行的，而且理应如此。在奖励合伙人上，还有什么标准比客户满意度更"专业"吗？

如何开始实施客户反馈系统

如果专业服务公司尚未建立客户反馈系统，第一步必须是建立一个受控制的试运行系统。这对测试本章提出的一系列假设是有必要的，例如：

- 客户非常愿意配合并提供反馈意见，会按要求填写调查问卷。
- 你会了解到一些客户不满意而你却不知道的情况。
- 客户确实关心表8-1所列示的问题。
- 客户会告诉你应该包括哪些问题，即客户关心服务的哪些方面。

以上所有假设（实际上也是本章的大多数假设）都可以通过试点研究（或许只是针对某一个方面）在你的公司里得到验证。

一旦决定启动客户服务质量评价系统，下一步就是听取各位合伙人对问卷内容及措辞等方面的意见和建议。

你应该在系统启动之前（比如提前6个月左右）通知大家，这样可以为所有同事提供适应的机会，让他们做好准备，明确自己的责任。在系统启动之初，你就应该确定什么时候召开第一次合伙人会议，对第一轮结果及团队的第一次汇总成绩进行审阅。

反馈问卷的其他用处

一旦专业服务公司确定了使用客户反馈问卷的原则,那么其很快就会发现,并非一定要等到项目结束才能请客户填写反馈问卷。实际上,在下面这几个时点使用反馈问卷会产生更好的效果:

- 在项目进行过程中,对"我们干得如何"进行跟踪反馈。
- 在项目开始的时候,找出客户真正关心的、真正希望专业服务公司关注的方面有哪些。
- 在项目建议书中,通过客户反馈系统来证明我们与其他竞争对手不同。

结论

如果认为本章谈到的内容对于自己的公司而言是巨大变化,需要付出艰辛才能达到目的,那么我请你再次研究表8-1,问自己下面几个问题:

(1)如果你是客户,你是否会关心这些问题?

(2)你在寻找优秀的服务供应商方面的经验是什么?

(3)如果你是客户,你认为这些问题中的哪一个是"不合理"的客户期望?

(4)你对自己公司在这些方面强于其他竞争对手的信心有多大?

(5)如果你的公司始终能在各方面取得高分,你认为这给公司带来的价值有多大?

(6)你是否能想出另外一种方式确保这些工作得到一致的执行?

确实,这就如同轻食低卡餐,虽然让人感觉艰苦,但它带来的健康会确保专业服务公司及专业人士拥有一个长远而且欣欣向荣的专业生涯。

| 第 9 章 |

针对现有客户开展市场营销

大多数专业服务公司都会说现有客户群给公司带来新业务的可能性最大（通常利润也最可观）。但是，如果仔细观察这些公司的作为就会发现，虽然它们拥有成熟、完善、运营有序的"新客户"开发系统，却很少会通过系统性地开展工作来赢得现有客户的新业务。同样，大多数专业服务公司在市场营销方面的投入（无论是费用支出还是时间投入）绝大多数都用于开发新客户，而只有微小的一部分用于赢得现有客户的新业务。

简单地说，专业服务公司信奉的是一回事，而它们实际所做的却又是另外一回事。原因何在？

为什么现有客户是好目标

为探究并解释这个明显存在矛盾的实际情况，最好先研究一下为什么说现有客户是新业务的"最佳"来源。原因可能有很多。

第一，大多数专业服务公司的经验表明，把时间花在现有客户身上，获得新业务的可能性会更大，即现有客户代表成功的希望更大。这也是最重要的一个原因。

之所以如此，是因为赢得客户的信任对专业服务的销售有着举足轻重的影响。在竞争过程中，很多时候仅凭这一个因素就能决定结果。因此，当专业服务公司已经开始为某个客户提供服务，那么它就已经获得有关这一决定性影响因素的领先优势，成功的概率也会比竞争对手更高。发现客户真正关心的问题和它们的真实需求（客户往往不会直截了当地说）等销售过程的其他方面对于现有客户来说，做起来要容易得多。针对现有客户开发新业务成功率高还在于开发这类新业务常常没有竞争对手。如果专业服务公司在为现有客户提供服务的过程中发现客户有新需求，那么往往可以不用经过竞标流程，而是直接获得客户的允许后继续开展新项目。

第二，以现有客户为目标，在大多数情况下，为赢得同等业务量而需要付出的营销成本会更低。专业服务公司不需要花费时间（不可计费工时）来了解客户和客户所在的行业，因为之前为赢得现有项目已经做了这些基本工作。因此可以省去为赢得新客户而需要做的事情。比如，让客户了解专业服务公司、获得客户对专业服务公司能力的认可、双方培养默契或开展访谈、撰写服务建议（标书）、演示陈述等。

第三，开发现有客户的新业务所带来的利润比开发新客户所获得的利润更高，这是因为在了解客户及其所在行业上花费的时间较少；在项目执行过程中出现错误、返工的情况更少，而这也是避免浪费时间的一个因素。因为没有竞争，不用承受为赢得客户而降低收费水平或压缩收费空间的压力，因为客户已经使用过这家专业服务公司的服务，认同公司所提供的服务"物有所值"。对于新客户而言，由于对专业服务公司及其能力缺乏了解，新客户会持怀疑态度，对收费水平也更为敏感。

开发现有客户的新业务可以获得更高利润的一个决定性因素是，在为现有客户提供服务的过程中，随着双方合作的深入，专业服务公司可以通过逐步建立起客户对初级员工的接受度和认可度来分派更多的初级人员参与到为客户提供服务的过程中。相比之下，新客户可能对新的服务供应商并不完全放心，通常会坚持要求更多的资深人员参与项目。因此，在新客户的项目上所使用的杠杆率要比现有客户的项目低，通过加杠杆来实现高利润的方式在新客户身上较难实施。

第四，如果专业服务公司要强化自身的实力，巩固其在市场中的地位，就必须仔细考虑其承接的业务类型。公司必须寻找新的工作内容，提升自身的服务能力，也给员工提供新的锻炼机会，拓展员工的专业技能。很明显，如果公司以前没有承接过类似的项目类型，那么就很难让新客户信服公司有能力提供这项服务。但是，一旦现有客户已经对服务供应商建立了一定程度的信任，彼此也建立起了默契，那么现有客户更有可能给服务供应商提供机会做一些难度更大的工作。所以只有面对现有客户，专业服务公司才有机会做一些不仅能为公司创造利润而且有助于提升公司的服务能力，进而在未来提高收费水平的新工作，即增加专业服务公司的智力资本，而不仅仅是过度消耗现有的智力资源。

赢得新客户的重要性

如果现有客户对专业服务公司的吸引力是那么大，为什么还有许多专业服务公司会花费大量并不能向客户收取费用的工时（和预算）来开发新客户呢？

当然，部分原因是一个稳定的新客户来源对任何一家专业服务公司而言都很重要。新客户会给专业服务公司的基因库补充新鲜血液，因为它们给专业人士提供全新的工作环境及提升专业技能的机会。新客户带来一种"新鲜感"，能为那些对现有客户太过熟悉的专业人士提供新动力。新客户的数量和多样化与专业人士的动力、士气、活力和热情之间存在一定的关系。

如果专业服务公司积极维护与现有客户的关系，那么现有客户可能，也确实会达到"饱和"，于是就会产生开发新客户的需求。即使在达到饱和状态之前，一些专业服务公司还是认为开发新客户比瞄准现有客户更有把握，因为它们担心对现有客户盯得太紧，客户会认为它们就像"吸血鬼"，把赚钱看得比客户的利益更重。

许多专业服务公司非常注重开发新客户，因为新客户给公司带来的价值远比第一次项目的收入要大。它们在未来还能为公司提供更多的业务机会。从这个看似简单的想法可以得出一个有关新老客户业务开发之间关系的重要结论：专业服务公司对老客户的开发越是不在乎，开发力度越是弱，开发新客户所带来的价值（和投资回报率）也将越低；专业服务公司对老客户的开发越成功，那么新客户开发活动所带来的价值也将越大。

显然问题的关键不在于专业服务公司是否能顾此失彼，而在于寻求平衡，即合理分配在新老客户身上投入的业务开发精力和预算。正如上文所述，我的研究结果发现，大多数公司太过偏重于对新客户的开发，而忽略了对现有客户的开发。现在我们来研究一下为什么会出现这样的情况。

为什么专业服务公司会相对忽略现有客户

通过与多位顾问、律师、会计师、精算师和其他专业人士交谈，我发现最主要也是最简单的一个原因是开发新客户更有乐趣。开发新客户让人有一种狩猎的快感，而这种成就感却无法从维护现有客户关系的过程中获得。新客户的项目通常具有清晰的特征，有相对明确的工作任务，设有具体的期限，而培育与现有客户的关系通常没有具体的期限，没有明显的结构，工作任务也更模糊。因此，很多人向我反馈，这样的工作缺乏满足感，没有令人兴奋的感觉。

如果这一点确实是人类的一个基本偏好（我们总是在追求伴侣的阶段比在结婚后更重视对方），令人遗憾的是，公司管理层的做法却对这种偏好起着推波助澜的作用。据我了解，大多数公司更倾向于给赢得新客户的人员予以奖励，而如果是从现有客户获得新业务机会，则不会获得什么奖励。一名顾问给我描述了这样的情景："当赢得一个新客户，公司会敲锣打鼓、放鞭炮给你庆祝，你的名字会出现在公司快讯上，年底也会有一笔丰厚的奖金。如果你是从现有客户获得同等的新业务量，公司管理层则会打一个呵欠说'他总算是做了点工作'。"

而且，开发现有客户的新业务也被认为是理所当然的。有人认为"如果我们做得好，客户当然会给我们新业务，所以我们没有必要在这方面花费太多不可计费的工时。"还有人持类似的态度："如果是现有客户，那么对我们的所有服务，客户都应该付钱，我们的市场营销工作也应该在可计费的时间内来做。"大家可以想象，这种态度所带来的后果就是不可能在现有客户中开展有效的市场营销活动。

有些专业服务公司的会计制度加深了这个矛盾。如果所有在现有客户身上花费的时间都要记录，那么针对现有客户开发新业务的活动会被认为是额外的成本（因此带来较低的利润率）。所以，为了节省时间，专业服务公司就不会去做这种不能直接赚钱的工作。

在这样的环境中，有一个现象很奇怪。为赢得一个新客户通常需要和其他竞争对手展开激烈竞争，专业服务公司非常愿意花费几百个不可计费的工时去追求那些成功概率较低的业务机会。为了获得新客户所带来的收入，专业服务公司甘之如饴。但是，专业服务公司却不愿意投入同样多（甚至是更少）的不可计费工时去开发现有客户的新业务机会。花在潜在客户身上的那些时间是免费赠送的，但对现有客户花费这样的时间却是要向客户收取费用的。

对于专业服务公司为什么对新客户的开发投入过多，还有一个解释是：开发新客户与开发老客户所采取的营销手段是完全不同的。我们在下文中会提到，开发现有客户的新业务需要与客户建立"亲密"的合作关系，即你需要"走近"客户，让客户对你有高度的信任感。相反，开发新客户就不需要过度频繁地和客户接触，也不需要和客户建立特别亲密的关系，可以保持较远的距离，比如对客户公司做研究（而不是只与客户的某位人士打交道)、准备项目建议书、举行讨论会，并且条理清晰地进行演示等。不论结果是好是坏，很多专业人士更喜欢开发新客户。

还有一个关键原因是很多专业服务公司的市场营销活动是被动进行的，即为响应客户的要求才会开展营销活动，比如在客户招标时，专业服务公司才会准备项目建议书。因此，可以有效利用的营销时间很快被这些应外部要求而开展的工作所占据。发掘现有客户的新业务机会需要专业服务公司积极地去寻找，并且在客户还没有意识到自己有这项新需求前提醒客户，因此，被动地开展市场营销活动不可避免地会导致对现有客户的业务机会开发不足。

如何实现目标

显然，有一些作用力会阻碍专业人士及专业服务公司对现有客户的业务开发。对于很多专业服务公司而言，如果它们能认真研究如何在开发新老客户上合理分配时间，并在确定针对现有客户制定明确的、更加积极的业务发展规划是否可以创造更大的价值方面做些决策分析，专业服务公司都会受益良多。同样明显的一个事实是，如果要让这个计划得以顺利实施，公司管理层就必须采取具体的行动步骤。幸好，一旦公司下定决心朝着这个方向前进，这个管理过程还是比较清晰并且容易实施的。

这个过程的第一步是在现有客户群中挑选出最有潜力的客户。同所有的市场营销活动一样，基本原则是集中精力挖掘最佳业务发展机会。因此，对全部现有客户都开展市场营销的做法并不明智，正确的做法是认真挑选出有潜力的客户：①你可以满足它们的新需求；②与客户建立了良好关系，你在市场营销上的投入很可能会获得回报。

这项工作应该由公司的主管合伙人与负责维护客户关系的资深专业人士共同来做。在这个过程中会产生最佳业务机会的优先级排名。

接下来，有必要对每个目标客户制定出包括费用支出及时间投入的预算，更重要的是根据赢得新业务的成功概率及其可能创造的价值分配时间。

制定这项预算也应该遵守平衡原则。首先，计算出为了实现一定的收入目标，专业服务公司需要投入多少不可计费的工时来开展营销工作。例如，专业服务公司可能会发现，获得 200 000 美元的项目收入平均需要投入 100 个工时，那么，如果计划从一个现有客户获取 200 000 美元的业务，专业服务公司就应该为此制定一个大致相当的预算。如果是争取老客户的新业务，预算可以略低一些，因为成本通常会低一些。以此为例，专业服务公司可以推算出，开发现有客户的新业务所用的不可计费工时是 50～70 个小时。

考虑到上文中提到的会计问题（为当前项目提供收费服务和为赢得新项目而提供的免费服务之间可能产生的混乱），最好是在公司的账目里设立一项"开发某个客户"的预算，作为独立、正式的"支出科目"。有了这项预算，公司就应该指派一名资深人士来负责，既要保证当前项目的服务质量和盈利能力，又要让业务开发经费发挥最大作用。

这样做的一个好处是为客户服务团队的每名成员参与业务开发活动提供了平台。团队中的初级人员如果直接参与了业务开发活动，（在获得团队负责人的批准后）就可以把投入的工时计入营销预算的科目下。如果没有这项预算，员工因为公司对个人可计费工时的要求，就不会去承担"不可计费"的工作任务。只要根据估计事先确定营销时间预算金额，那么产生浪费、没有成效的不可计费服务的可能性就会很小。

项目团队中初级员工在业务开发活动中所发挥的潜在影响值得重视。与资深人士相比，初级员工与客户的接触更频繁、更直接（特别是在项目调研及访谈阶段），因此他们更容易捕捉到客户有新需求的信号。某家大型咨询公司有这样一个惯例：客户服务团队每隔两周举行一次会议，目的不是讨论当前的项目，而是按照从初级员工到项目负责人的顺序，依次询问每位成员"从上次开会到现在，你从客户那里了解到了哪些新情况？"自然而然，这个惯例使得每位成员都"睁大眼睛，竖起耳朵"，并坚持同时开展两项工作：做好当前项目和寻找下一个项目。

当预算经批准后，公司管理层应该要求负责"目标客户"的资深专业人士制定出开发目标客户新业务的计划书。同所有的市场开发计划一样，一份具体的书面营销计划（明确了实施期限）能够为各个营销步骤的开展提供框架和管理办法。一旦项目团队制订出业务发展计划，公司领导就应该对其进行讨论和审核，并对该计划的执行安排具体的工作任务，这样就可以对其后续工作执行审核和评估了。虽然这样做有些繁文缛节，但以我的经验来看，只有这样做，公司才能保证后续工作的顺利开展。我们在上文中也谈到，在对现有客户开展市场营销时总会遇到一些阻力，新客户群体也会不断地提出让专业服务公司制定项目建议书的要求，虽然是好事，但也会分散资深专业人士在执行现有客户业务开发方案过程中的注意力。

为客户量身定制业务开发方案

如果一个客户服务团队（按照粗略估计）花 50～75 个小时的时间和客户的某位高管打交道，争取能获得该客户的更多业务，而服务团队与这位高管一起工作过，也经常接触，那么怎样做才能有效利用这个时间，尽最大可能地赢得新业务呢？

据我所知，要成功赢得现有客户的新业务有三个基本步骤，并且缺一不可。这三个步骤包括：①使客户乐意再次聘用你的公司；②提高公司服务客户的能力；③寻找并努力赢得下一个项目。

使客户乐意再次聘用你的公司

使客户乐意再次聘用你的公司也许是所有步骤中最关键的一步。如果你的公司要从现有客户获得新业务，那么客户对你提供的服务不应该仅仅是"满意"，而应该是"非常满意"。因此，赢得新业务也要求在当前项目上花费时间和精力，以便为后续的"营销"工作打下坚实的基础。

大多数专业人士都认可这里涉及的一些具体做法有助于建立良好的客户关系，但也必须承认，这些做法往往会被忽略或未能充分执行。这些做法包括：在当前项目上超越客户的期望、增加和客户接触的机会、建立良好的业务关系和个人交往。在这个步骤中可以使用的一些技巧见表9-1。大家对这些技巧应该都很熟悉，比较有新意的一点是做出预算、建立激励机制和制订具体的实施计划，以保证这些做法会付诸实践。虽然大家都认识到表9-1中所列示的技巧非常有用，但要将其应用到具体的营销计划并确保其真正实施却是另外一回事。

表 9-1　使客户乐意再次聘用你的公司

1. 在当前项目上超越客户的期望
   运用开发新业务的时间预算支持额外的分析工作
   使用时间预算缩短周转时间，关注服务
   提升项目报告的质量
   对项目的执行过程多做记录和解释，方便客户找到你

2. 增加与客户接触的机会
   定期通电话
   不放过任何一次拜访客户的机会
   将业务会谈安排到临近用餐时间
   邀请客户来访
   把自己的合伙人介绍给客户
   请公司领导与客户接触

3. 建立良好的业务关系
   向客户介绍好的服务供应商
   为客户安排专题研讨会
   主动参加客户的内部会议
   设立非项目问题的免费咨询日
   给客户发送有用的文章
   如果有可能，给客户介绍业务

4. 建立个人关系
   参加社交活动
   牢记客户的生日及其家庭纪念日
   帮助客户买到一些稀有的赛事、演出门票
   向客户提供你的家庭电话
   提供公司的设备、资源供客户使用

我们以表 9-1 中列举的一两个做法为例来进行详细解释。"主动参加客户的内部会议"是一个非常有效的做法。举例来说，假设客户服务团队了解到客户正在召开一个全国性的会议，国内所有分公司的经理都参加，该会议讨论一项当前项目没有覆盖的新业务。服务团队的负责人可以主动询问客户："您是否希望我（或者其他合伙人）参加此次会议？我们不收取任何费用，只是希望有机会能为此次会议提供参考意见。"即使不是大多数，也会有很多客户接受你的提议，然后你的公司就有机会完成两项重要的业务开发任务：第一，参加客户会议，了解客户的问题、关注点和需求；第二，获得一个展现专业能力的机会，证明自己有能力帮助客户解决新问题。就获得新业务而言，可能没有什么技巧能让你的时间投入获得这么大的回报。

表 9-1 列示的技巧包括建立良好的业务关系和个人交往。要建立良好的关系，没有什么比为对方提供有益帮助更好的方法了。如果想让对方报之以李（支持你获得下一个项目），那么你必须先投之以桃（免费为客户做一些事情，证明你对客户的关切和责任心）。必须着重指出的是，从影响力的大小来看，建立业务关系比建立个人关系更重要。和客户交朋友会有所帮助，但是只能作为密切的业务关系的补充，不能取而代之。

提高公司服务客户的能力

针对现有客户开展营销活动的第二步是投入时间来提升公司服务客户的能力。这一步的目标是说服客户你的公司不仅有满足客户需求的专业知识和才能，而且能针对客户的具体特征量身定制解决方案。同所有的市场开发工作一样，要想从现有客户赢得新业务就必须让客户看到你的付出。正如表 9-2 所示，部分不可计费的营销时间应该用于鼓励专业人士做一些他们熟悉的工作，即了解客户所处的行业、客户的业务、客户公司的组织架构及客户的人员。

表 9-2 提高公司服务客户的能力

1. 增加对客户所处行业的了解
    仔细研究行业杂志及快讯
    与客户一同参加行业会议
    开展专项研究

2. 增加对客户业务的了解
    阅读客户的所有宣传材料、年度报告和其他公开发布的文件
    主动要求了解客户的战略计划
    主动对客户的内部研究提供反馈意见
    举行反向座谈会

3. 增进对客户公司的了解
    研究客户公司的组织架构图
    向与客户打交道最多的人了解情况
    了解客户公司的高层管理人员
    了解客户公司的权力架构
    安排会见客户公司的其他管理人员
    花时间多接触客户的初级员工

4. 增进对客户相关人员的了解
    准确了解客户公司对其员工是如何评价考核的
    了解令他感到不满的事情

这些方法不仅仅是让客户高兴并对客户表示感兴趣的象征性方式。如果能够有计划、有步骤地得以彻底、有效的贯彻（即作为结构化营销计划的一部分），那么就有助于专业顾问发现客户的新需求和客户对项目发展现状尚不满意的地方（这是他部署新项目的关键条件），并提供书面文件和事实依据说服客户将项目推进到新领域。实质上，专业服务公司在提升为客户创造价值的能力的同时也在为下一个项目准备建议书。

寻找并努力赢得下一个项目

使用营销预算的第三个，也是最后一个步骤是成功说服客户开展新项目。需要澄清的一点是，这项任务在前两个步骤也并没有被忽略，因为前两个步骤包括了建立信任、发现客户需求、证明自身专业能力等传统的营销任务。如果操作得当，第三步通常不需要花费太多的时间。

如果上述这些工作在前两个步骤中还没有完成，那么在第三步就需要创造机会来证明自己的主动性和胜任能力（而不能等待机会找上门）。要使客户意识到新需求，就需要按照计划好的程序，花心思挖掘客户的新需求，收集事实依据并创造机会。表9-3列举了一些技巧。

表9-3 寻找并努力赢得下一个项目

1. 创造机会证明自己的主动性和胜任能力
    将其他合伙人的服务免费提供给客户
    安排客户与其他合伙人会面

2. 花心思挖掘客户的新需求
    利用服务团队的集体力量来收集信息
    争取获得受邀参加客户会议的机会
    安排与客户其他高层管理人员会面
    投入时间与客户不同级别的人员接触

3. 针对客户的新需求提供事实依据
    进行额外的分析工作
    如果有可能，进行额外的访谈
    进行专项研究

4. 让客户意识到新需求
    尽早提醒客户注意存在问题的地方（想办法让客户有些担心和忧虑）
    提供证据说明存在问题
    把客户公司的统计数据与其他公司的统计数据进行比较
    分享为其他客户服务的成果

5. 在客户公司中找到良师诤友
    弄清楚谁是真正想看到有变化发生的人

6. 在合适的时机询问有关下一个项目的问题
    尽早地而且是经常地帮助客户看到"机会"，不要"强行推销"
    当有把握项目建议书能被客户接受时，才提交实实在在的建议书

结论

应该清楚的是，在开发现有客户的新业务时，只有在极少数的情况下需要使用表9-1、表9-2和表9-3中列示的所有技巧。实际上，这些列表应

该被视为"菜单",从中选取满足下列条件的最佳组合:①针对每个机会的具体特点进行最恰当的投入(即应该如何做预算);②对开发某个客户的新业务最有效。但是,在所有的情况下都必须在每个步骤上付出时间。为了达到一定的效果,你不能完全跳过第一步和第二步,而仅凭第三步就能取得成效。

还需认识到的一点是,虽然是花费同样多的时间,但为一个具体的客户设计和执行一个有针对性的新业务开发方案所带来的新项目的可能性要比通过寻找新线索来获得新客户的可能性大。正如我们所见,两手都要抓,但是专业服务公司不应该让可以从现有客户获得的已经成熟的机会白白溜走。

最后,抓住这些机会必须要做的一项工作是调整公司的奖励机制,使每位专业人士都感受到,他们为开发现有客户所付出的时间在公司至少会像寻找新客户的工作一样受到重视。奖励不仅仅是指发放奖金,还包括举行庆祝活动、晋升、给予真心的祝贺和赞赏。如果专业服务公司希望从现有客户获得新业务机会,就必须确保公司管理层的实际做法和行为对此是予以鼓励并实施奖励的。正如我们所注意到的,专业服务公司基本不会对上文中提到的各类做法的可行性持怀疑态度。但是,在为这些做法的实施创造有利环境方面,专业服务公司还有很大的努力空间。只要专业服务公司的管理层确实想通过维护现有客户关系来获得实质性的收益,他们就能做到。但是这并不是自然而然的事情,必须通过采取有序、明确的管理步骤才能实现。

| 第10章 |

客户如何做选择

销售专业服务所需具备的一项最重要的能力是从客户的角度理解购买专业服务的全过程（而不是销售过程）。如果一家专业服务公司能多站在客户的角度想问题，就更容易被客户所雇用。

值得庆幸的是，要做到这一点并不难。许多专业人士都亲身参与过聘用其他领域的专业人士的全过程，例如律师聘用会计师，精算师聘用咨询顾问，公关顾问也像大家一样需要使用税务咨询服务。所有专业人士都可以凭借自己作为客户的经验来加深对专业服务购买全过程中各个环节的了解。

专业人士通常把业务开发工作分为两个步骤：营销（寻找商机）和销售（将商机转化为实实在在的项目）。买方则把这两个步骤称为"资格认定"和"做出选择"。

如果我是客户，我首先会缩小备选专业服务公司及专业人士的范围，挑选出我认为具备资格的候选名单。在资格认定阶段，我会考虑诸如"你服务过哪些客户""你具备哪些能力""你们公司具备什么样的人才储备""客户对你们的评价如何"等问题。

除了在极少数情况下，客户所面临的问题极其复杂且风险大，可能仅有一家供应商有能力提供客户所需要的服务外，一般而言，即使经过最严密、全面的尽职调查（仔细筛选、评估和访谈备选的专业服务机构），至少也会有两家或以上的服务供应商在技术能力上达到要求。通常，在竭尽所能地对备选服务供应商的技术能力进行比较、排除之后还会剩下几家声誉好、背景可靠的服务公司，而且它们都具备帮助客户解决问题的出色能力。

这就得出一个重要结论：除非专业服务公司确实具备独一无二的技能，没有任何竞争对手可以与之抗衡，否则它绝不会仅仅凭借自身的专业能力就让客户做出聘用决定。出色的专业能力是专业服务公司能够进入最后一轮竞选的基本条件，但这与最终被聘用是两回事。

在确定了最后一轮候选名单后，我的关注点就发生重大转移。我不会再关心"你有能力做这个项目吗"，而是会问自己"我想和你合作吗"。我不会再对你们公司的组织架构及资质感兴趣，而是会试图对你进行评估和判断。既然你已经坐在这里和我交谈，那么就可以认为你对公司的营销已经成功了，现在是推销你自己的时候了。

购买者的感受

购买专业服务很少会是一段轻松愉悦的体验。表 10-1 列举了一些专业服务购买者经常会产生的不愉快的情绪。

表 10-1　购买者的感受

1. 忐忑不安。我不知道在最终入选名单中哪家公司最出色，哪家公司的水平只是说得过去，为了弄清楚各家公司在技术能力上的差别，我已经筋疲力尽

2. 感觉受到了威胁。这是我的责任范围，尽管从理性上我清楚自己需要使用外部专业服务，但是把自己的事务交给其他人处理仍然会让我在情绪上感到不舒服

3. 我在冒险。把自己和公司的一些事务交给其他人来处理，我可能会失去对事情的控制权

4. 没有耐心。当有征兆（或机会）出现的时候，我没有立即开始寻找服务供应商，我对此已经考虑过一段时间了

（续）

5. 焦虑。专业服务公司提出改进建议实际上就是暗示我在这些方面做得不好，其会和我站在同一条战线上吗

6. 暴露隐私。无论我聘用谁，我都不得不透露一些并不都很光彩的公司秘密

7. 我感觉被蒙在鼓里，我不喜欢这种感觉。我不知道自己所面临的究竟是一个简单的问题，还是一个复杂的问题，我不确定是否可以相信专业服务公司不是在故意让我觉得事情很复杂

8. 心存疑虑。我曾经就被这样一些专业服务公司蒙蔽了。它们会给我很多承诺，但我如何能知道应该相信谁

9. 我担心专业服务公司既不能也不会花时间去了解我的特殊情况。其试图在我身上套用一些现成的服务方案，而不是为我量身定制

10. 不信任。他们会不会是那种典型的让我难以掌控、对我敷衍了事、用一些行话来蒙蔽我或者对正在开展的工作不做任何汇报及解释的人呢？简而言之，他们会像我所期望的那样来对待我吗

我感觉自己是在冒险。我必须把我自己和公司的一些事务交给其他人来处理，而且不得不放弃一部分控制权。这些都在我的责任范围之内，尽管从理性上我清楚自己需要使用外部专业服务，但是把自己的事务交给其他人处理仍然会让我在情绪上感到不舒服。即使只是常规事务，我也需要确认（不仅仅是出于善意，还有一些不服气）我的工作会得到及时、认真、严肃的对待。

我觉得忐忑不安。我很难判断哪家服务供应商最出色，哪家又是能说得过去，所以我对自己的决定没有十足的把握。而且，我也不知道自己所面临的究竟是一个简单的问题，还是一个复杂的问题，这就是我需要你——外部专家来帮助我解决问题的原因所在。但是，我不确定是否可以相信你们不是在故意让我觉得事情很复杂。专业服务公司总是会小题大做，认为客户的问题绝对不可能是简单问题。

我会心存怀疑。我曾经就被这样一些专业服务公司蒙蔽了。它们会给我很多承诺，但我如何能知道应该相信谁？我担心的是你既不能也不会花时间去了解我的特殊情况。你会不会是那种典型的让我难以掌控、对我敷衍了事、让我置身事外、用一些行话来蒙蔽我或者对正在开展的工作不做

任何汇报及解释的人呢？简而言之，你会像我所期望的那样来对待我吗？

从某种程度上来说，我也感觉自己是被曝光了。无论我聘用谁，我都不得不透露一些并不都很光彩的公司秘密。我还会感觉受到了威胁。你的工作内容在我的责任范围之内（营销副总监聘用营销顾问，公司内部的法律顾问聘用外部律师，负责福利事务的经理聘用精算师）。实际上，当你发现需要有所改进的方面，我所面临的威胁就是你可能会揭露出我做得不好的地方。你会成为我的战友还是敌人呢？

所有这些揭示出的一个道理是：在符合资格要求的候选公司中，我会选择值得我信赖的公司。聘用专业服务公司其实就是在寻找信任。我必须而且不可避免地会相信你的承诺。在选择专业服务公司的过程中，我不仅仅是在购买服务，而且是在建立一种关系。你的销售任务就是赢得我的信任和信心，而且关键就在于"赢得"这两个字。

购买者看重的是什么

我会如何决定与哪家服务供应商建立合作关系？我当然不会根据服务供应商信誓旦旦的承诺来下结论。空谈是廉价之物。只是口头上讲"相信我，我们对你非常感兴趣"的供应商绝不会轻易赢得我的信任。

即使我对购买专业服务拥有丰富的经验，我还是不可避免地会根据在访谈过程中掌握的一些情况来推断你是什么样的人。我的印象和看法就来自于对你的一些细微的行为举止的观察。我会通过你在访谈（或者竞标）过程中的表现来预测在我聘用你之后，你会用什么样的方式来和我合作。所以，资格认定阶段工作的主要特点是理性和逻辑性强，并以事实为依据，而与此不同的是，在做出选择阶段则主要是凭借直觉、个人感情和主观印象。

作为客户，最能吸引我注意力的就是你的准备工作。如果有人在会议中问我一些原本在会前就应该了解的关于我们公司的基本信息和情况，那么我会感到非常厌烦。这不仅暴露了你的惰性，而且会让我觉得你只是为了推销而来。你并不是对我感兴趣，而只是在撒网捕鱼，希望能从我这里多赚些钱而已。另一方面，如果有人问我"我从你们公司发布的年度报告上得知你们公司最近开设了一家新工厂，这对你所在的部门有什么影响"这样的问题，会引起我的注意。阅读我们的年度报告或许并不是什么难事，但却说明你做了自己该做的事情，我也因此对你的作风有所了解。

说得更透彻一点，准备工作就是证明你的积极主动态度的一个大好机会。你可以从我们的行业协会中获取关于我们公司及对手公司的公开数据并进行对比。这么做会让你提出一些更具实质性的问题，同时也能充分体现出你希望争取到业务机会的意愿。如果你想带一些打印资料来参加会议，那么令我印象更为深刻的不是你预先打印好的手册，而是你特意为我整理的资料。这一点至少会让我觉得你的考虑很周到。

那些急于给客户留下印象的专业服务公司会将会议的全部时间都用于宣扬它们的辉煌成就和骄人成绩，以及它们为什么是帮助我解决问题的最佳选项，但是这些对我、我的公司和我的处境而言没有什么意义，反而听起来像是一位滔滔不绝的推销人员，对我本身没有多大兴趣。我的目的不是听你讲你们公司的故事，而是要谈谈我们公司的情况。唯一能对我产生影响的方式是真正了解我的问题，告诉我应该如何解决这些问题。我很不愿意听你的一套推销言辞，但是，如果你能说明我们公司的问题所在以及我们应该抓住哪些机会，那么我会主动向你购买服务。

对于你所指出的问题及机会，要获得我的认同并不是一件容易的事情，因为我会对你的动机持怀疑态度。首先，你必须让我感觉我会乐于和你打交道。比如，你可以询问一下我的近况；给我提供一些新信息，让我清楚竞争对手的最新发展动态；告诉我你曾经为像我们这样的其他公司做了哪些工作；找到一个真正可以帮助我们解决问题的方法。投之以桃，报之以李，没有什么方式比从一开始就源源不断地为我提供帮助更能赢得我的信任。那些为我提出新的想法和建议，而且不会给我施加压力的人恰恰就是那些真心诚意地想帮助我，而且不会一味地只考虑收费的人。如果希望我成为你的客户，就要像我已经是你的客户那样对待我。

教给我一些知识。告诉我对行业中共性问题的常见处理方式。帮助我认清我所掌握的信息的优势和劣势所在。询问我目前所采取的做法，并帮助我了解在不同情况下可以采取的不同方式。告诉我一些我不知道的事情。如果我在离开会议室时说"这一点很有意思，我一直都没有想到"，那么你就赢得了我的信任。虽然我不会在会议当天就做出聘用决定，但是我肯定会期待再次与你交流。你完全没有必要因为提出一些有新意但尚未成型的想法而担心（只不过是一个想法而已），这恰好证明了你的创造性。

我不会接受你对自身实力所做出的任何评价，除非你能提供有力证据。比如，不要陈述你在我们这个行业中（或者对处理某一个具体问题）的经验，而是要通过提问一些能显示出你在关键行业术语、事实和数据或者行业最新动态等方面的知识的问题来证明你对我们这个行业的了解。这样做，我才能判断你对我的业务及问题的了解程度（做出这种判断是我的工作）。

虽然我希望你了解我所在的行业，但不要把我当成傻瓜，以一种居高临下的态度告诉我行业中会发生哪些变化。如果你用这样的口气说"在你们行业中，这三个发展趋势最重要"，显然不合适。你应该说，"以我们的经验来看，这三个发展趋势最重要，您同意吗？"如果我同意，那就好；如果我不同意，我们还可以进行讨论。为了避免让客户感觉你妄自尊大、华而不实（这也是专业服务公司的通病），你应该把定论式的话语转变为问句。这样做，我对你的印象就不再是武断、过分自信，而是尊重我的观点，善于引导我进行思考并努力让双方意气相投。你的说话方式及措辞都能向我透露出你对待客户的方式。你应该把双方会谈当作一次对话机会，不要喋喋不休，也不要打破砂锅问到底。

你应该站在我的角度去了解我在公司中的位置及角色。你要清楚我向谁汇报工作，上级对我的评估标准是什么，我的预算是多少。我相信，当你问过我这些问题之后，你就能把我当作一个独立的个人而不仅仅是一个购买服务的企业来对待。这并不是说我想让你请我喝酒吃饭，成为朋友后才能争取到我的业务，而是希望你能明白一个事实：你的那些潜在客户（和我一样）也是一个有思想、有感情的独立个人，而不仅仅是一家公司。

不要擅自告诉我你会如何解决我的问题，而是要等我表示有需求、希望听取你的建议时才提出解决方案。简单地断定我的公司存在问题或者有新的发展机会是不够的。如果你说这样的话，我肯定会对此持怀疑态度，但如果是我说这样的话，那肯定是事实。优秀的销售人才总是擅长于让我（即客户）来发现自己的问题、需求、关注点及希望达到的目标。如果是由我告诉你说我的公司确实有需求，那就说明你成功了，但如果只是你单方面说我的公司存在问题的话，你就会失败。有些专业服务公司过多地发表自己的观点，但往往言多必失。你要学会多向客户提出一些实质性的问题，并认真倾听客户的需求。

当你要求我谈谈自己的问题时，你要注意提问方式。如果有人单刀直入地问我"你有什么问题"，我通常不会主动、详细地回答这个问题，因为这样的提问方式太武断，甚至可以说你没有自己的观点，你是在向我要答案。同样，也不要问我"有哪些事情进展得不顺利吗"，这样的问题我也不愿意回答。但是如果你问我"有哪些事情你还没有时间去处理"，我会比较乐意与你交谈。

虽然我未必会告诉你我的问题，但是我也许会对你所了解到的一些问题表示认同。例如，你可以问我们为什么要采用当前的这种方式，而不试试其他方法。提问方式不应该是："你们目前采取的这种方式是否遇到了问题？"而应该是："我们有些客户之前也是采用同样的做法，但却疲于应付由此产生的各种问题，你们公司是如何解决这些问题的呢？"这样的提问方式说明你对我的处境很熟悉，但又不会让我觉得你是在质疑我。

如果我开始对一个已经被你们发现的问题产生兴趣，你的下一步工作就是说服我（或者让我说服自己）一定要解决这个会困扰我的问题。但请记住，不到万不得已的时候我是不愿意和专业服务公司合作的。只有当我确信解决这个问题能为我带来的益处极大且可能性极高（两回事），值得我花钱聘用专业服务公司并忍受他们可能带给我的干扰及不愉快的感受时，我才会决定聘请专业服务公司。因此，在你告诉我怎样解决问题之前，我更希望你能说服我这个问题确实值得我去解决。

针对这一点，最有成效的策略就是问我"如果……的话，会带来多大的价值"，并在省略号处描述你能帮助我达到什么效果。你帮助我在脑海中勾勒出一幅我在达到那个状态后获得各种好处的美好蓝图。如果你能让我对这些可望又可及的好处心动不已（不要只是信誓旦旦，而是要让我切实感受到它们是触手可及的），我就会希望能了解你将如何帮助我实现目标。如果我认为解决这个问题没有太大的价值，那么即使你说得天花乱坠，于我而言也只是徒劳。

如果我同意你的看法，（或许）也有意愿和你合作，我可能会问你会采取哪些具体的步骤来解决我的问题。不要急于给我提供一个单一、具体的"你们公司的解决思路"，我也许对此并不感兴趣。比如说，或许我想要的是一个"永久性的解决方案"，对解决所有类似的问题一劳永逸。又或许我想要的是一种快速解决方案，能够起到立竿见影的效果。也许我更关心如何能把对我公司运营的干扰降到最低，或考虑我和我的员工需要在项目中付出多少时间和精力。

这里的关键就在于你要为我提供一些选项，并帮助我了解各个选项的优势和劣势，让我自己做选择。如果你只是告诉我"你们公司的解决思路"，会给我一种千篇一律的感觉。你告诉我可供采用的不同处理方式，我就能了解所有备选项。你让我自己做出选择，则会让我感觉到你是一家懂得尊重我的判断和决定并主动与我进行互动的公司。

这里需要指明的是，我不会当面和你说"行"或者"不行"。我在做出决定之前需要征询各方的意见，因此不要给我施加压力，也不要用什么"一定要成交"的手段来对付我，而是要给我一些在与上级及同事进行讨论时可以派得上用场的理由及依据。不要把每次会谈都当成一次达成交易的机会，而是要以此为契机来努力增进双方的关系。也许我会同意会见你的一位专家合伙人，或同意给你提供一些额外信息，或者为你提供机会去拜访我们公司的另外一位高管。也许我会参加你们公司举办的研讨会或者同意再参加一次议题更加明确的会议。以上任何一条都可以视为成功增进双方关系的表现。如果你总是急于求成，我会认为你无意帮助我，而只是想完成你的一项销售任务。

我可能会要求你提交一份项目建议书，但是一定不要忘记我的最终决定取决于我是否信任你这个人，所以销售的成与败是在我们面对面进行交谈的过程中见分晓的。对于绝大部分项目而言，对专业服务公司的聘用决定在准备项目建议书阶段就已经形成了，而正式的项目建议书或方案演示及陈述只是用来确认（或推翻）一个已经形成的决定。如果你平时就不能抽出时间和客户联系，那么你也就没有必要准备项目建议书了。

如果我要求你演示并陈述项目方案，我希望你能提前分发资料，然后坐下来，我们一起商讨。不要把灯光调暗，打开你的演示文稿，站着给我陈述你准备好的内容。这反而会让我觉得你是在给我上课。当我提出问题时，不要说"我们一会儿会谈到"，那样会让我觉得你很呆板。

如果我打断你的陈述，那就直接回答我提出的问题。我关心的是你会如何应对我的提问，而不是你的演讲有多么流利、熟练。很多专业人士在正式演示之前会安排预演，但在预演中的关注点却是错误的。我看重的不是你的演讲是多么流畅，我的决定也不会因此而受到任何影响。我在意的是当我出难题时你会镇定自如还是手足无措。如果你因此而被难倒，我就不太肯定你是否值得我信任。所以，你需要预演的是如何应对我提出的问题。

我希望你能听取我的问题，抓住重点，并通过实时对演讲内容进行调整来回应我的问题。你应该积极与我互动，询问一下我在想什么。当我看到演讲者脱离了预先准备好的文稿，并根据我的问题进行下一步陈述的时候，我就会明白他听取了我的意见。当我抛出一个难题（并且会继续这么做），你却没有临场发挥的能力，无法应对，那么我该如何相信你的能力呢？

当我对你的观点提出异议时，请耐心地听我把话讲完，不要急于打断。不要告诉我没有必要担心这些问题，因为我刚刚已经表明，我还是很关心这些问题的。首先，你要承认我所说的这个问题确实存在并且会带来负面影响。我允许你换一种说法来重新表述我的问题，并适度软化语气，但是你需要征得我的认同。然后，你要给我一个答案并询问我是否可以接受。不要试图用一些模棱两可或一带而过的言辞来给自己圆场。这样做可能会避免尴尬，但你留给我的印象却是你并没有回答我的问题，这也就意味着我无法信任你。如果你能在会议之前就预先想到我可能会提出的不同意见并做好充分的准备工作，那么你会给我留下深刻印象，因为这说明你确实花时间站在我的角度来考虑问题。因此，你要预先思考我可能会提出的不同意见，并在准备工作中练习应该如何应对这些问题，这些才是决定销售任务成败的关键因素。

结论

有一句关于医生的老话叫作："他们感兴趣的是疾病本身，而不是病患。"遗憾的是，这种态度（及行为）在各个专业服务领域中都普遍存在。很多专业人士都过于关注对技术问题的解决而忽略了专业服务交易是以双方的信任关系为基础的。这并不是说专业技能是不相干的要素，恰恰相反，专业技能很重要。但是，具备专业技能只是成功的必要条件，而不是充分条件。作为客户，我最希望能聘请一家既具备出色的专业技能，又会真心实意地协助我解决问题的专业服务公司。当然，这样的公司并不多见。理解和默契才是关键，即你要进入我的内心世界，设身处地地为我着想，明白我的真正需求是什么。

| 第 11 章 |

吸引新客户

大家对于专业服务公司用来吸引新客户的营销手段已经十分熟悉了（见表 11-1）。虽然表中列举的手段很多，但它们有明确的优先顺序。在选择营销手段时可以遵循一些简单的原则。第一，最重要的一条法则叫"果酱法则"，意思是面包上的果酱抹的面积越大，果酱就会变得越薄。该法则出自杰拉尔德·温伯格的《咨询的奥秘》[1]一书。专业服务公司在开发潜在客户时，目标不能太多、太散，这样在每个客户身上投入的时间和精力都相当有限，而是应该精心挑选出优质的目标客户，然后进行重点开发。

第二，营销工作重在通过证明自己的实力使客户信服，而不是主观自负地向客户宣称自己具备胜任能力。能充分反映一

表 11-1　营销手段
（按有效性从强到弱排序）

优先选择
小型研讨会
在客户的行业会议中做演讲
在客户关注的出版物上发表文章
专项调研

替补手段
社交活动/文娱活动
与潜在推荐人建立并维护关系
向客户发送简讯

临时抱佛脚
媒体宣传
发放宣传手册
大型研讨会
直接向客户发送邮件推销服务
冒昧打电话推销服务
赞助文化、体育活动
做广告
影视宣传资料

个人的能力和水平的营销策略（比如演讲、研讨会以及分享文章）显然要比以一种居高临下的态度向客户发表意见的方式（比如宣传手册、直邮广告、陌生销售电话或"我来介绍我们公司情况"之类的冒昧拜访）更有力度。

第三，与书面沟通相比（有一个重要的例外情况，我们将在后文中探讨），优先选择"面对面"的营销策略。

专业服务公司落实各种营销手段的主要目标应该是尽快摒弃"广泛向客户传播一般信息"的做法，转到合伙人与潜在客户之间有针对性地开展高层次个人对话的层面上来。专业服务公司能被客户聘用，实质上就是要让每个特定的客户说出他自己的问题。专业服务公司越早开启对话就越能有效地采取对应的策略。专业服务公司不是"大众化"的公司，它的客户都是一个一个谈下来的，营销过程必须反映这一点。

第四，营销必须是对潜在客户细心引导，循循善诱，不能咄咄逼人。为赢得客户，专业服务公司不能靠高声大喊"聘用我吧"，而是要用温和有礼的态度向客户提供一些具体的理由来引起客户的兴趣和注意。营销其实就是吸引客户，即做一些能促使客户对你产生兴趣并采取下一步行动（比如将其需求告诉你）的工作。因为所有客户在选择服务供应商时都会持怀疑态度，所以只有当客户有合理充分的理由相信你时才会把自己的需求告诉服务供应商，但同时客户也不认为这么做就必然会和该供应商建立正式的合作关系。

首选营销手段

最能满足上述四点要求的营销手段包括小型研讨会、在客户行业会议中做演讲、在客户关注的出版物上发表文章及专项调研。这四种方式的共同点是它们都向潜在客户传递信息，即新事实、新知识和新想法。它们通过"证明"专业服务公司对客户的有用之处来引起客户的注意，而不仅仅是直接向客户"宣称"自己具备胜任能力。

小型研讨会

举办小型研讨会是最有效的营销手段,但只有应用得当才会产生最佳效果,因此必须遵循以下几个指导原则。由于营销的目的是和客户进行单独交谈,因此参与小型研讨会的潜在客户不能超过 25 人(如果你想接触 200 人,那就举办 8 次研讨会)。为了保持个人间的亲密互动,潜在客户与专业服务公司的人员比例不能超过 5∶1。

一旦知道哪些潜在客户会出席研讨会,专业服务公司就要立即组织研究人员(包括营销总监、知识管理员、初级专业人员等)对每一位客户进行全面、详细的研究。不要对这方面的投资犹豫不决。研究目标是了解所有可以公开获取的有关每一家客户公司(甚至是每位出席人员)的信息。比如,使用计算机数据库、给客户的行业协会打电话、阅读客户公司的年报、打电话向客户所属行业的研究机构的分析师咨询意见、打电话向客户的公关部门获取产品手册。简而言之,只要是能找到的资料就尽量找出来。由于合伙人非常忙碌,没有时间阅读大量文件,所以公司的研究人员应该为他们准备一份 8 页左右的有关潜在客户的情况介绍。

研讨会的座位安排也有讲究。例如,安排 1 位合伙人和 5 位特定的客户坐在一起,而且该合伙人已经提前阅读了有关这 5 位客户的背景资料。然后合伙人就可以做这样的开场白:"收到大家来参加此次研讨会的消息后,我们做了一些准备工作。我们注意到贵公司董事会做出了一些重大决策,你们发布了新产品,你们的一些关键绩效比率和其他竞争对手也很不同。面对这些挑战,你们采取什么样的应对方式呢?"

良好的开端是成功的一半。通过证明你做了充分的准备工作,客户就会对你形成良好的初步印象。这些潜在的客户可能会感觉你:

- 有纪律、有组织。
- 考虑细致、周到,而且会事先做好准备工作。
- 有进取心。
- 愿意为发展和维持双方关系进行投入。

- 对他的业务感兴趣。
- 对他很热忱，不会像陌生推销电话那么冷漠。

总之，你从一开始就表现得非常专业，这已经说明你与一般的专业服务公司不同，而这个效果甚至在研讨会还没开始之前就已经达到了。

研讨会开始后，主持人的讲话不要超过30分钟（最好不要超过20分钟），而且应该建议每个与会者都参与小组讨论。发言人不要问"还有什么问题吗？"研讨会的目标是让25对1的"课堂式"问答转变为5对1的"亲密讨论"，这样做会更便于大家打开思路，以更加开放的态度参与讨论。负责每一组客户的合伙人可以分别询问客户的意见："这也是您遇到的问题吗？"如果答案是"不，这并不是我所关心的问题"，合伙人就可以接着问："那么您的问题是什么？"然后我们就会自然而然地让客户开始谈他的企业、他的业务及他遇到的问题，这是赢取项目的关键。

研讨会的流程一般包括：20分钟的主持人讲话，20分钟的小型圆桌讨论，然后主持人做总结。从与会者的角度看，这种形式的研讨会最大限度地给予他们发表自己看法的机会，因此十分受欢迎。

研讨会结束之后的跟进工作（循循善诱的第二步）应该不会太难。合伙人可以给参与同组讨论的客户打电话："我们花了一上午的时间讨论贵公司所面临的问题。你曾提到研讨会没有谈及一些关键问题，我回到办公室后查阅了资料并做了一些研究，希望能和你谈谈我的新发现。"这样的跟进方式对专业服务公司而言比较轻车熟路，并且颇受潜在客户的欢迎，因为这么做是针对某个客户所关心的具体问题进行对话，不会浪费客户的时间。

演讲

向潜在客户"提供"想法的第二个重要机会是在客户行业会议、商会组织的会议或各种专业论坛等潜在客户聚集的场合做演讲，以证明专业服务公司区别于其他竞争对手的胜任能力。一场能产生良好效果的演讲的目的并不是给所有听众都留下印象，并希冀他们或许将来也需要你提供服务。这是一种很好的公关方式，但并不会为你带来多少业务量。演讲的主要任务是让那些现在就需要你提供服务的潜在客户有意愿在演讲结束后与你联系，进一步了解更多信息。

实现上述目的的第一个方式是把感兴趣的客户召集到一起举行小型圆桌讨论会，它既可以在演讲结束之后进行，也可以在会议休息期间或者以鸡尾酒会的形式举办。另外一点，不要在会议上向听众分发你的书面演讲稿，但可以建议感兴趣的客户先留下名片并承诺随后会把演讲稿发送给他们。此外，给听众发放一份简短的问卷并告诉对调研结果感兴趣的客户留下名片，你将非常乐意与他们分享调研结果。通过以上三种方式，你可以筛查出那些没有开发前景的客户（他们甚至对往前踏一小步都没有兴趣），然后集中精力开发少数对你表现出兴趣的客户（即避免"广种薄收"）。

上述所有方式的共同点是遵循了循循善诱的原则，即提供适当的场合，使有兴趣的客户在不需要背负压力及做出任何承诺的情况下提出自己关心的问题。你不会让客户感觉受到了狂轰滥炸式的推销威胁，而是会让他们乐意与你开展进一步接触。

请记住，一场演讲不仅仅是传递内容（和你的智慧），也必然会反映出你是什么类型的专业人士。例如，照稿宣读的人会给听众留下没有把握、不自信、对演讲主题的驾驭能力不强等印象。因此，一定要脱稿演讲，也不要查看任何内容提示。如果可能的话，在演讲过程中尽早与听众开展互动，让听众提出问题（这样做的目的不仅仅是传递信息，而且会让听众对你产生良好印象）。通过演讲，你要向听众证明的是：你思维敏捷，能随机应变，你对倾听听众的想法与自己讲话同样感兴趣。这些都是客户希望它们的顾问身上所具备的特征，你可以利用演讲机会来证明你就是客户所需要的专业服务供应商。

分享文章

尽管分享文章这种方式对客户来说可能针对性不强，与客户也不是进行面对面的交流和沟通，但是在与客户相关的报纸杂志上发表文章是能充分证明专业服务公司胜任能力的有效途径（论述一些特别的话题及内容会显示出你与竞争对手的不同之处），同时也给潜在客户提供一个应该与你沟通的好理由（为专业杂志、技术类杂志撰写文章可能会在行业内给你带来一定的知名度，但是只有在客户关注的刊物上发表文章才会带来业务机会）。

文章所能发挥的作用源自它的多重用途。除了在刊物上发表供读者阅读之外，文章复印件还可以在做演讲或举行研讨会的过程中分发给听众，文章也是专业服务公司宣传手册的有效替代物。当潜在客户对专业服务进行咨询时，如果专业服务公司的回答是"对，我们针对这个话题发表了几篇文章，我会尽快发送给你"，显然要比"这是我们的宣传手册"更加有效。如果文章写得好且通俗易懂，那么即使在多年之后，它依然会对读者有所启发。

发表文章还有助于向客户证明你的资质。因为很少有专业人士在客户的行业刊物上发表文章，因此你针对客户关注的话题写的一篇文章很有可能成为有关这个话题的"专有"文章。随着日积月累，这些文章可以汇集成书，尽管很少有读者会一页一页地翻读，但能形成"这家公司在这个行业领域很专业"的印象。

写这类文章其实并不难，甚至有一定模式和套路可以遵循：文章字数在 2 000 ~ 5 000 字之间，内容结构是"如果你正面临以下问题或挑战，可以重点考虑采取哪几个处理方式，它们各有哪些利弊，你应该考虑哪些因素，我们认为最佳的解决方案是什么"。同时，文章也会做出暗示："如果你想了解更多信息，请与我联系。"当然，文章必须有实质性的内容，才能引起读者的兴趣。

文章的影响力很大，因此制定每位专业人士在每年发表一篇文章的目标的做法很明智。在大中型专业服务公司，这种做法会极大地提升公司在市场中的曝光率。实现这一目标所受到的限制不是没有内容可写，因为大多数专业人士在一年的实务工作中都能总结出一些令潜在客户感兴趣的经验。真正的问题反而是缺乏有效的监督和约束，即如何能让专业人士动笔写文章。为克服这个障碍，许多专业服务公司为它们的合伙人寻找专业自由撰稿人，根据合伙人的口述内容和修改意见来代写文章。

专项调研

如果营销目标是向潜在客户证明你具备其他竞争对手所没有的优势，那么对潜在客户感兴趣的话题进行研究显然是一个好方式。尽管我在这一部分中最后才提及该方法，但实际上，从逻辑顺序来看，调研应该排在小型研讨会、发表文章和做演讲这三种方法之前。为使每个方法都能有效果，你需要获取一些特别的信息。如果你确实了解其他竞争对手所不知道的信息，那么潜在客户就会有兴趣来参加你组织的研讨会。如果研讨会计划向客户提供的信息是其他竞争对手同样可以向客户陈述的内容，那么潜在客户就可能对研讨会失去兴趣（举办收费研讨会通常是个好主意：能促使你确保和客户分享的信息及经验有特别之处，而且内容确实有价值，同时，保障出席研讨会的人员都是具有开发前景的潜在客户，因为他们愿意付费与你就他们所关注的话题进行讨论）。同样的道理，如果你能传达一些特别的信息，潜在客户就会对你的文章及演讲感兴趣（当今的客户正在遭受大量文章、演讲和研讨会的"狂轰滥炸"，内容大同小异，都是泛泛而谈，客户根本无法看出某位作者或演讲者与其他竞争对手到底有哪些不同之处）。

什么样的特别信息是你能收集到而你的竞争对手却无法获取的？显然，有可能是技术或专业方面的知识，也有可能是一般的调查研究成果。假设你以某个行业的所有主管人员为对象进行了一次意见调查，要求他们按优先顺序列出令他们担忧的行业发展趋势，列出他们最常用的解决办法，确认他们已经采用了哪些手段等。根据受访者给出的答案，你就可以得出结论，例如某个行业中百分之多少的主管人员采用哪种方式，百分之多少的人员认为什么是行业面临的最大威胁等。这些信息的技术性或专业性可能并不强,但是你却提供了任何一家潜在客户都想获取的事实数据,因为每一家公司都想了解它与其他竞争对手的对比结果(问一问自己听过多少次客户询问"还有谁在做这项业务""其他公司在做什么""我们和你的其他客户相比如何")。

许多专业服务公司在这方面的工作组织得很有条理,而且成效显著。比如,有的专业服务公司获得了客户行业协会对调研工作的赞助(和指导),这样做有两个明显优势。首先,被赋予了"官方调研"的光环,这家专业服务公司会被客户视作第一手信息来源;其次,行业协会有时会承担部分或全部的调研费用。除了为写文章、召开研讨会及演讲内容提供支持性的论据之外,调研成果还会被其他出版物引用,产生额外的公关效果。

替补手段

我一再强调举行研讨会、发表文章、进行演讲和调研的重要性并不意味着其他营销手段没有用处。在一定程度上,它们都能发挥作用。真正的问题在于哪种手段最有效,哪种手段带来的投入回报最大。当我们谈及社区服务和担任一些民间组织的职位,与潜在推荐资源(比如银行家)建立关系的时候,就需要着重强调这一点。在许多专业服务行业中,这些方法是传统的业务开发手段。每家公司似乎都有一个业务开发奇才,能从高尔夫球场、剧院、鸡尾酒会等场合招揽到业务。

这些活动(尤其是在小范围的专业团体内开展)可能会十分有效。其优点在于它们都是面对面进行交流,在性质上不是"广泛传播",并且采取类似于缓慢追求的形式。我把它们归类于替补手段只是出于一个简单的原因:虽然能获得回报,但是需要专业服务公司投入大量时间。没有哪位专业人士可以通过社交活动或专业团体活动快速赢得新业务,需要通过多年的耐心相处和了解,才能获取回报。另外,根据对客户购买方式的观察,我认为"购买"专业服务的程序越来越正式,如今能在高尔夫球场上谈成的交易越来越少。

结论很简单：无论是发表文章、进行演讲还是举办研讨会，都应该融合到专业团体的活动中。专业团体的活动是很好的辅助手段，但不能替代前者。

另一个替补手段是向客户发送简讯。原则上来说，它应该是有效的营销手段，因为尽管简讯不是面对面交流，也不是发送给某个特定客户，但它是证明专业服务公司胜任能力的有效方式。然而，基于多方面的原因，简讯达不到预期效果。首先，很多专业服务公司都在使用这种方式，现有客户和潜在客户都会收到大量内容雷同的简讯（这可能意味着你需要制作简讯，但它只是让你站在了与其他竞争对手相同的水平上，并不能凸显你的优势）。在对客户多次进行调研的过程中，我经常听到客户抱怨："不要只是告诉我你们公司或业务部门有哪些发展动态，太宽泛了。我真正想要了解的是它对我们公司而言有什么意义。"

其次，简讯要定期发表，因此不可避免地会影响质量。发送简讯不是因为合伙人有新的观点或信息要与客户分享，而是出于已经计划好的发表时间的要求。如果做得好，简讯也能成为有效的营销手段。但是就像创作一篇好文章，它必须有实质性的内容、鲜明的观点以及对最新事件的分析，而不仅仅是一篇未加处理的报道。

"临时抱佛脚"的策略

许多专业服务公司在组织营销活动时，首先想到的是媒体宣传，即将公司的发展动态及成绩在商业媒体上进行报道宣传。多年来，我一直相信这一定是有力的手段，因为很多专业服务公司在这方面进行了大量的投入。然而，随着时间的推移，我开始认识到虽然被报道或成为封面人物是好事（我母亲和客户的母亲都喜欢），但没有多少证据能证明它是新业务的主要来源（我的一位客户曾被刊登在《华尔街日报》的封面上，但只收到过一个咨询业务的电话）。同前文所述一样，这里并不是说要避开媒体，也不是说在媒体宣传及报道方面不需要进行任何投入。简而言之，如果你在做过前文所述的种种努力之后还有预算和时间，那么就可以在媒体宣传方面进行投入。

同样的道理，我一直对专业服务公司注重发放宣传手册的做法感到很惊讶。许多公司似乎都把宣传手册作为主要营销工具。当然它不是，它只是等同于名片，只不过更有光泽和质感。专业服务公司必然需要宣传手册，但它的作用并不大。

几乎所有的公司宣传手册都有一套冠冕堂皇的说辞，但能证明公司专业胜任能力的内容却很少。它们通常违背了业务营销的首要原则："多介绍产品的好处，少展示产品的特点"，即要着重告诉客户你能为其创造什么价值，而不是介绍自己的公司具有哪些特点。它们也违背了"广种薄收"原则：罗列出公司的诸多特点，试图说服读者他们基本可以（或完全可以）做任何事情。显然，这种做法对读者的影响是负面的：罗列的能力越多，就越容易让客户产生这样的印象——该公司对客户的特有问题没有特别的兴趣。

如果专业服务公司计划使用宣传手册，最好能遵循两个指导原则：第一，针对各个业务领域分别制作宣传手册的效果要比全公司统一使用一本宣传手册的效果好，因为单独对一个业务领域进行详细介绍的手册对客户的特定需求更有针对性。第二，宣传手册中包含涉及特定客户的真实案例（如有必要，可以进行适当的改编），有助于专业服务公司向客户展示你具体做过哪些项目（而不是进行概括性的描述），并强调为客户带来的好处。

在"临时抱佛脚"的策略中还有举办大型研讨会这一选项，它成功与否取决于有多少人出席。只有出于一般的公关目的时，这种方式才值得采用。你可以提升知名度，这也不错，但是不会得到多少回报。如果前面提到的方法都已经使用过，就可以采用这一方式，否则就略过它。

直接向客户发送邮件推销服务的做法一般也是一个成效不大的做法，尽管在特定情形下会有效果。首先，最终的成效取决于你发送的内容。如果你发送的是公司手册或其他宣传材料，这样做不会有任何成果。但是，如果你发送的内容（比如调研报告、文章等）恰好对接收者有价值，或许接收者还会阅读并回复你的邮件。尽管是临时抱佛脚，但如果发送的是"有用的材料"，那么这种方式的成本还是相对较低的（即不需要合伙人投入时间）。

冒昧打电话推销服务有用吗？当然，每个方法在特定条件下都会发挥作用。合伙人花时间主动给潜在客户打电话值得吗？基本上是不值得的。一些大型专业服务公司把电话营销作为整体营销策略的一部分，并且和我说这样做可以争取安排与潜在客户的一次会议，如果在会前完成对潜在客户的调研，那么就可以着手进行为客户量身定制的面对面交谈了。然而，我很少见过电话营销手段比其他营销方式更有效的证据。

你应该赞助文娱活动或美国公共广播电台的节目吗？你应该打广告吗？如果有资金，当然可以。这些做法比发表文章、举行研讨会和做演讲有效吗？当然不会。

最近很流行的一种方式是制作视频宣传资料，它的效果如何呢？我看过几个效果很好的宣传视频，其原因是它们提供了具体案例，包括客户访谈（从侧面证明专业服务公司的能力），分享公司帮助客户解决难题的过程、与客户的相处之道及如何让客户获得满意的结果等。这样的视频宣传资料生动有趣、细节丰富，并且展示了合伙人是如何与客户开展工作的实际场景。它们会让观众觉得，"如果这家专业服务公司可以为其他客户做这些事情，那么它也可以为我这样做。"

糟糕的是，我也看过枯燥至极的视频宣传资料，一味地告诉客户自己的公司如何好，在地图上标出各个办公室的所在地（包括有联系的所有海外分支机构），而且罗列出200项服务。究竟需要重复多少遍呢？销售不能靠吹牛。

结论

一直令我感到有趣的是，当我邀请来自各个专业服务公司的合伙人对他们认为有效的营销手段进行排序时，我发现排序结果与我在本章中的观点大致相同。但是，当我问他们实际采用哪些营销手段时，我发现很多回答是"临时抱佛脚"的方法，而在"第一组"首选营销手段上则投入过少。所以，我认为问题的关键所在就是不要纸上谈兵，而是要付诸行动。

营销过程中存在的另外一个挑战是许多专业服务公司使用了正确的营销策略，但执行起来却没有章法：为这些人员举办一个研讨会，为那个目标群体进行一次演讲，又针对市场中的另外一个群体分享一篇文章。显然，这种做法效率低，效果也不明显。无论实施得多么到位，单独一种策略都无法实现营销目标。

无论是循循善诱还是殷切追求，营销都要有计划、有组织、有顺序地进行，逐步让客户对你和你的公司产生越来越浓厚的兴趣。如果实施得好，有计划地针对特定客户群体开展的一系列营销活动将使你拥有不可抗拒的魅力，并促使客户得出正确的结论：和你建立合作关系。

| 第 12 章 |

管理营销投入

前段时间,我协助一家大型专业服务公司在周末组织了一场对该公司的服务项目进行营销和销售的研讨会。我们就多个话题展开讨论,包括战略定位、主要目标客户群、销售技巧、客户服务等宏观方面,以及研讨会、宣传手册和行业简讯等具体营销手段的优缺点等。

在为期两天的研讨会即将结束的时候,一位与会人员站起来说:"你讲的这些内容都很有意义,但只是重复了一遍我们都已经知道的事情。为什么不问问我们一直没能使这些策略得以成功实施的原因呢?"

这番话引起了大家的热烈讨论,与会人员长篇累牍地列出了妨碍他们过去有效实施营销计划的各种管理、运营及个人层面的原因。他们确实已经知道应该怎么做、能怎么做,但却没有将想法付诸实施。

这样的情形在专业服务公司中普遍存在。大家虽然清楚地知道"应该怎样做",但过去在营销方面所做的努力却没有什么明显效果。我从这些经验中汲取到的教训是:对许多专业服务公司而言,"营销问题"往往与营销本身没有关系,它是一个管理问题,即如何确保"事情落到实处"。

存在的问题

根据我的经验，问题的关键在于大多数专业服务公司非常注重可计费工时，而在业务开发上投入的时间则属于"额外"工时，分外之事。营销是一项要求投入"不可计费"工时，而且投资效果不明确的长期投资活动。大多数专业服务公司在对这些投资活动进行管理时没有头绪。可计费工时相对清晰明了，受到的关注度高，而不可计费工时则杂乱无章，当然有时候会有成效，但更多的时候是没有人理解（或没有人愿意做）的毫无成效的工作。

有的专业服务公司试图通过对营销结果进行奖励的方式来"管理"营销工作（"我们注重的是结果，仅有努力是不够的"）。根据我的经验，这种做法是不够的。许多专业人士，尤其是那些对自己的业务开发能力不自信的人，会把业务开发看作一项没有把握的工作，即使成功之后可以获得奖励，他们也不会乐于尝试，宁愿更加稳妥地投入大量的可计费工时。因此，只对营销结果进行奖励的做法无法鼓励那些没有业务开发经验的人士参与营销工作。

另外，奖励又该如何肯定团队的作用呢？如果只是对最终的营销结果进行奖励，那么组织研讨会、写文章或做演讲的人员的贡献该如何衡量呢？任何一种方式都有可能在赢得新业务的过程中发挥重要作用，但却很难认定究竟是哪项工作对最终结果有决定性的影响。因此，也许有很多人员自愿参与制定具体、详细的项目建议书，因为这项工作的过程及结果是显而易见的，但很少有人愿意承担营销的"后勤保障"工作（比如开展专项调研），而实际上这些工作是制定项目建议书的必要条件。

许多专业服务公司只对营销结果进行奖励的做法还存在另外一个问题：赢得新客户所获得的奖励通常要高于（至少能获得更大的肯定和认可）从现有客户赢得新业务所获得的奖励。一般而言，专业人士都明白，现有客户是赢得新业务的最佳来源，但因为公司的奖励制度偏向于鼓励开发新客户，所以大多数人更愿意去追求赢得新客户所带来的那份荣耀。

这种奖励制度导致的结果是许多营销活动会被忽略，或专业服务公司无法有序、协调地对其加以管理。在专业服务公司，每位专业人士都有决定自己是否参与营销工作、参与哪些营销活动的自由。这样做会导致公司在营销方面的投入分配缺少章法，即在一些比较容易看到成果的活动上投入过大，而忽略了一些短期效果不明显但却对业务开发起关键作用的营销活动。

管理营销投入

解决上述问题的方法是：专业服务公司要学会管理营销投入，而不仅仅是营销结果。公司的所有资深专业人士都需要参与对公司的营销。大家有一个误区，认为营销和销售是特殊技能，只有少数有天分的人才能做。这种看法忽略了一个很重要的事实：公司需要开展一系列的业务开发工作，而每项工作对人员技能和行为的要求不同。例如，大多数专业服务公司应该在以下方面投入一部分不可计费工时：

- 撰写文章。
- 花时间与现有客户的高层管理人员接触，以便更好地了解他们的业务，赢得新项目。
- 开展可供发表的专项调研。
- 组织研讨会。
- 做演讲。
- 参加客户行业会议，收集市场情报。
- 开展社区活动，拓展关系网络。

这些工作都不需要什么特别的"天分"，只是对技能的要求不同。参与制定最终获得成功的项目建议书在许多专业服务公司中是最光彩的事情，但实际上，这种成功只是整个营销过程的最终结果，而不是营销的全部。一个不具备"销售"能力的专业人士也许很擅长写文章，这些文章在客户关注的杂志上发表之后可以在很大程度上提升公司的知名度。有些人也许很适合组织研讨会，而另外一些人则更善于做演讲。

对营销投入进行管理的核心是要明确业务开发在本质上是团队活动。没有谁会具备全部技能（更不用说时间）来完成业务开发所涉及的全部工作。相反，公司需要安排不同人员承担不同的工作：从现有客户及潜在客户挖掘业务机会、跟踪客户关系的发展进度、开展后台准备工作及进行公开演示。

首先要制定一项政策，要求每位合伙人都参与营销工作。我的具体建议是：为每个人设定在业务开发上应投入的最低时间标准。让每个人都清楚自己的同事在业务开发上投入的时间与自己一样多有助于激励每个人尽心尽力地完成自己的任务。不要限制合伙人对营销活动的选择，要让他们最大限度地发挥自己的优势，但前提条件是每位合伙人都必须参与业务开发工作。

在大多数专业服务公司中，除了合伙人之外，还应该让有经验的员工参与业务开发工作，他们是尚未得到充分开发和利用的富饶资源，而且在专业人士的职业发展早期就开始逐步培养业务开发技能是有明显优势的。虽然资历比较浅的专业人员不一定适合做演讲，但他们可以撰写文章、准备研讨会、对客户需求进行调研等。

对初级专业人员（和业务开发新手）而言最理想的业务开发对象就是他们服务的现有客户。很多积极鼓励更多人员参与业务开发工作的专业服务公司经常会发现大家对学习"销售技巧"有抵触情绪，而对学习维护客户关系的技巧则更容易接受（或者说是更有热情）。实际上，这两项工作所需要的技能是一样的。在服务客户方面表现出色的人才通常也是销售成绩最出色的人才。这两项工作都需要掌握以下技能：了解客户的业务、倾听客户的需求、提出恰当的问题、说服客户、及时跟进等。

如果公司希望鼓励更多的人员参与业务开发工作，就应该奖励那些努力去尝试的人，而不能只奖励那些成功赢得新客户或新业务的人。万事开头难，任何人在刚刚开始学习一项新技能的时候都会遭遇挫折和失败。为了鼓励大家坚持尝试，公司应该对员工在业务开发过程中所做的各项努力给予认可和表扬。这样做有助于公司逐步扩大业务开发工作的规模，培养员工的业务开发技能，进而为将来赢得更多新业务做好铺垫。管理"投入"

而不是"结果"意味着营销工作不能单纯地"依靠数量来管理"。公司必须制定一个有组织的、以个人为核心但又能凝聚团队力量的营销规划。

小团体的力量

为了有效管理营销工作，专业服务公司应该组建若干个由专业人士组成的小团队分工合作，各自制订和实施他们的营销行动计划。这种小团体合作的模式有诸多好处。

多个小团体（而不是几个大团队）协作开展营销工作的方式有助于鼓励专业人士更加专注于具体的营销任务或活动。每个人可以选择加入他最感兴趣的团队，比如只专注于某一个目标行业或者特定领域的团队。因为加入某个团队之后，就有特定的同事及目标客户群体（新客户及现有客户），每个人在营销工作中就不会感到孤立无助或缺乏方向，同时也避免因很多人共同负责一项目标并不明确的营销工作而感到茫然无措。组建营销工作重点明确的团队（而不是面面俱到的团队）有助于提高营销时间的利用率。

通过对团队成员在业务开发上投入的不可计费工时进行统筹规划，团队可以为它所负责的各项具体的营销活动制定合理的"时间投入预算"（当然，不同团队为满足各自目标市场的不同需求将开展不同类型的活动）。这样就可以实现一个既协调又有组织的整体规划。这种方式也有助于避免一些常见问题的发生，比如，专业人士可能会发现组织研讨会并不是他最感兴趣的事情，但通常还是会为了共同的目标而接受这项工作。

共同制订计划、分配责任的团队更加有利于团队成员坦诚相待。如果是对自己的同事负责，而不仅仅是对管理层负责，那么团队成员落实既定任务的可能性就更大。另外，团队也是提供指导、传授技巧的最佳平台。在团队中，业务开发新手有机会与具备丰富经验的人一起工作，而且不会成为后者的负担。团队为每一个没有业务开发经验的人提供支持和引导。

以小团体的形式开展营销活动也有助于提升团队合作能力并鼓励各个

团队之间展开竞争，如果管理得当，这种竞争不但不会妨碍公司的内部团结，还会为公司注入新的活力。比如，定期（例如每个季度）公开讨论每个团队的工作进展（不仅仅是工作成果）可以为团队成员积极落实自己的任务提供额外的动力。如果要求每个团队定期在合伙人会议上汇报自己的工作，团队之间可以互相督促、彼此提醒。

在组建团队时，一定要注意把对某一个市场或行业拥有共同兴趣的合伙人安排在同一个团队中。因此，最好让每个人自己选择团队。要使团队发挥作用，团队成员必须互相依赖和支持，即必须是一个真正的团队。如果团队成员是由别人指派而非出于自愿，团队合作就很容易变成纸上谈兵，因为团队成员看不出彼此要在一起工作的必要性。

团队分配不需要也不应该固定不变。团队思维由于惯性会变得过时、落后，缺乏创造力。一旦出现这种情况，专业服务公司应该对团队进行调整，将经常不在一起工作的合伙人安排在同一个团队中。

如何对团队进行管理很重要。应该要求团队制订详细的行动计划，为每位成员分配具体工作任务，然后交由公司主管合伙人或业务主管合伙人审批，公司领导只接受做出明确行动承诺的营销方案。在绝大多数情况下，营销计划只是罗列了一系列宏观目标（例如提升公司知名度），实际上，营销计划越具体越好，而且每项任务的实施结果要易于监督和衡量。

团队计划应该包括在每项任务上投入的时间预算，这对于确保相关计划的合理性是很有必要的。我们要从两个角度考虑：首先，要为每项任务分配充足的时间以保障完成质量。这看似很简单，但我也确实注意到一些不可能在预计时间内完成的营销计划。团队没有完成任务自然会感到沮丧，从而可能放弃整体工作计划。同管理层一样，公司主管合伙人或者业务主管合伙人的工作是要设定远大但可以实现的营销目标。

其次，把团队的时间预算与公司可用于业务开发的总时间进行对比。显然，提前把团队所有可用于业务开发的时间都规划好并不理想，因为如果这样做，就无法给预料之外的一些业务机会、现有客户可能产生的新需求或其他无法预见的营销活动留出时间。根据我的经验，比较妥善的做法是把三分之二的时间提前做好安排，同时预留出三分之一的时间来处理意外事件。虽然情况各有不同，但我认为以 3 个月为一个规划期比较理想。这样一年有 4 次跟踪项目进度（调整工作重点）的机会，既能充分发挥监督作用，周期长度又足以实施已经计划好的大部分营销活动。

负责对团队营销工作进行监督的公司或业务主管合伙人也应该对团队在各类营销活动上的时间投入计划提出反馈意见。团队在新老客户的投入上是否达到平衡？在挖掘业务机会和跟踪并赢得项目上投入的时间是否达到平衡？团队应该重点关注少数几个客户还是针对更广泛的客户群体开展营销工作？如果提前制订好营销行动计划并进行讨论，主管合伙人可以对公司在业务开发上的投入方向进行把控或产生重大影响。

这样的运作机制应该以"行动承诺书"为基础，让团队做出便于执行、落实和监督的郑重承诺。主管合伙人与各团队协商讨论营销计划有助于合理解决团队在确定各项营销任务的优先顺序时遇到的难题，进而促使团队专注于那些切实可行的营销活动。团队负责人必须确保把各项工作落实到具体的个人，避免出现三个和尚没水喝的局面。因此，团队中的每名成员都要在"个人行动承诺书"中列出自己的具体责任，并说明各项任务对实现团队总体目标的作用和意义。

同时，在讨论过程中，公司领导层也有机会深入了解每位专业人士的个人目标、优势和发展方向。随着时间的累积，公司管理层（和团队负责人）可以更有效地对营销工作进行把控，把个人发展方向和兴趣一致的人员分配到一个团队中，并有针对性地为他们提供更好的支持和帮助。

合伙人（和团队）应该从小处着手，从点滴工作中取得成绩。业务开发对很多专业人士而言是一项陌生的工作，对一部分人来说甚至是比较痛苦的经历。在营销工作中经常会遭遇挫折、拒绝和失望，克服这些障碍对很多专业人士而言都是一个不小的难题。因此，一对一的辅导很有必要，这也是团队负责人必须承担的一项最重要的职责。要想掌握新技能，仅仅靠设定目标并监督目标的完成情况是远远不够的。

团队和个人的工作成果都要采取面对面的方式进行监督，并由团队之外的业务主管合伙人对营销计划、活动方案及工作成果进行审阅、评估。备忘录和汇总报告很容易在存档后就被抛在脑后，而且也不能完整记录工作过程中取得的成果及尚未解决的问题。因此，以小组会议、面对面谈话等互相监督的形式来"扪心自问"、考核工作成果和设定新目标是很有必要的。只有通过这样一种能证明公司关注、认可每位成员的努力和付出的方式，团队才能保持持久的动力和活力。

结论

如果说营销是一项投资活动，那么就要把它当作投资来进行管理。根据我的经验，大多数专业服务公司在业务开发上存在的问题不是投入的时间过少，而是因为缺乏有效的组织和管理，大多数时间都白白浪费了。在大型专业服务公司，合伙人的数量不少，他们在投入多少时间、工作重点是什么及如何开展具体工作等方面都是由自己做主的，结果就会导致公司的业务开发活动毫无章法、没有成效。

上文提到的小团体合作模式实施起来非常简单。它只需要公司组建小团队，让每个团队提交具体的行动方案，明确每位成员应该承担的工作任务，然后定期监督每个团队的工作进展。虽然简单，但很多专业服务公司依然无法达到组织这些活动的基本管理水准。如果专业服务公司计划采用这种管理方式，其需要：

- 对自己的投资做好规划，明确重点领域，确保有的放矢。
- 鼓励专业人士更广泛地参与业务开发工作。
- 开展监督，确保每项任务按计划完成。
- 鼓励每位专业人士发挥自己的优势。

这些步骤虽然简单易行，但它带来的回报却不容小觑。

· 第三部分 ·

关于人力资本问题

MANAGING THE PROFESSIONAL SERVICE FIRM

| 第 13 章 |

关注自己的资产

在 39 岁那一年,我刚刚度过自己作为管理顾问的职业生涯的第一年,我决定对自己进行一次"盘点"。我的职业发展状态如何?我很快就发现了一个令我十分困扰的矛盾点:我的利润表反映出来的盈利状况不错,但我的资产负债表却在严重恶化,使我走到了结束职业生涯、濒临破产的危险边缘。

在我开始从事咨询工作之前,我曾经发表了几篇文章,引起了一些目标客户的关注,我还拥有在哈佛商学院从事 6 年半教学工作的优势。后果就是:我极其忙碌。而且,我根本不需要去开发业务(或者说是开展营销和销售工作),因为总是会有客户打电话来邀请我为其提供服务,我在这些客户所属的行业领域中已经有一定知名度(崭露头角)。

我不仅非常忙碌(可计费工时占比大),而且因为我总是被聘请去做那些于我而言早已是轻车熟路的工作,我在收费水平上也基本不会遇到什么问题(我的"收费实现率"很高)。我赚了很多钱,比我预期的还要多。一切看起来都很好。

但是我的业务(或者我的职业生涯)发展状况真的健康吗?我记得在

商学院培训课程中学到的是：除利润表之外，还必须根据资产负债表来判断公司的财务和经营状况。我的资产负债表的组成要素有哪些？对一名专业人士而言，我能考虑到两组资产（在这里，我们先暂时忽略负债，尤其是那些个人负债）。

我的职业生涯主要依赖两组资产的支撑，第一组是我的知识和技能储备。专业人士按照他所付出的时间收取费用，但时间并不是我们真正出售的东西，我们出售的是知识和技能。第二组（潜在的）资产是我的客户关系。令我感到十分惊讶的是，我发现这两组资产都在严重恶化。

在知识和技能储备上，我遇到的问题是我没有学到任何新东西。可以肯定的是，那些主动打电话请我帮忙解决的问题都是我所熟悉的。尽管每个客户项目都要求量身定制解决方案（在一定程度上），但我发现自己基本上还是在协助不同的客户做类似的工作。我的能力并没有任何提升。令我更为震惊（和沮丧）的是，我不仅没有任何新增资产，而且我的现有资产在市场中的价值还在急剧下降。如果不加管理，知识和技能会像所有资产一样贬值，而且速度快得惊人。

在我刚刚从事咨询工作时，我在文章中表达的观点和想法（我的业务正是靠它们而诞生的）对市场来说相对新颖，因此我能够在对相关问题提供咨询意见时赢得高额报酬。但是，在未来的每个月（而且，我可以预见在未来的每一年），市场愿意为这些观点和想法（以及相关技能和知识）支付的价格会越来越低。或许，我仍然可以向更多的潜在客户出售"同样的陈年旧货"，但是如果我一直这样做，我的技能终将落伍、失去价值。

这种危险的苗头早就有所显现。有客户朋友告诉我，人们都在说："哦，我们邀请梅斯特来讲述他的观点，除了老一套，他还能说点新东西吗？"即使是长期合作的客户（我有一些），当我第二次甚至第三次还像第一次那样为他们做同样的工作时，他们对我工作的评价显然不会像第一次那样高。很明显，我的资产价值正在下跌。

关于第二组资产，即我的客户关系和声望也有一个比较奇怪的问题。如果我出版一本关于个人职业生涯（或履历）的小册子，它看上去成绩显赫，能给人留下深刻印象。我曾为很多家在各大行业中赫赫有名的客户提供服务。它会让人感觉我的客户和联系人名单像是一笔宝贵财富。但是，它真的有价值吗？

大家很快就会发现，只有当下次客户所遇到的问题正好与我的专长领域相关时，我的客户关系才会有价值，我也才更有可能获得这份工作。从这一点来看，我的客户关系还是有些价值的，但事实并非如此。我意识到为不同的客户做"同样一件事情"（或者有限的几件事情）意味着我并没有在真正意义上去拓展客户关系，进而提高自己赢得客户下一个（有新意的）项目的可能性。

我意识到客户关系的价值不能用客户数量来衡量，也不能根据客户的声望来判断，而是取决于客户关系的深度。我认识到，如果我只为少数几家客户服务，但为它们做各种工作，这样它们就有机会看到我的各种技能，而且也更加愿意在有新的项目机会时继续与我开展深入合作，努力去了解我、信任我，这样我的第二组资产质量会更好。

当我努力在随后的几年内解决这些问题时，关于职业生涯的一些更为严峻的事实开始显现出来。不幸的是，我发现去承接为自己积累资本的工作比出售我早已知道的知识、早已成体系的方法、早已在文章中表明的观点和早已被大家参考过的东西要难。如果我在业务开发中采用阻力最小的方式（即出售那些最容易出售的东西），那么我的资产很有可能在流失，而不是在累积。

其次，我感到相比于做那些我早已驾轻就熟的事情，做那些累积资产的工作通常更有压力，也缺乏乐趣。做那些难度最小，我也感到最惬意的工作未必对我的职业发展最有利。实际上，这样做对我的职业发展极少有利。我意识到，在专业服务生涯中，如果过得太安逸，麻烦就会随之而来。

总之，我明白除非我积极做出改变，否则即使我还是可以挣很多钱，但我的职业发展前景亦会每况愈下。良好的财务业绩对我的成功而言是一个必要条件，但却远不足以成为一个充分条件。推动自己的职业生涯向前发展，甚至是保持现有水平，需要保持清醒的头脑，持续不断地付出努力。

同时，也有两个好消息。第一个好消息是，我发现，如果我计划做出改变，没有必要在我的资产负债表和利润表之间做出取舍。如果我在业务开发工作上足够勤快和聪明，那么我忙碌的工作是在累积资产而不是消耗资产。而且，如果我做得对，我在学习、发展新的项目类型时应得的报酬一定高于我出售"陈年旧货"获得的报酬。我当前的收费水平和收费实现率不会受影响，我只是必须学会管理好我的工作流程，确保能不断学到新技能，并一直持续下去。

第二个好消息是，我很有可能被聘请去做那些我还没有任何成体系的方法、没有其他可供参考的方案、几乎没有任何实践经验的项目。转机是什么？新客户不可能聘请我做这样的项目，但一个现有客户在当前项目的实施过程中很有可能会通过观察我的工作举措来信任我，或许，如果我能把握机会、扬长避短，客户就会给我这个机会。我发现，把业务开发时间投入到现有客户身上更有利于我积累资产。从现有客户获得的第二个（或第三个）项目肯定比从新客户获得的第一个项目更能加深我对知识的理解、拓宽专业技能并更加有助于累积客户关系这项资产。

那是我从事咨询工作的第一年中学到的东西。从那时起，我认识到这些经历并不只是职业发展初期会遇到的问题。事实上，在随后的几年中，我越"成功"，在过度开发现有技能和客户关系上受到的诱惑就越大。我不得不更加努力地工作，管理和检查自己的资产负债表，让自己与时俱进。

在对来自很多国家的不同服务行业中的数以千计的合伙人进行观察后，我总结出了一些教训（见表13-1），它们不仅适用于我，而且能给处于不同职业发展阶段的每位专业人士带来启发。

表 13-1 教训

教训 1

你现在所知道的、所能做的以及对你当前成功起重要支撑作用的资产都会不可避免地贬值，除非你积极地学习新东西和掌握新技能。持续不断地充实专业知识与技能是整个职业生涯的必选项，而不是可选项。以前，或许还有可能因为你在某些方面有专长而成为合伙人，然后你可以靠自己的专长度过余下的职业生涯。这样的时代已经一去不复返。从你开始认为你知道是怎么回事儿的那一刻起，你就已经"玩完"了

教训 2

职业生涯的发展状态在很大程度上并不取决于项目的数量，而是你做的项目类型（是否对你的学习、成长和发展有帮助）以及你为谁服务（是否有助于你逐步赢得一些重要客户的信任）。在任何一个专业服务行业中，不同的项目类型能为你创造不同的学习机会，因此也决定了你的职业发展进程，所以你必须学会选择项目工作的类型

教训 3

无论你多么忙碌，你都要积极参与和承担业务开发工作（营销和销售），这也是对你自己及你的职业发展负责。如果依赖公司中的其他人为你寻找项目，那么你就把自己的职业发展权交给了别人，这种做法的风险太大。如果你依赖业务自己找上门，那么你很有可能面临的局面就是"资产流失"，而不是"资产积累"。营销和销售工作的内涵是真正意义上的业务开发：影响你所服务项目的定性内涵，然后用你的工作经验继续拓宽职业发展道路

教训 4

资产积累涉及的是对职业长期发展状态的相关事务进行管理，你最好自己来负责这项任务。不要等待公司去制定反映资产负债表和利润表的重点关注事项的正式政策。公司可能应该这样做，但不论公司如何做，你自己开始做是对自己负责

教训 5

你不能理所当然地认为公司"要求你做的事"对于你的资产积累总是好事。例如，如果你早已在某个特定领域中具备丰富的经验，那么当公司中的其他人遇到该领域的问题时，他们每次都会请你负责解决。如果你从不拒绝，别人就会过度开发你的资产。你在公司中是一个"老好人"，但是你也必须学会把握平衡，同时考虑哪些工作对自己的职业发展有意义

教训 6

专业人士可能犯的最愚蠢的错误是对现有客户的业务开发投入不足。现有客户不仅更有可能给你带来新业务，而且新业务（如果你努力争取）还有可能会有助于提升你的专业技能及客户关系等资产的价值

制定解决方案：个人战略计划

积累资产需要制订一个能让你的资产在市场中不断升值的计划。你必须想办法（继续）学习目标客户所看重的知识与技能。本质上，我们都需

要为自己的职业发展制订一个战略计划。

除积累各种实践经验之外，你还能采取哪些方式来促进自身学习？大多数人一般靠顿悟，而不是系统的学习来获得新技能和新知识（这是唐纳德·舍恩的说法）。但是，对"随机"学习不能过度依赖。要想有成效，就必须设定具体的学习目标。

麻烦的是，这需要集中注意力。像大多数专业人士一样，我也希望在工作中接触到各个领域。我有广泛的专业兴趣，热衷于学习新知识。但是，根据我的自身经验以及我对众多专业人士的观察，我发现如果你想积累一项真正有价值的资产，那么你必须集中精力去学习和掌握特定的专业知识和技能。

这一点非常有道理，不仅仅因为集中注意力可以把零碎的知识累积起来，加速价值提升的过程，还因为（随着每个专业服务行业的竞争日益激烈）客户无可争辩地会更重视各领域的专门化知识。如果我们想让自己的资产在市场上有价值，我们必须考虑客户对价值的定义是什么。

在过去的每一年中，我不断地感受到了客户对专业人士在其业务领域所具备的专门化知识的重视程度（客户希望专业人士熟悉它们的行业，还要对它们本身有所了解，比如家族企业、政府机构、民营企业、《财富》500强企业或跨国公司）。这也并不是说100%的工作时间都用来为同一个行业的客户服务，而是指要充分了解客户所属行业的发展动态，并有丰富的经验制定应对措施，能够与客户就行业问题进行沟通交流，并且在为客户提供咨询意见时，客户不需要对我谈及的任何一般性原则和专业术语进行"转换"去对应其特定说法或情形。

例如，根据我的经验，有些（看上去"简单"的）任务，比如坚持每月认真阅读客户的行业杂志、简讯、行业协会的资料等，让我在客户眼中成为更有经验的咨询顾问。这也促使客户认识到我可以为其创造更大的价值。有时候阅读这些材料（或者参加客户的行业会议）看起来与"职业发展"无关，但我提醒自己，在客户的眼中，我的资产并不仅仅是我的专业技能。对于客户而言，如果我能针对客户的实际情况和特点来应用我的专业技能和技术能力，那么客户才会认为我的这些资产是有价值的。

选择一个行业（或"客户类型"）为重心是很多担心过度专门化的专业人士所面临的难题。一开始，我非常希望能为不同的行业（或者，更准确一些是指专业服务行业）服务，也遇到了一个共同问题。我是如何达到既有宽度（为来自不同行业的客户服务，既有乐趣，又有成就感），又有深度（掌握客户真正重视的关于某一个行业的专门化知识）的终极目标的？

根据自身经验及我对其他专业人士的观察，我总结出的正确方法是先有深度再有宽度。第一步先专注于服务某一个特定行业的客户，你将更快地积累客户认为有价值的专门化知识和技能，然后更快地接触其他项目类型并积累客户关系资源。只有在完成第一步后去拓展宽度才是明智之举。如果顺序恰恰相反，宽度优先，那么你将在广泛领域内积累众多零碎的知识，泛泛地建立许多没有太大价值的客户关系，这不是快速学习专业技能的最佳策略。

区分清楚知识和技能很重要。快速积累知识相对容易，但是也会快速贬值。掌握新技能比较难，但是它们的价值可以在较长时间内得以维持。而且，我还认识到把技术性技能和咨询技能区分开也很重要。

学习和掌握专业性、技术性的技能当然是让职业生涯始终保持生命活力的最低要求。但是，通过对律师、会计师、咨询顾问及其他专业人士进行仔细观察后，你会很惊奇地注意到只有极少数的人能够仅仅依靠技术能力实现职业发展。这些极少数的人是各个行业的大师级人物，是火箭研发科学家，是顶尖的脑外科手术专家，他们得到了市场对其地位的承认，即与其他竞争对手相比，他们更接近于其专长领域的最前沿。

对于其他绝大多数的专业人士（包括我在内）而言，单单依靠技术性的技能是远远不够的。我得出的经验教训是（有时候是通过比较辛酸的经历换取的教训），为了成为客户眼中有价值的专业人士，必须掌握各种人际交往的技能，我将其划归为咨询技能。

如果专业人士不仅仅是为客户解决问题，告诉他们应该做哪些工作，而且能帮助客户加深对各项工作的理解，那么专业人士对客户而言将更有价值。比如，帮助客户从一个新颖的、更具启发性的角度看待问题，帮助客户了解各个选项以及每个选项的优势和劣势。这项工作听起来很容易，但它其实是一项技能，同其他所有技能一样，需要通过实践才能掌握。据我观察，有些专业人士在这方面做得很出色，而另外一些人（可能是包括我在内的大多数）则需要改进。不容置疑的是，客户高度重视专业人员在这个领域的有效性。提高咨询技能也有助于个人积累资产，建立良好的职业发展前景。

还有一些其他技能也属于咨询能力的范畴。大多数专业人士发现他们至少会和客户的一名高管一起工作。因此，如果专业人士具备与不同团队灵活打交道的能力，能够帮助客户在内部形成前所未有的统一、协调、解决不同意见等，那么专业人士将为客户创造更大的价值。另外，我发现这些技能并非不常见，恰恰相反，大多数专业人士在工作中会经常使用到这些技能。

如何加速资产积累

基于上述想法，在过去几年中，我努力管理自己的业务结构并取得了成功。我非常有幸地承接不同类型的项目，这些项目非常有趣且富有挑战性。不久前，我对自己进行了一次测试。

"好吧，大卫，"我对着镜子中的自己说，"一年前你不知道或者不能做的那些事情中，你现在懂得多少，又会做多少呢？从哪些方面可以看出你与一年前相比成了一名更好的专业人士？"

我看到自己的脸红了。"我知道自己学到了一些东西，"我回答说，"但我不确定我是否能清楚地告诉你是什么。""为什么？"我问自己。

"你看，问题就在于此。我获得了许多有趣的专业咨询体验，但我不确定我是否能具体指出它们教给了我哪些东西。我有成功的地方，但我从来没有敦促自己去总结每个项目究竟在哪些方面做得好——我总是马不停蹄地开始自己的下一个项目。我也有失败的地方——项目工作并没有按照原定计划完成。我总是急于开展下一步工作，无暇回想问题究竟出在哪里。即使我回想了，我也不得不承认，我更可能把原因归咎于客户（'这些糟糕的客户'），而不去考虑自己怎样才能把事情做得更好。"

我是在和自己聊天，于是就无所顾忌地开起了玩笑。"问题就在于，有些人拥有5年的经验，而有些人则将同1年的经验积累了5次。"区别当然就在于学习能力。经验是最好的老师，但你也必须完成自己的家庭作业。

我认识到，如果我想积累知识和技能，仅仅拥有广泛的经验远远不够，我必须从中学到东西。我从别的地方摘录了下面这句话，但记不清出处了。我非常钟爱这句话，因为它对个人资产的积累概括得非常到位。

> 我们是谁，是由我们的经验决定的，我们的经验，是由我们能做什么决定的，我们能做什么，是由我们学到了什么决定的，我们学到了什么，是由我们对事物的理解决定的。

这句话给我们的启示是，就如同我对着镜子中的自己讲话这种方式一样，个人成长的关键在于花时间回想自己做了什么，你能从中学到什么。

我发现以下四种"总结"方式对学习有很大的帮助，包括：
- 自我反思。
- 团队总结。
- 客户反馈。
- 同事反馈。

首先是自我反思。我发现如果我迫使自己仔细审视自己的工作过程，在项目结束时花时间思考"哪些方面做得好，原因在哪里，哪些方面做得不好，原因在哪里"，我几乎每次都能总结出经验或教训来帮助自己下次做得更好。对我自己而言，我发现如果我做好笔记（比如坚持写日记），我就更容易记住和应用这些经验。

团队总结的目标和问题与自我反思相同。但是，客户反馈却能带来一个全新的视角。要求客户与我一起审阅项目成果，并在回顾项目执行过程时让客户告知"我们"（客户和我）在哪些方面可以做得更好，如果下次有机会合作，我们可以做哪些改进。我发现这种方式为我积累资产提供了极大的帮助，尤其是在那些对客户而言很重要，但我因迫于时间压力，一心只想"把项目做完"而容易忽略的方面，这种方式的效果更显著。

有组织、有计划地定期邀请客户对你的表现进行评价将带来巨大好处。根据我的经验，如果你提出这项要求，客户一般会诚实地告诉你应该在哪些方面进行改进。通常你已经意识到了客户指出的问题，但是客户把这些问题明确地指出来能迫使你去面对（和处理）这些尚不完善的方面。许多专业服务公司在这方面付出了很大努力，包括邮寄调查问卷。不论你们公司是否采用这个方法，我的经验表明，征询客户反馈意见的做法对专业人士的个人成长非常有益。因为这种做法不仅有助于提升专业人员的技能，而且是巩固客户关系强有力的手段。

利用每个机会与同事讨论你的工作，你将会从同事提出的问题中总结出相关的经验和教训。这些问题包括：为什么你要采取这个方式？如果你那样做的话，将会产生什么样的结果？

有助于学习和提升技能的其他手段也要考虑。专业人士需要掌握的很多关键的人际交往技能都可以归入被我称为"客舱乘务员测试"的分类中。航空公司会教客舱乘务员在 35 000 英尺⊖的高空如何处理醉酒滋事事件。航空公司甚至会教导乘务员按照事先准备好的脚本就能平息这类事件。但是，知道应该怎么做容易，而在现实中能真正把事情"摆平"却完全是另一回事。

所以有时候需要使用一些咨询技巧。例如，在避免使用粗鲁、对立和挑衅的方式的前提下，你会如何告诉客户他做错了？做好这件事情需要的

⊖ 1 英尺 =0.304 8 米。

是技巧而不是知识，一个没有掌握这项技能的专业人士很难在职业发展上取得重大进展。当然，答案源于实践，但必须在一个你能经受住失败、能用心观察和审视自己、能尝试不同方法且有助于学习的环境中实践。这就需要借助排练和角色扮演的方式。有的专业人士能够在为客户提供服务的过程中通过重复练习来快速掌握这些技能。但对于大多数人而言，做一些模拟训练将会有很大的帮助，尤其是在面对摄像头时效果更好。

另外，与其他领域的专业人士开展项目合作也是一个好办法。我们在工作中不断学习和提高，如果你有机会和来自其他领域的顶级专家在同一个项目上一起工作，你会学到更多。而且这种学习方式不需要阅读任何研究著作，也不需要进行任何"线下"排练。你只需要明确谁可以教给你哪些东西，并通过适合的方式（即使是向客户配套销售其服务）与他一起开展工作。

结论

无论你是 25 岁还是 45 岁，你都要保持危机感，定期反思自己的职业发展方向在哪里。以下这些问题值得你深思：

- 从哪些方面可以看出，与去年相比你个人在市场中更有价值？
- 为了提升自己在市场中的价值，你有哪些规划？
- 明年你计划掌握或提升哪些新技能？
- 未来 3 年，你在职业发展上的战略规划是什么？
- 未来几年，你会通过哪些努力让自己在市场上更有竞争优势？
- 确切地说，你希望在哪个领域树立声望？

| 第 14 章 |

如何建设人力资本

专业服务公司的管理者总是将大量时间花费在扩大市场和销售公司的服务上,但很少考虑提升"产品"品质,即员工的知识和技能。实际上,这些"产品"的品质才是吸引客户购买专业服务的关键所在。

在面对知识和技能不足的窘境时,专业服务公司的速效解决方式层出不穷:如果我们需要打入一个新市场,那么就从外面招聘熟悉新市场的员工。如果我们需要提升合伙人在某个特定服务领域的技能,那么就派他们去参加继续教育课程。如果我们需要通过培训来强化初级员工解决问题的能力,那么就在每周六安排一次培训会议或者编写一本应用指南。

每种解决方式都能发挥一定的作用,但却忽略了从本质上去解决问题:要扩充公司的人力资本,即员工的判断力、知识、经验和能力等综合素质,必须在各个层面上付出不懈的努力。

很难对"专业技能"一词做出精准定义。专业人士的真正价值在于他们能做什么,而不是他们懂什么,例如,开展有效的客户访谈、赢得客户的信任和信心、了解客户的真正需求、对每个问题的处理做出正确判断和决策。专业知识可以从书本中获得并且容易分享,而专业技能却只能通过实践来提高。

同所有技术工种一样，专业服务领域的专业技能也是通过从学徒做起、经过日积月累而练就的。显而易见，快速有效地推进学徒培训工作必定会使专业服务公司受益。通过提升初级员工的专业技能，公司可以扩充自己能够出售的"产品"资源：专业判断力和才能。那么，在我研究过的很多专业服务公司中，这一点为什么被忽略了呢？

工作分配

比如说，让我们考虑一下工作分配问题。大多数专业服务公司承认，对于初级员工而言，他们被分配的任务类型，接触到的各种案例、行业和客户以及与他们合作的资深员工的组成结构将在很大程度上决定他们的发展方向。毕竟，专业技能的掌握和提升源于工作实践，而工作实践又是由分配给他们的项目决定的。

然而，在项目的人员配置及任务分配方面，很多专业服务公司缺乏规划，甚至是毫无章法。建立工作分配委员会可能是一个可行的办法，但是，日常的工作压力往往又使该委员会形同虚设。初级员工被分配到任务最繁重、工作压力最大的项目上或者被安排与最严厉的资深合伙人一起工作。尽管公司会定期召开关于促进职业长期发展的会议，但实际上，工作分配常常局限于短期利益。

公司内部的自由竞争机制对实现优胜劣汰确实有好处：为了在竞争中求生存，即"获得职业发展"，年轻的专业人士必须主动展示自己的才干。他们既要学会区分哪些是日常性的工作项目，哪些是给自己带来更多技能的真正值得去争取并付出努力的工作，也要善于和他人进行有效沟通以争取到最有利于个人职业发展的工作；既能让公司中或项目上有影响力的合伙人对自己充满信心，又要懂得避开一些其他人员。为了有机会参与更重要的工作，他们还必须懂得如何在日常工作中分配自己的时间。总而言之，初级员工要学会在公司内部展示自己的才干，懂得如何让工作繁忙的合伙人抽出时间向自己传授经验。这需要勇气、个人魅力、人际交往技巧和判断力，而这些也正是资深专业人士在与客户打交道时使用的技巧。

公司内部的这种自由竞争机制很符合达尔文的进化论：适者生存。表现出色且有发展前途的年轻员工将会有更多的机会被资深专业人士选中，参与对个人成长最有帮助的项目，他们在公司中的发展势头就会呈现螺旋状上升。"弱者"，即没有发展前途或止步不前的人员会陷入日常的事务性工作中，他们无法获得太多学习机会，在公司中的发展趋势呈螺旋状下滑。这就是适者生存的理论，也是很多专业服务公司中实际存在的情况。

这种优胜劣汰的机制在那些初级员工占比大，个人发展和晋升机会有限的专业服务公司中最常见。这类公司可以接受甚至期待出现初级员工的高流动率。对于这类公司而言，如果大多数初级员工注定要被淘汰，那么在初级员工培训上的投入就可能是一种浪费。一旦"明星学员"被挑选出来，合伙人只会针对这些精挑细选的少数人投入时间和精力，给他们辅导、指引和培训。

但是，这样一个没有人情味、又有可能造成资源浪费的淘汰机制对许多专业服务公司来说是会造成伤害的。对于大多数专业服务公司而言，扩充人力资本的目标是在最大程度上培养年轻人，只有这样做，公司才能不断积累和丰富其向市场出售的专业技能。因此，专业服务公司也在逐步要求员工委员会和/或业务部门负责人更加认真地做好工作分配计划，以便处理好员工的职业发展，客户对工作质量、成本效益和服务效率的要求，以及员工自身偏好这三者之间的矛盾。

推动工作分配机制的有效管理和运作并不是件容易的事，以本节开头提到的工作分配委员会为例，除非这个委员会是由真正有影响力和实权的人士组成，否则即使在公司内部通过正当途径分配工作的过程也难以有原则地执行。另外，短期内的工作压力常常也迫使公司不得不以牺牲长期目标为代价。为保证这一体制的正常运作，必须使公司内部对工作分配问题的重要性达成统一的认识，并让大家共同付诸努力。同专业服务公司的大多数管理问题一样，赢得大家的支持和配合是公司领导层的职责。

辅导

当然，工作分配只是人力资本扩充计划的一部分。一名初级员工可能已经获得各种类型的项目经验，但这并不能保证他掌握了工作所需的技能。这两者之间的关键区别就在于做出正确判断的能力。把项目经验转化为可以运用的知识和技能需要有针对性地辅导和指引员工，即每位员工都要参与到"传道、授业、解惑"的过程中。

一位资深专业人士曾这样描述他对这项工作的理解："如果我想把我所掌握的技能传授给我的员工，那么从制订项目计划、了解各项工作任务对实现项目目标的意义，到分析项目实施过程中遇到的各个问题，我会让他们积极参与到每一个步骤中。我不会让他们参加客户会议，除非我准备和他们讨论、分析我为什么这样处理客户遇到的问题，否则让他们参加客户会议又有什么用？这无益于他们理解影响我做出每一个决定的具体因素。我不想教他们'怎么做'，而是要引导他们'怎么想'。"

做一名好教练或好导师并不容易。这需要真心帮助初级员工取得进步，而不仅仅是评估他们的工作表现。导师必须确保为学员分配的工作任务有挑战性、有难度，但又在学员的能力范围之内，并且要及时、详细地对于学员哪些方面做得好、哪些地方有待提高给予反馈。

我所提到的这位专业人士认真履行了导师的职责。但是，我们经常会听到年轻员工抱怨不被重视，无法从项目合伙人那里获得具体、有用的指导建议。但是，合伙人却总是对此不以为然，或者认为这项工作相对于其他（真正）需要他投入时间的客户工作而言根本无足轻重。

显然，对员工的辅导是一项需要花费大量时间，但有利于公司长期健康发展的投入。然而，公司的组织结构、绩效评估方法和企业文化往往会阻碍辅导体系的运作。其他工作职责，比如业务开发和服务客户等，对个人工作成绩而言更容易得到公司的关注并获得合理回报。举例来说，大部分公司的合伙人薪酬分配体系对合伙人的短期业务开发成绩和投入的可计费工时的奖励要高于他投入大量时间辅导年轻员工而获得的奖励。

同工业企业一样，专业服务公司也会迫于短期压力而轻易地以牺牲长期利益为代价。因此，对员工的辅导就得不到重视和奖励，只有那些认为能从中获得成就感或真正能把公司的长远利益置于个人短期利益之上的人员才会认真履行这项职责。

实际上，对员工的辅导也能带来短期回报。在如今这个对收费水平很敏感的市场环境中，专业服务公司很难负担得起因对初级员工培训不足导致拖延工作时间而造成的潜在亏损。客户总是更愿意为资深专业人士支付高额服务费，而不愿意为初级人员提供培训"补贴"。通过让初级员工充当"跟班"参加客户会议（并计入可计费工时）来对他们进行培训的方式已经不可行了，因为客户不愿意承担因低级别员工参加会议而产生的多余收费。"跟班"方式对辅导新员工仍然很有效（尤其是在安排会后总结的情况下），但是专业服务公司必须把它当作是自己对员工培训的一项投入。

对很多专业服务公司而言，重视员工辅导不再是一个可有可无的选项，而是一项不可或缺的管理措施。成长速度越快的公司，这项需求越明显。但是，即使是在发展速度慢、人员流动率高的公司中，员工培训也是至关重要的，因为公司必须保持对人才的吸引力以便让他们在晋升为合伙人的可能性越来越小的情况下依然愿意加入公司。实现这个目标的一个最行之有效的方式就是提供完善的培训，让员工意识到即使没有机会成为合伙人，加入该公司也是值得的。

对合伙人的培训

即使成为合伙人，也不能停止学习和提升专业技能。资深合伙人应该继续为初级合伙人的职业发展提供指导。如果资深合伙人的技能不能传授给下一代合伙人，那么就会给"第二代"合伙制企业的发展带来不利影响，因为在这些企业中，业务开发是创始合伙人的职责，初级合伙人只是投入可计费工时去执行具体的项目工作。一旦资深合伙人退休或离开，公司就会失去支撑其发展的关键技能，初级合伙人就不得不在没有任何指导的情况下盲目钻研和学习这些技能。

在另外一些专业服务公司中，人力资本得不到充分开发也会导致这样的后果：公司在某个特定领域或者针对某类客户的知识、技能仅由一名（或一小部分）合伙人掌握。他们的离职（无论出于何种原因）最终会导致公司无法在这一特定市场中立足。

扩充公司的知识库

在前文的论述中，我的着重点是公司已经具备的知识和技能。然而，在建设人力资本这一问题上，更重要的是要提高专业服务公司的整体技能和知识水平。专业服务公司应该不断加深对客户行业的理解，提升服务水平和技术能力。尽管这是一个常识性问题，但却经常被忽略。

在各种不同的场合下，我曾要求一些在专业服务公司中工作的人士回答这样一个问题：请写下在过去一年中你从工作中学到了哪些有助于你进步的知识和技能，比如你在服务客户、管理项目或从新角度解决问题方面学到了哪些东西。事实证明，在很多情况下，这个问题很难回答。这些专业服务公司的员工似乎只是在马不停蹄地应付一个又一个的项目，而很难停下脚步反思一下他们的所见、所闻、所思、所获。他们给我的答案是，自己确实学到了一些东西，但却很难指明或说清楚到底学到了什么。这并不意味着他们什么都没有学到，但至少说明他们的这些见闻没有真正转化为可供分享的知识。

一家在业界颇有知名度的咨询公司建立了这样一个分享知识的机制：

每周一上午，所有员工，不论是资深员工还是初级员工一起参加一个时长为一小时的会议。在每周例会上，一位员工介绍他们团队最近参与的一个案例，介绍团队的解决方案、尝试采用的新方法以及对客户问题的处理方式等。总而言之，该汇报人要总结一下他们从该案例中学到了哪些东西。然后，所有在场人员开展讨论，提出反馈意见并从中总结出可供公司其他人员借鉴的经验。每个人（或每个团队）必须轮流介绍案例。因为每个人都清楚自己早晚需要做这项工作，他们就不得不时常强迫自己反思和总结项目经验，其结果就是每个人都能成功地将自己的工作经验转化为可供分享的资源。

此外，在这个会议上，资深合伙人通过他们提出的问题，间接地交待清楚他们诊断客户问题的过程和做法，而这正好是他们专业技能中最有价值的部分。例如，他们会问"你尝试过……？""客户对……是如何回复的？""如果……又会如何呢？"关于某个特定客户或行业的相关知识很快就可以传递给那些用心聆听的员工。而且，公司也可以确保每个员工都知道其他人在做些什么。

在员工联系紧密的小型公司中，知识和经验的交流会在喝杯咖啡的间隙中或者在走廊上随时随地发生，每个人都知道在需要帮助的时候应该找谁。在比较大型（尤其是在部门较多或办公地点分布较广）的公司中，在公司内部实现知识、技能共享则要复杂得多。为此，一些专业服务公司建立了跨部门或跨领域的客户行业委员会。然而，这种尝试所遇到的阻力来自公司内部的绩效评估和奖励体系。过度依赖个人（或部门）绩效会有碍公司发挥整体力量。况且，即使在设定薪酬分配标准时把这些努力纳入考虑范围，它也不可能和客户工作占据同等比重。

部门分工的组织架构对于知识的共享和技能的积累既有帮助也有阻碍。把在相似领域中工作的专业人士集中到一起有助于他们开展互动，但同时又会减少他们与其他领域之间的沟通。出于这个考虑，一些公司没有采用划分职能部门的组织形式，而是以充分分享知识和学习新知识为出发点创建合作部门，例如以业务和客户为划分标准的小型联合部门，或者是以行业划分为基础的合作部门。简言之，一些专业服务公司开始成立跨业务领域（或跨办公室）的委员会，以便鼓励各自为政的员工团体之间进行有效沟通。

对承接的项目类型进行管理

或许在管理人力资本开发方面最重要的决策是选择承接什么类型的客户项目。如果专业技能和知识是从工作实践中获得和积累的，那么对于专业服务公司而言，提升技能的最佳方式莫过于有选择性地承接那些有助于公司实现长期发展，而不是透支公司现有知识和技能的项目。

这一点说起来容易，做起来难。"前沿项目"有时候是公司承接的盈利最少的项目。专业服务公司在这类项目上使用的杠杆率低，需要合伙人投入大量工时。此外，公司还可能需要花费大量时间为开展新工作而做好知识、技能等方面的准备。相比之下，继续在自己比较熟悉的领域中开拓业务，公司可以充分利用现有的知识和技能，更有效地安排初级员工的工作时间，最大限度地增加收益。

公司承接多少及何种类型的"投资项目"应该由一个在整个公司内发挥作用的委员会决定。单个合伙人可能更有动力去追逐高利润的项目（因为这样做能使他们得到适当的奖赏和奖励），但这样做的代价是放弃了学习新知识和新技能的机会。而且，公司对其未来的投入应该是其发展战略的一部分。正如我们在本章开头所提及的，专业服务公司制定长期发展战略的本质是要明确公司的发展方向，不仅要指明公司会涉足哪些领域，为哪个市场服务，而且要认识到并培养公司为实现长期发展所必需的技能。

| 第 15 章 |

动力危机

在当今这个时代,激发初级专业人士的积极性和主动性的难度要比过去大,但这对专业服务公司的成功却更加重要。在过去,专业服务公司中典型的"不晋升就出局"的合伙制结构本身就提供了公司所需要的全部动力。年轻专业人士都明白,只要他们干得多、干得好、持续不断地提升专业技能、避免犯错误(不要惹麻烦),他们就有机会获得(经济、身份地位等方面的)最高奖励,即晋升为合伙人。合伙人不必刻意去激励员工,因为年轻专业人士与生俱来就有的"野心"和公司的合伙制度相结合,就给予了员工足够的动力。

当今社会出现的一系列新变化让这个"自动发挥作用"的激励机制失去了效用。现如今,大多数专业服务公司的年轻员工都能看出晋升为合伙人的难度越来越大,等待晋升的时间也在延长。晋升为合伙人的标准越来越严苛且在不断变化、晋升等待时间延长、设置永久性的非合伙人职位等是每个专业服务行业都在讨论的共性问题。这么低的晋升概率无法激励初级员工付出更多努力去争取为数不多的合伙人职位,恰恰相反,初级员工越来越觉得为如此低概率的晋升可能性付出艰辛努力是得不偿失的。

经济和文化发展趋势也进一步强化了这种态度。当今专业服务行业的竞争非常激烈，在很多专业服务公司中，做合伙人所带来的经济、心理等方面的满足感并不像过去那么强烈。合伙人私下也会有怨言："律师（或会计师、医生、顾问）这个行业不像过去那么有意思。现在的客户会提出诸多苛刻的要求，经常对他们所得到的价值产生怀疑，对待我们的态度也不像是对待专业人士，而是像对待普通的供应商一样。与过去相比，现在的工作节奏更快、强度更大、任务更繁重，工作氛围也更有竞争性，同事之间缺少合作。公司管理层越来越关注利润，我们的工作越来越累，但报酬却越来越低。"

同样的，在与会计、咨询、律师及其他专业服务行业的初、中级员工进行交流时，我屡次听到这样的话："与公司的合伙人接触越多，就越感觉他们的生活对我而言没有什么吸引力。我越来越怀疑他们所拥有的东西是否是我想要的。从事专业工作需要做出很大的牺牲，不仅是个人，还包括自己的另一半和家庭，我不再确信将来所能获得的回报是否值得我今天付出这么多。"

激励水平也受年轻专业人士有多少选择机会的影响，而这种影响要比过去大得多。对于专业人士而言，通过频繁跳槽来获得更好的职业发展机会已经不再是有违职业道德或难得一见的事情。在所有的专业服务行业中，人员流动性都在上升。许多专业人士都想跳槽到一家令他们满意、工作强度不那么大、晋升的不确定性小、薪酬水平比起专业服务公司来说更有竞争力的公司。另外，客户企业的内部专业人士也不再被视为二等公民，他们也有机会不断累积权力、承担更多职责、赢得更多尊重，而这些原本都是外部专业服务供应商的专利。

我们应该注意到，专业服务公司不仅对客户的争夺日益激烈，对优秀人才的争夺也是如此。"婴儿潮"一代的专业人士已经度过"学徒"时期，25岁至35岁的优秀人才的数量远不如前几代人多，因此，招募、激励、留住这些优秀人才所面临的挑战越来越大。

动力在专业工作中的重要性

员工缺乏动力对任何一家企业来说都是竞争劣势，而对专业服务公司而言，则是敲响了丧钟。专业服务公司不能像传统型生产企业那样通过固定的流程、步骤、技术手段及密切监督来控制劳动生产率和产品质量。对于专业工作而言，效率和质量同专业人士的动力、热情往往成正比，两者之间有紧密的联系。

所有专业人士一定都有这样的经验：你被委派负责一项完全不能让你感到兴奋的工作任务，不是因为这项任务太难、太简单或者是索然无味，而是因为你缺乏工作热情。然而，因为你是一个对工作认真负责的专业人士，所以你会伏案努力工作，但结果是不仅效率不高，工作质量也不理想。

第二天早晨，出于某个不可名状的原因，你开始从另外一个角度看问题，用新的方式开展工作，开始潜心探究某些深层次的问题。渐渐地，看似平淡无奇的工作开始变得有趣味，并激发了你的好奇心，让你对解决这些问题充满兴趣，最终让你全身心地投入工作，并愿意为之付出努力，高效且有创意地完成工作。在专业服务工作中，任何具体的工作计划、密切监督或者激励机制都不能替代内部动力对专业服务工作的高效率和高质量及对专业人士从工作中获得满足感所产生的作用。

在专业服务工作中，动力和绩效之间的联系带来了一个有意思的重要现象，即动力循环（见图15-1）。这个循环图包含以下元素：高度的工作积极性带来高效率和高质量，继而带来专业服务公司的市场成功。专业服务公司只有在市场上取得成功，给公司带来经济效益，公司才有能力为员工提供丰厚的奖励，包

图 15-1　动力循环图

括高薪酬、良好的晋升机会和富有挑战性的工作。这种回报丰厚的工作氛围将有助于提振士气，让员工保持高度的工作积极性和主动性，然后开启新一轮的循环。

当然，动力循环的逆向效应也很强。专业服务公司没有在市场中取得成功意味着它的经济效益不好，因此其为员工提供的回报肯定比较少。员工获得的回报和奖励少，员工的士气和工作积极性就不高。这不可避免地会导致工作效率低和工作质量差，进而导致公司在市场中遭遇失败。在专业服务工作的环境中，成功孕育着成功，失败则会带来更多的失败。该动力循环图可以从任何一个环节开始正向运行或逆向运行，但一旦开始，则很难实现逆转。因此，动力危机对任何专业服务公司而言都是一个非常严峻的问题，处理起来很棘手。

处理专业服务公司的动力危机问题需要仔细审视专业服务公司的所有管理体系和做法，包括员工招聘、工作分配、绩效评估和反馈、晋升及再就业服务等环节。但是，激发员工的动力不仅仅是公司管理层的责任，因为对管理体系进行调整和完善只能解决部分问题，激发员工的主动性和积极性则逐渐成为合伙人的责任，合伙人要提高自己领导和培养员工的能力。

动力和招聘程序的关系

如果说专业服务公司中员工的动力不可能自动自发地产生，而是必须经过精心培育，那么公司应该如何做呢？有一种理论认为，哪怕并非不可能，但对那些缺乏进取心、远大目标或活力的人士进行激励是有难度的。根据这个观点，专业服务公司首先最好能避免让原本拥有雄心壮志的员工失去动力（很多公司，尤其是那些发展速度缓慢或者采用官僚式管理模式的公司却恰恰可以做到这一点）；其次，将这种动力转化为有成果、有效率的努力。因此，招聘体制对提升专业人士的动力很重要，因为公司在衡量应聘者的智力水平和专业技能的同时，也可以筛选出充满活力、有发展动力和明确目标的人员。

特雷西·基德尔（Tracy Kidder）在其获得普利策文学奖的《新机器的灵魂》[1]一书中描述了一个名叫汤姆·威斯特（Tom West）的先生在招聘和筛选团队成员时使用的方法。汤姆是一支年轻的计算机设计工程师团队的经理，他在面试新成员时从不做出无法履行的承诺，比如说这份工作一点都不辛苦，完全可以做到工作和生活之间的平衡等。恰恰相反，汤姆会毫不掩饰地描述这份工作所需要付出的艰辛努力，并明确说明只有最优秀、能全身心投入工作的人才适合这份工作。毫无疑问，他的这种做法能尽早淘汰那些不能接受这个工作节奏和强度的候选人，并从一开始就激发了团队成员的工作热情和积极性。

公司出于为项目配备初级人员的需求，迫切地吸引他们加入公司，但据我对多家专业服务公司的观察，它们往往都不会按照汤姆故事中所反映出的简单道理去做，即为了公司的利益应该让应聘人员从一开始就清楚他们要为这份工作付出努力和心血。在招聘过程中"委婉"地弱化工作难度和强度（例如在工作量、工作内容的多样性、与客户的接触机会、上级的指导等一系列初级员工所关心的问题上，他们都会说得"好听"一些）可能会吸引更多的人加入公司，但其负面作用很快就会显现出来。当新员工发现实际情况与他们所听到的描述不一致时，他们会失去对工作的主动性和积极性，这就是一个让员工失去动力的典型例子。

我认识的一位律师这样描述他们公司的招聘过程："我尽可能真实地给新员工描述律师的实际工作情况。然后我会问，'你真的想做律师吗？'令人吃惊的是不少人会犹豫，但如果他们表现出犹豫的话，我就不会录用他们。我宁可要那些专业技术水平稍差但满怀激情的人，也不要那些聪明，但稚嫩，根本不了解这份工作是怎么回事的毕业生。"

采用这种招聘方式可能无法满足许多公司对初级专业人员的人数要求（因为不少优秀的潜在新员工可能会被"吓跑"），但这样做起码会避免产生更严重的问题：招聘一些脾气、秉性并不适合专业服务工作性质的人。而且，专业服务公司应该适度地给员工加压，即分配的工作量应该比员工每周在正常工作时间内所能承受的大一点。专业人士在具有挑战的氛围中，满负荷工作时才能充分发挥自己的潜能。员工发牢骚、对公司有怨言或士气低落的情况经常在工作量不足时发生。我发现许多专业服务公司是因为招聘的人数过多，而非过少才引发了一系列问题。

专业人员的心态

专业人员与其他类型的工作者有什么不同吗？是否需要采用特殊的方式对他们进行管理（和激励）？虽然我们很难说专业人员一定和其他工作者有所不同，但我的亲身工作经历却让我感觉到专业人员的动力来源还是与其他工作者不同。我认为区别并不在于教育背景等因素，而在于心态。

专业人员总是倾向于这样描述自己："我是那种很容易感到无聊的人，我非常反感从事重复性的工作，喜欢接受新的挑战。一旦知道自己有能力做好这项工作，我就不再对此感到满足。"这当然有点自夸。但是根据我的经验，这是对专业人员的准确描述。专业人员，尤其是他们当中最优秀的人，总是有动力去不断地寻找他们不熟悉且具有挑战性的新工作。这里的关键词就是动力。

总是（神经质地？）想不断重复考验自己处理新问题的能力且对成功没有把握的人常常缺乏安全感，对自我价值的认可度低（即使他们不愿意对外承认这一点），他们为了（向自己）证明自己的能力，总是会不断寻找机会来考验自己。

我可以很肯定地说，许多专业人士明显地表现出"南郭先生综合征"，即这些成功人士总是担心忽然有一天有人会轻拍他们的肩膀说："我们发现你这些年一直在滥竽充数。"

出于这个原因，专业人员会表现出一些典型的行为特征。为了保持对工作的兴趣和热情，他们会不断接受挑战、寻求个人成长机会，当无法得到这些时，他们就会失去耐心。他们会不断地问自己和上级："我做得行吗？"因为他们缺乏安全感，而在专业工作环境中，对"高质量"又没有一个清晰的定义，所以专业人员总是会习惯性地通过倾听别人不断给予的即时反馈来肯定自己的付出和努力。他们非常重视"打分制"的绩效评估方式，急切地希望通过明了、可以看得见的衡量标准来提升他们对自己能力的认可（见表15-1）。他们喜欢为明确的目标而努力。因为他们需要通过别人的尊重和认可来获得对自己的尊重，所以专业人员不但重视工作的自主性，还渴望在项目或公司管理过程中参与决策制定。这些"奖励"本身有它的价值，但更重要的是，它代表了公司对专业人士的信任和尊重。

表 15-1　保持动力的因素

1. 设定清晰的目标
2. 即时提供反馈
3. 对出色的表现进行奖励
4. 把专业人士当胜利者对待
5. 参与决策制定
6. 经常征询专业人士的意见
7. 在工作中享有自主性
8. 对工作结果负责
9. 包容他们缺乏耐心的一些表现
10. 分配多样化的工作
11. 让他们知道即将到来的挑战机会

资料来源：C. Bell, "How to Create a High Performance Training Unit," *Training*, October 1980, pp.49-52.

动力和监督管理风格的关系

基于上述讨论，我们可以得出几个有助于专业人士保持动力的简单规则，即必须设定明确的目标；及时为他们提供反馈并对他们的出色表现进行奖励；把专业人士当胜利者对待；让他们参与决策制定并经常征询他们的意见；让他们在工作中享有自主性，并让他们对自己的工作结果严格负责；包容他们缺乏耐心的一些表现；为他们分配多样化的工作；总是让他们感觉到富有挑战性的下一个目标就在前方。

虽然这些规则看起来简单明了，但在我所观察过的许多专业服务公司中却常常缺失了这些激励因素。糟糕的是，一些不利于对员工产生激励作用的因素却在专业服务公司中普遍存在，例如目标模糊不清、工作内容单调、反馈不足和姗姗来迟的奖励等。

我见识过的促进专业工作团队保持强劲动力的最佳方式是用短短的两句话让专业人士时刻感觉到挑战的存在，即"对，你很厉害……但你到底有多厉害呢？"这两句话缺一不可，各自有各自的作用。第一句"对，你很厉害"是为了满足专业人士的虚荣心（"把他们当胜利者对待"）。第二句"但你到底有多厉害呢"是为了营造充满挑战的工作氛围，以保证专业人士有足够的干劲儿和韧劲儿来争取成功（"富有挑战性的下一个目标就在前方"）。

《新机器的灵魂》中也描述了一个成功运用这种管理方式的实例。一个年轻的计算机工程师灵光乍现，为一个看似无解的高难度问题找到了解决方案。他兴奋地闯进上司的办公室，说："这个问题我知道怎么对付了，两个月内可以搞定！"（对电脑设计工作而言，这个时间很短。）但是，他的上司并没有说"棒极了！干得好！发奖金的时候我会记得你"，而只是说："噢，再加把劲吧。"此时，这位年轻的工程师只好说："好吧，也许6个星期内我就可以完成。"然后，员工就会全力以赴地去完成自己设定的目标，这一点很重要。

既然专业人士如此看重挑战，那么激发他们的主动性和积极性的最佳方式莫过于类似"我打赌，你做不了这个"这样的话。扮演"老好人"、为员工减压不是激励专业人士的好办法。正好相反，应该让他们接受压力，让他们的职业荣誉感受到挑战。

激励专业人士在某种程度上与体育运动队的教练工作有相似之处：最终目的都是要尽力激发出有才能的人的最大潜能，而且使用的方法也相似。一名好教练既要做拉拉队队员，又要做尖酸刻薄的首席评论员，简而言之，就是要恩威并施（二者缺一不可）。当跳高运动员向一个新高度发起挑战时，教练应该对他进行鼓励和帮助，以缓解运动员的紧张情绪。一旦这个高度被征服，教练就应该毫不犹豫地将横杆升高一两厘米。也就是说，运动员始终会面临一个既具有挑战性又能达到的目标（当然，一次性把横杆升高六七厘米肯定不合适，因此，对挑战范围的设定显然也很重要）。

做好教练工作要求对受训个体予以充分关注，只有这样才能提出有针对性和建设性的改进建议。虽然优秀教练员很少去溺爱他们的队员（事实证明，最好的教练员往往是急躁、苛刻的"恶霸"），但是他们却是在用自己的方式全力帮助运动员，而运动员则以高度的奋斗激情和优异的成绩作为回报。

了解工作意义的重要性

在一项针对专业人才的管理的调研中（摘自《科学家、工程师和组织机构》[2] 一书中的"领导力和专业人才"），摩根·马克尔（Morgan McCall）提到，成功的领导者花费较少的时间来担忧应该让他们的下属做什么工作，而是用更多的时间来帮助下属正确理解他们在做些什么。这个结论与我的观察和亲身感受相一致。正如上文所讨论的，专业工作在我看来可以是一项能激发出专业人才的无限热情、值得全身心投入、需要创意且富有成果的工作，也可以是一项无聊、琐碎的重复性工作，关键在于我是否能看到工作中存在的挑战，以及这项工作是否值得运用我的才智来完成。

这给我们的启示是（也许是至理名言），专业人才的管理者应该帮助下属营造有助于激发他们的积极性、创造性和主动性的条件和机会。管理者必须帮助专业人士发现他们工作的价值所在。在任何一种工作环境下，指导和管理别人的工作都可以从以下三个方面入手：做什么、怎么做、为什么做（即工作的目的和意义）。作为专业人士的管理者，必须对"做什么"有非常清醒的认识（即"制定明确的目标"），只需对"怎么做"稍加说明（"让专业人士参与决策""为他们提供工作自主性"），同时要着重花时间解释"为什么做"（把工作的意义交待清楚）。

以上所述对初级专业人士而言尤其重要。任何一个专业服务项目既有挑战性强且需要发挥创造性的工作，也有诸如起草备忘录、核对数字、记录工作进度等看似琐碎但也非常重要的日常工作。管理者最重要的任务就是帮助专业人员认识到这些"小事"的重要性，并让专业人员心甘情愿地为这些"小事"付出努力。

年轻专业人士也不是傻瓜，他们明白自己的工作必然会涉及很多支持性的工作。但是，如果管理者用"对，我同意这项工作很无聊，但必须做，而且就由你来完成"这样一种态度来分配这些工作，就会严重挫伤专业人员的积极性。优秀管理者会换一种说话方式，即"项目中的各项工作没有贵贱之分，所有工作都很重要，做得好与不好全凭个人的能力和努力"。实际上，事实也是如此。但是，据我观察，许多合伙人本身就不喜欢这些"无足轻重"的工作，所以他们也无法帮助员工认识到这些工作的重要性。

我很少听说年轻的专业人士会因为工作太多而失去动力，绝大多数情况都是因为要处理太多没有意义的工作而显得无精打采，对工作没有热情。既然专业服务公司做的每一项工作都不会是毫无意义的（所有工作对客户来说都是有价值的），那么出现这种情况只能说明是管理工作的失败。

激励与晋升的关系

对专业人士的大多数激励行为都是通过专业人士与他的主管合伙人之间的互动来完成的。然而，正如我们在上文中对招聘所发挥作用的讨论，公司的管理体制和组织架构对员工激励具有重要影响。工作分配机制（各个项目的人员配备及工作安排）显然起着至关重要的作用，因为它决定了专业人员所承担的工作的多样性和挑战性，而两者都是激励员工的主要决定因素。在某些情况下，成功的工作分配方案还可用于弥补专业人士因晋升机会减少而产生的失落感。

尽管如此，以上制度也不能完全替代职业发展机会对激励的作用。大多数专业人士（特别是那些专业服务公司都想留住的优秀人才）都对职业发展有清醒的认识，而且雄心勃勃。任何晋升机会不明朗的情况都会对员工的动力产生消极影响。不论存在何种缺陷，"不晋升就出局"的合伙人制度对专业人士保持活力、实现持续发展、不断接受挑战具有重要意义，而这些都能满足专业人士的心理需求。此外，淘汰不称职的人员也有助于避免对表现优秀的专业人员产生负面影响，让他们误以为公司会包容表现不好、没有什么工作成绩的员工。

在当今的工作环境中，最后一点尤为重要。在晋升为合伙人的概率越来越低，或者晋升标准发生变化的专业服务公司中（而大多数专业服务公司都是这样的），这种不确定性在中高层的非合伙人中表现得日益突出。在这种情况下，许多非合伙人不可避免地会对自己在公司中的发展机会产生怀疑并不断地问自己：我该不该离开呢？

如果公司的大环境确实不明朗，所有非合伙人均被蒙在鼓里，那么很有可能最有发展前途的年轻人会离开公司另谋高就，而留下那些并不优秀的人。显然，为避免发生这种情况，专业服务公司必须尽早注意区分清楚哪些是最优秀的人才，而哪些是仅仅能胜任本职工作的人才，同时，确保这些公司极力想留住的人才知道公司对他们的重视。只有做到这一点，公司鼓励离开的才会是那些工作表现和成绩比较差的人员。为了在晋升为合伙人的概率越来越低的情况下留住更多的非合伙人员工，许多专业服务公司的做法反而让所有初级员工感觉工作没有挑战性，他们的工作主动性也因此受到打击。

在当今这个竞争激烈的环境下，没有一家专业服务公司能够为公司中的每一名初级专业人士都提供持续的职业发展机会。但是，我们看到，追求职业发展的机会和空间仍然是专业人士的显著特征之一。幸运的是，这个窘境有一个相对简单的解决方式，即新职推荐。一家真正想通过为（并且正在积极为此而努力）它的"毕业生"（无法成为合伙人的人员）推荐合适机会来满足其职业发展需求的专业服务公司也能极大地提升员工的动力。根据我的观察，越来越多的专业服务公司发现了"新职推荐"制度的好处，它们并不把这种方式看作是人道主义做法，而是把它当作公司管理体系的一个要素。

结论

　　解决专业人士缺乏动力的最佳方式不是试图去弱化、减少工作压力。公司业务在经济收益上所承受的压力也不允许专业服务公司做出这个选择。只有那些肯吃苦、能积极应对工作挑战和压力的专业人士和专业服务公司才能获得成功。如果当今社会中年轻专业人士的奋斗动力不如他们的前辈强,那绝不是因为现在的年轻人无法被激励。相反,这是因为过去的那一套激励手段和运作模式已经过时。无论如何,通过更多地关注人员管理技巧,重新审视公司的人员招聘体系、工作分配机制、信息反馈和新职推荐系统,未来的专业服务公司可以和过去一样让专业人士对工作充满热情和动力。

| 第 16 章 |

人员配置的重要性

在专业服务公司中,为项目配置和调度人力资源是一项最重要的管理活动。谁负责决定人员的配置和调度,谁就是业务部门真正的管理者。

尽管单一一个项目的人员配置决定可能并不会像人员招聘、市场开发战略那样产生重大影响力,但正是因为项目的人员配置工作每天都在进行,随着日积月累,建立符合公司发展特点的人员配置系统就会发挥重大作用。然而,许多专业服务公司把为项目配置人员看作是一项日常的行政管理工作,但实际上并非如此,它是一个能对公司的成功和发展方向产生重大影响力的管理程序。

通过对不同项目分配适当的人力资源,就有可能影响项目的成本、质量和完成时间。人员配置也会产生一些更加长远的影响。从长期来看,为专业人士分配的项目类型将对他们的专业成长道路、他们对公司及客户的价值、他们对公司的满意度以及他们的工作积极性和劳动生产率产生深刻影响。作为具有连贯性和关联性的一系列决定,工作分配及人员配置也将影响公司内部专业经验及知识的传授,是将个人经验及知识转化为公司整体的经验和知识的重要渠道。

工作分配和人员配置决策需要在各个经常发生冲突的目标之间把握好一种微妙的平衡，包括利润和服务质量、短期利益和长期利益、优先满足哪个客户的需求、优先培养和激励哪位员工等。

建立一个"好的"工作分配与人员配置系统应该考虑哪些要素

盈利能力

由于短期内员工费用是固定的，一些专业服务公司误认为一个好的工作分配系统就是能最大限度地利用员工资源。实际上，这是很多公司在工作分配与人员配置方面的首要考虑。这种做法受"总算让你有事情可做"的心理所驱使，即新项目出现时，我们就会找出可用工时还有剩余的员工，然后对他们说："总算让你有事情可做了，这项工作就安排给你了。"在这样的公司中，工作分配和人员配置主要由行政部门来完成，目的是让每个人都忙碌起来。实际上，对于任何一个工作分配与人员配置体系而言，高效率地利用员工资源应该是其主要目标。然而，这与工作分配体系的真正意义相距甚远。

客户服务

工作分配与人员配置决定显然会对客户满意度产生重要影响。一位资深专业人士也许对两个项目所涉及的工作都具备丰富的专业知识与经验，那么，把该专业人士分配到哪个项目上的决定不可避免地会给服务质量带来影响。让哪个客户享受"公司大腕儿"所提供的服务是对公司具有深远影响的战略决定。

在不同客户之间把握平衡不能只考虑技术层面，一名员工也许特别适合某位客户的"风格"，尽管具备同等的水平和能力，但另外一名员工也许就得不到这个客户的赏识。也许我们提到的第二位员工在为小客户提供服务方面具备丰富的经验，而这个客户是一家大型企业，两者之间不相匹配。其实,问题不在于员工个人在哪些方面的知识、技能及经验不足,而完全是因为客户的喜好不同。选择一个合适的团队来与客户的"风格特点"相匹配将对项目的成功产生深远影响,因此,这也是一个具有战略重要性的问题。合理、明智的工作分配决定有助于大幅提高公司赢得客户的下一个项目及获得客户推荐的可能性。

员工技能的培养

除了以上所谈到的对利润和客户服务质量的影响,工作分配和人员配置制度也要满足专业人士的个人发展需求。在专业服务公司中,专业人员的技能是在承担项目工作的过程中建立的,是通过接受新挑战、担负新的职责而建立的。因此,工作分配制度会影响(甚至决定)员工在工作期间对专业技能的积累和掌握程度。

工作分配制度不仅决定员工能掌握多少技能,而且决定他们能掌握什么样的技能。为员工分配的项目类型将决定他们通过何种方式来建立专业操作技能及积累行业知识。如果公司总是为同一名员工分配同一个类型的项目,那么公司就能培养出一名某一个功能领域的专家。因此,只要公司愿意,它也能通过对项目分配进行妥善管理的方式来培养一名行业专家。或者说,公司无法对此进行有效管理,那么它就只能培养"通才"。

在做出工作分配及人员配置的决定时,公司必须把握好公司利益和员工个人利益之间的平衡。当员工的技能和知识累积到一定程度时,再让这名已经在一个领域具备丰富经验的员工继续做类似的项目对公司而言也许没有什么好处。他可能会在学习曲线上走下坡路。公司更应该分配其他人去做这样的项目,以便让更多员工掌握该领域的专业知识及技能。但是,工作分配和人员配置制度也必须满足员工个人的发展需求。在大多数专业服务公司中,未来的职业发展前景是初级员工的主要动力来源。相应地,工作分配和人员配置系统必须为员工个人提供获取经验和发展技能的机会。

公司为员工的个人发展考虑,不仅仅是让员工接触不同的行业、技领域及项目类型，也要让他们有机会和不同的资深专业人员一起工作。这一点很重要，主要原因是：第一，资深人士的擅长领域、能力，及他们对传授知识、技能和专业经验的意愿各有不同。如果一名初级员工总是和同一位资深人士一起工作，他所接触到的技能和知识范围就会受局限。除非指导他的这名资深人士是一个非常少见的"多面手"，并且很乐意向初级员工传授知识及经验，否则，一般而言，单独一位资深人士并不能完全满足一名初级员工的职业发展需求。

第二，在大多数专业服务公司中，对初级员工的晋升决定往往会征求与其一起工作过的资深人员的意见。较多的资深人员对初级员工的工作进行评价，更有利于公司对初级员工的晋升做出正确的决定。

动力和士气

最后，我们必须在公司利润、客户服务和员工职业发展需求的基础之上增加一个评估标准。这个标准就是员工的满意度和士气。尽管员工的个人成就感对任何一家企业而言都很重要，但对专业服务公司而言尤为关键。专业服务公司不仅在客户服务上开展竞争，还要在竞争激烈的市场环境中争夺优秀人才。专业人士的动力主要源自于他们所能获得的发展机会，这不仅仅指组织制度的层面（比如晋升），而且指个人成长与进步的层面。专业人士寻求新挑战和自我完善。甚至，他们有自己感兴趣的领域。他们对某些项目的个人偏好也能为工作分配和人员配置方案提供有用的参考。

从一个看似意义不大但却很现实的角度看，员工对工作分配的满意度不仅取决于工作的专业内容，还取决于其他一些实际问题，比如工作地点（"做前三个项目时我都需要出差，我希望做下一个项目就不用出差了"）、紧急程度（"我承担的每个项目任务都比较紧急，但据我所知，并非所有任务都是这样"）、项目成员（"别再让我和张三、李四一起工作，他们虽然很有能力，但我们没有默契"），以及其他个人考虑。

团队成员之间的配合情况能对大多数专业项目的工作成果及团队的劳动生产率产生重要影响。许多专业服务公司的工作分配程序明确包含组建成功的项目团队这个标准。即使没有制定这样的标准，专业服务公司也必须考虑员工对项目的个人偏好。

工作分配与其他制度的关系

为了进一步证明对工作分配决策进行合理、有效管理的重要性，有必要研究一下工作分配在公司人力资源管理制度中的地位和作用，如图16-1所示。

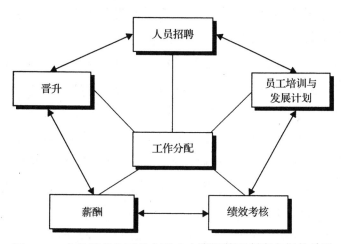

图16-1 专业服务公司的主要人力资源管理制度之间的关系

工作分配与人员招聘之间具有紧密关系。所有专业人士在应聘时都会仔细地询问他们的工作模式将会如何决定。比如，"多久之后我必须选择一个专攻行业领域？""我是否有机会和不同的人一起工作，是否能接触到不同的行业及技术领域？""我自由选择自己喜欢的项目的可能性有多大？"这些都是专业人士在应聘时经常提出的问题。

由于专业服务公司的长期成功在很大程度上取决于它吸引和留住优秀

人才的能力，因此专业服务公司的工作分配体系在吸引年轻专业人士方面的作用不容忽视。从另外一个角度看，如果公司的工作分配制度要求员工靠自己去说服公司才能分配到自己感兴趣的项目，那么公司就没必要招聘那些正处在职业发展初期且还在摸索个人发展方向的人员了。相反，一个高度集中、相对严格执行的工作分配制度将在很大程度上影响公司的特征及招聘的人员类型（很多专业服务公司在招聘时会慎重考虑应聘者是否能"适应我们的工作方式"之类的问题）。

许多专业服务公司没有成体系的培训和员工培养计划，没有其他对人力资本进行管理的正式程序，公司分配给员工的工作项目的类型通常就等同于员工培养计划。如果专业服务公司设有比较成体系的培训和员工培养计划或程序，它必然会影响工作分配制度的制定和功能，因为这两类管理体系必须相互配套、相辅相成。

类似地，专业服务公司所需的绩效考核和辅导制度也必须和工作分配制度相契合。如果工作分配由一个部门统一进行管理，那么个人对项目的选择权就没有那么大。但是，如果公司的工作分配体系鼓励员工积极参与并发挥主动性，员工就可以，也必须主动寻找、选择和争取参与某个项目的机会，那么对初级人员的职业发展进行指导就变成公司的一项重要任务。公司必须引导初级人员认识到哪些是有用的工作、可以和哪位合伙人一起工作、公司的期望和评估标准是什么等。

当然，工作分配、工作表现和绩效评估这三者之间是息息相关的。员工在某个项目上的表现取决于很多因素，例如他过去的项目经验。在大多数公司中，团队或项目负责人负责执行对员工工作表现进行反馈的程序。

如果员工的工作表现和成绩是采用相对比较的方式进行判断的（即员工的表现与他所处的发展阶段对其的绩效期望进行比较分析），那么绩效考核制度就与工作分配制度密切相关。例如，如果想鼓励员工接受难度大的项目任务，那么就要让员工明白在绩效考核时，公司会考虑他的实际工作状况。如果公司不考虑这个因素，工作分配体系就会受到严重影响。

专业服务公司为专业人士提供回报的形式各种各样，在不同的公司也有不同的影响因素，如工作表现、可计费工时数、给公司带来的价值、项目经验、项目及公司的利润等，但所有因素都受工作分配体系的影响。

工作分配系统与员工薪酬之间的关系可能是很明显的，因为它清晰地反映了员工的收费能力和可计费工时比例，但是，这个关系也有可能是隐性的，因为员工薪酬会受绩效评估等主观判断因素的影响。不论是哪种情况，薪酬体系必须围绕工作分配制度来设计，反之亦然，两者不能独立运行。

员工所接受的任务类型不同，获得的经验就不同，接触到的合伙人及从合伙人获得的指导也不同，员工的项目表现也会随之不同，这些因素将会影响员工的晋升。这个关系是双向的，即如果公司对员工晋升的条件设定了标准（比如在不同领域都具备工作胜任能力），那么工作分配系统必须为员工提供积累相关经验的机会，并激励员工抓住这些机会。

谁应该负责分配工作

为了理解在设计工作分配及人员配置体系时内含的问题，我们先假设一家公司已经决定指定一名领导来全权负责人员配置及工作分配的决定。那么，他需要收集哪些信息才能做出有价值的判断呢？

首先，我们的决策者需要了解每个项目的工作任务清单以及完成每项任务所需要的技能。这些信息应该指明项目在每个阶段的截止日期，进而判断时间上的限制及可控程度有多大。接下来，决策者需要了解每位员工的技能水平及可用工时和时间段。如果决策者确实想把这项工作做到位，那么他不仅要考虑哪位员工能完成这项工作，还要考虑每个人的性价比，判断其时间成本是否与工作效率和质量之间能实现最优化。

遗憾的是，专业服务公司中的工作安排人员还需要收集更多的事实依据，进行消化吸收，并在分配工作时纳入考虑范围。哪些是员工个人的专业发展需求呢？如果尚不明确，那么工作分配人员就需要查看每个员工最近的项目任务分配情况，比如他们服务过哪个行业的客户，具体参与过哪些工作，他们在项目团队中承担过哪些职责，曾经到哪些地方出差，与哪些合伙人一起工作过。

除满足员工个人实现其发展目标的需求之外（由审阅委员会或负责工作分配和人员配置的人员决定），分配工作有时也有可能要考虑员工的个人偏好。员工是否出于一些特殊原因而希望能参与某一个行业或某一个专业领域的项目？员工这个月是否需要在离家近的地点工作？这个员工是否和某位经理或合伙人之间有特别的默契？这些考虑因素也许在为员工分配项目工作时被忽略了，但是，如果想将这些因素纳入考虑，那么决策者就需要收集相关信息。

那么，经理和合伙人的偏好呢？他们是否特别喜欢这名初级员工？最后，我们的决策者可能也想了解客户是否喜欢我们的某一名员工（比如一直在为该客户提供服务的人员）或者是某一类型的员工（"这是一个思维比较保守的客户，所以不要给我张三，他很聪明，但他总是会激怒客户"）。另外一个和工作分配相关的因素是客户对于公司的重要性。如果该客户或项目对于公司而言至关重要，那么就需要优先为其分配公司中最优秀的人员。如果在这方面不能做出准确判断，那么就会对客户服务质量和客户满意度造成不良影响。

我们在工作分配和人员配置方面的"高手"现在面临着一个十分复杂的难题（见图16-2）。图16-2中包含了一些与员工及项目有关的事实、判断和看法。在分配员工参与项目的过程中，负责分配工作的人员必须实现一个"最优"分配方案，以保证下述四个可变因素发挥最大作用：盈利能力、客户满意度、员工士气和个人的专业发展。

工作分配和人员配置体系主要是通过汇总和处理大量信息，以复杂的事实、判断和猜测为基础来制定战略（而非行政事务）决策。负责工作分配的人员需要一套能对上述四个可变因素进行恰当和一致考量的程序，并针对项目实施所需的专业技能、员工的能力水平及个人的专业发展需求等方面提供准确、相关的信息及数据。工作分配系统不仅包括决策制定过程本身，它还包括公司向负责工作分配的人员传达及收集信息所使用的管理工具等。

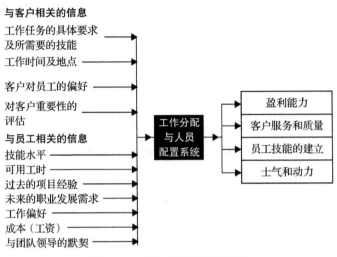

图 16-2　工作分配系统的结构

显然，上述分析表明专业服务公司确实有必要对工作分配和人员配置的决策过程进行合理、有效的管理。决策者必须是一名能通盘考虑、善于把握平衡的人。公司的领导层（或者是主管合伙人、项目主管合伙人）不能对该项工作完全放手，只有这些高层管理者才有能力站在公司全局的高度制定工作分配和人员配置决策。

例如，有些时候负责工作分配和人员配置的人需要对某些有权力的合伙人所提出的用人要求提出质疑，因为这些合伙人已经要求多名最优秀的员工为其项目工作。只有安排一名有权力的公司高管（甚至是公司的主管合伙人）负责工作分配和人员配置，才能推动实现公司人力资源的最佳配置。在对优秀员工争夺激烈的情况下，明智、有策略地分配人力资源不是一个由行政人员操作的系统所能实现的，更不是（虽然这种情况很常见）让资深人士通过"谈判、游说或交易"的形式获得自己所需的最佳人力资源来实现的（比如说，"如果你给我张三，我就给你李四"）。

合伙人通过谈判、游说的方式尽可能地争取到优秀员工为其所负责的项目工作其实并没有错，实际上，他们也应该这样做。但是需要有人从公司整体利益的角度来评估、判断他们提出的要求，并提出这样的问题："你为什么需要公司中最优秀的员工来承担这个项目任务？你能否带一个能力水平和资质稍微低一点，但需要在你的项目上得到锻炼的员工？这样你也许可以降低项目成本，同时提高公司员工的整体技能水平。"通过这样的协商，公司的管理者才真正有机会实现提升盈利能力、提高客户服务质量、培养员工技能和激发员工动力这四个目标之间的协同推进。如果公司管理者对这项工作不管不问，那么他就是虚有头衔，那些负责工作分配及人员配置的人就变成了公司真正的管理者。

| 第 17 章 |

合伙制的含义

专业服务公司的组织形式最突出的特点是：随着工作年限的增加和个人在专业上的不断成长与进步，所有专业人士都期待能获得晋升机会并最终成为合伙人。专业人士想要得到的是一份事业，而不仅仅是一份工作。

基于这个特点，大多数专业服务公司都能有效实行"不晋升就出局"的制度。即使公司不强制实行这种制度，如果得不到进一步发展的机会，专业人士本身对职业发展的期望也会促使他们去别的公司寻求更好的发展空间和机会。如果一家专业服务公司视自己为精英团队，那么实行"不晋升就出局"的制度就是一种必然趋势。从传统上看，典型的专业服务公司的做法是只为精英人士提供晋升为合伙人的机会，而那些不具备成为合伙人所需要的技能与能力的人员是没有发展空间的。

渐渐地，这些公司开始怀疑这种方式是否仍然适合。对于那些可能无法满足晋升为合伙人所需的全部条件和资质，但却是公司的一笔重要资产的候选人，专业服务公司会绞尽脑汁地思考对于他们的决定。公司不想失去这些人才，并且会不断地思考："如何能让这些没有机会晋升为合伙人的优秀人才仍然愿意留下来？我们是否应该考虑为他们设置一些新的职务和头衔，比如'首席''主管'等之类的头衔来处理这种情况？"

这种情况引发我们对一个重要问题的思考：合伙制的含义是什么？它象征着什么？它的基本要素有哪些？

通常来讲，在专业服务公司中晋升为合伙人会带来一系列回报和奖励：

- 持有股权，参与分红。合伙人分享公司获得的净利润（或损失），而非合伙人只能获得工资和奖金。
- 终身任职。在大多数情况下，除非合伙制企业通过特别决议，否则合伙人一般不会被免职。
- 自主权。初级员工必须接受合伙人的引导或影响（因为他们最终也需要经过合伙人的考核并获得认可后才能晋升为合伙人）。在许多专业服务公司中，合伙人在做什么工作以及如何开展工作方面享有很大的自主权。合伙人的工作不再需要经过其他人的审核。
- 参与政策制定。作为参与公司股权分配的人员，合伙人通常有权参与公司重大政策的制定并在管理决策方面拥有发言权。
- 收入。尽管不应该是合伙人的特权，但合伙人的收入通常要比非合伙人高很多。一个非常简单的事实是，对一部分人而言，成为合伙人所带来的好处不是自主权、股权、终身任职或参与决策的权力，而是对他们在学徒工期间努力工作的经济回报。
- 在公司内部的地位和受认可程度。除上述几点之外，专业人士急切地希望成为合伙人的另外一个原因是其对地位、身份及受认可程度的象征。专业人士可能比其他类型的工作者更为渴求获得同行的认可，即同行对其价值的认可。在大多数公司的文化中，这种认可根植于专业人士成长为合伙人的过程中，晋升为合伙人就是一种洗礼，即进入顶尖专业人士的行列，而被拒绝成为合伙人，则意味着被降为二等专业人士。
- 对外身份、地位及受认可程度。专业人士寻求的不仅是公司内部的认可和赞许，还有来自外部的认可和赞许。按照一名专业人士的说法:"对于我自己而言,我可以接受在公司内部做一名非合伙人,我理解公司的内部状况。但是我的朋友和邻居会说'什么?他们不让你做合伙人?'这些议论从面子上很难让人接受。"在这些情况下,专业人士追求的不仅仅是成为合伙人所带来的实际好处,还希望用合伙人这个头衔来满足自己的虚荣心。

值得一提的是,上述这么多单项罗列的(至少是相互之间可以分离的)回报只取决于你能否成为合伙人这一个决定。在大多数公司里,如果你成为合伙人,你就会获得上述六项回报;如果你被拒绝,那么这六项回报你一个都得不到。这种奖励分配方式给我的感觉是太简单划一了:这是一个没有回旋余地的制度,不允许有细微差别的存在。这个世界上并不是只存在两类人:做合伙人的料和不是做合伙人的料,实际上两者之间还有个度的问题。

这些思考给我的一个启示是,一个明智的做法是尽量不要把这六项回报捆绑在一起,而且员工是否可以获得这些奖励也不要完全取决于一个"成"与"不成"的决定。这种做法是可行的。参与股权分配与合伙制度之间没有必然关系。确实有一些股份制的专业服务公司(虽然按照合伙制的原则运行)让合伙人级别以下的员工参与股权分配,进而让更多员工分享公司的成功。甚至是收入水平也是可以和合伙人的身份分离开的。在有些公司中,一个工作能力强、生产力高的非合伙人级别员工的收入可能高于一个工作能力差、生产力低的合伙人。这种做法值得其他很多公司效仿。

类似地,终身任职的安排也可以和合伙制分离开。没有机会晋升为合伙人的非合伙人也可以获得永久不被免职的聘用保障,而许多实行合伙制的专业服务公司对合伙人职务也没有任期担保,就如同任何一家大型公司的高层管理人员一样,如果合伙人的绩效欠佳或不能满足公司的有关要求,专业服务公司也可以(和气地)要求合伙人辞职。

同样,决策参与也可以和合伙制分离开。在很多专业服务公司中,实际上存在两类合伙人:名义上的合伙人和真正的合伙人。后者掌握绝对的权力,有权做出所有重要决定。他们几乎不会征求那些名义上的合伙人的意见,即使是合伙人投票表决,也相当于盖"橡皮章",因为那些掌权的合伙人已经提前做好决定了。我并不建议以这种方式来管理公司,尽管这种方式有其优点,我想强调的是,总有方式将决策参与权和合伙人的身份分离开。

自主权也有一个"度"的问题。在有些公司里,合伙人拥有完全的自主权,他们仅受合伙制企业利润分配制度的制约,而在另外一些公司,初级合伙人仍然要在部门主管合伙人或资深合伙人的引导下开展工作。在多大程度上让合伙人享有他们所期待的自主权,主要取决于企业文化及公司在这个方面做出的选择,但这并不是注定一成不变的。

最后一点是对内及对外的身份和地位。合伙人职务对体现其身份和地位的重要性在不同的公司中有很大的区别。在职务层级意识比较强烈的公司中,合伙人和非合伙人在身份上的区别还是很大的。在这类公司中,合伙人是贵族,而其他人则是平民百姓,"我们"和"他们"要区分开的思想很盛行。在这样的公司里,合伙人身份所代表的价值是无法衡量的。

但是,这样的方式并不可行。在其他专业服务公司中,非合伙人员工也在公司的主要委员会中承担重要责任,在公司内部文化中,他们和合伙人一样受到尊敬,那么合伙人和非合伙人在身份上的差距就会缩小到最低程度,合伙人在层级上所带来的优越感也会受到抑制。在这些公司中,员工对晋升为合伙人的期望并非出自于身份和地位的需求。未能晋升为合伙人或被延迟晋升为合伙人,虽然会令人失望,但并不会让人感觉"没面子"。这些公司即使无法满足专业人士晋升为合伙人的需求,但依然可以留住这些优秀人才。

对外身份也可以进行妥善管理。一些专业服务公司对外不对员工级别做任何区分。我所了解的一家公司把公司中的每个人都称为"职员",不考虑任期、收入、对内身份、职责和工作成绩等任何一个因素。对内的职务和头衔可以用来反映内部分工(如经理、部门主管和执行委员会主席等），但是对外界，公司中所有成员的头衔都一样。这并不是说对外身份和地位不存在任何区别，因为这毕竟涉及声誉、业绩等，但公司不想因此而过于强调这些因素。对外身份和地位是个人能力的反映，并非他在公司内部等级排列中的位置。

这说明了什么呢？它说明专业服务公司在奖励的分配上，不论是物质上的还是精神上的，其选择的余地要比已知的大。与一锤定音式的决定能否晋升为合伙人的方式相比，其可以通过更多方法对员工的工作表现和成绩进行认可。对晋升为合伙人所带来的各种奖励进行"解绑"的确更有利于留住那些没有机会晋升为合伙人的优秀人才。

| 第18章 |

应对人力资源危机的挑战

专业服务公司在两个市场上开展激烈竞争：它们要争夺客户，还要争夺员工。虽然这已经是老生常谈，但大多数专业服务公司的战略思维仍然过多地偏重于争夺客户市场。在大多数专业服务公司中，战略不过是市场营销的另一种说法。至于人力资源问题，比如人员招聘、培训和人力资本开发则被当作行政管理方面的细节问题，而不是竞争性战略的问题。但是，这种思维即将发生改变。

未来十年或者更长时间内，吸引、培养、留住和配置员工的能力是专业服务公司在竞争激烈的市场环境中获得成功的唯一重大决定性因素。

我们是如何得知这个结论的？通过简单的人口统计数据。从20世纪60年代中期开始，发达国家每年参加工作的新人数量就像"婴儿潮"一代到20岁时全部投入求职大军一样出现膨胀性激增。以美国为例，1965～1985年，25～34岁年龄段的人口占总人口的比重从17%增长到23%。类似的现象也在其他发达国家出现。

对于购买专业劳动力的公司来说，这并不是唯一有利的因素。在这

20年中，许多国家的女性就业比例在上升，特别是从事专业工作的女性比例。进一步来说，"婴儿潮"一代中大学毕业生的比例要高于前几代人，而这些人青睐可以提供专业发展机会的公司。

在这种环境背景下，在战略思维上相对忽略人才市场的专业服务公司可能认为不需要对此有太多担心，因为劳动力供给很充足。但是，这种情况已经开始发生变化。

在每个发达国家中，25～34岁年龄段人口占总人口的比重在1985年达到顶峰后开始下滑，而且在未来20年中将继续下滑。在美国，这个比例在未来15年将从23%降到17%。

专业劳动力的供给状况必须结合对该部分劳动力的需求所发生的变化来看待。多数发达国家的观察家都已经注意到世界经济已经转变为"知识经济"。各类公司对受过高等教育且拥有几年工作经验的人员的需求都在上涨，与"婴儿潮"一代相比，这类人员在职业发展上有更多的选择机会。

为了进一步说明这种变化所带来的潜在影响，我们来看下一组数据：20世纪70年代初爆发的石油危机仅仅是由全球石油供给萎缩了5%而引起的。专业服务公司正在面临非合伙人劳动力市场萎缩25%的现实，这将会引发严重的人力资源短缺并带来极大的不利影响。

这种正在发生变化的劳动力供需不平衡现象在20世纪80年代的美国表现得尤为明显，突出反映为会计、法律和咨询行业中新入职员工的起薪迅速提高。这种影响被20世纪90年代初出现的经济衰退现象所掩盖了，因此很多人误以为目前的劳动力供给很充足。然而，对一组基本数据进行仔细观察和分析后发现，这种已经发生变化的劳动力供需不平衡现象所带来的影响在经济衰退结束后再次显现出来。

从劳动力资源富足到劳动力资源受限

为进一步理解人力资源供求平衡发生变化所带来的影响，请假设自己是一家黄金产品制造商，当前的市场环境是黄金供应充足且价格相对便宜。

在这样的环境中该如何开采黄金呢？你会挖掘出一堆矿石，然后加压提炼，将那些明显含有天然黄金的原矿留下，然后将其余矿石扔掉（这就如同专业服务公司的"不晋升就出局"制度）。当黄金既便宜量又多时，花大力气将含金量一般的矿石提纯加工为黄金含量高的产品是不值得的，因为通过直接挖掘更多原矿石来寻找更多天然黄金的方式更划算，效率也更高。在"婴儿潮"的时代里，专业服务公司的人员流动率很高，因为公司实际聘用的人员数量要比预期能晋升为公司所有者或合伙人的数量高出很多，公司很少下工夫把绩效表现居中的员工培养为高绩效员工。在大多数公司中，要么靠自己的努力获得晋升，要么被淘汰，在人力资源富足的环境下这是一个十分有效的政策。

当黄金既便宜量又多时，你会想办法提高黄金的利用率吗？原则上讲，提高黄金利用率应该是好事，但在实践中，公司并不担心那些量多价低的资源的有效利用率。在20世纪80年代，没有几家专业服务公司会花大量时间和精力去寻找降低服务成本的方式，相应地，也很少有公司能真正地高效利用员工资源。资源分配决定（比如员工的工作分配流程）主要是基于"让员工保持忙碌状态"这种短期考虑，而不是从劳动生产力、效率和优化资源配置的角度来考虑。

当黄金既便宜量又多时，你会在多大程度上去关心各种不同用途的相对利润率呢？当然，评估产品生产线的盈利能力是件好事，但实际情形是因为资源很便宜，没有公司会重视这一点：只要能卖，那就生产吧。对于公司的增长策略，又该如何看待呢？在一个资源非常廉价的环境中，你可以以任何方式实现快速增长。你能卖出的东西都会为你创造利润。

以上分析表明，专业服务公司过去普遍采取的人才管理政策是很有道理的：

- 不晋升就出局的适者生存制度。
- 说教多，辅导少。
- 随机的资源分配政策。

- 不注重寻找降低服务成本的方式。
- 忽略对每个项目盈利水平的评估。
- 业务开发活动不考虑或者不重视不同类型工作的利润率。

只要资源丰富的大环境能继续保持，上述所有政策及做法都是明智的。但是如果环境发生变化了，该怎么办？专业服务公司已经成功运用长达20年之久的政策可能就不会再继续有效。当资源变得相对缺乏或昂贵时，公司就会立即意识到对员工培训和辅导进行投入的重要性，以便从"表现居中的员工"身上获取最大价值。公司会立即开始关注资源的利用情况及效率，并花心思对资源进行最优化配置，以便找到提高劳动生产率（而不仅仅是生产量）的方式。这时公司就需要一个严密的成本跟踪系统，以确保公司管理层能及时了解人力资源是否得到了最有效和合理的配置。显然，把实现增长作为第一战略的做法已然不正确，关注重点必须是高价资源不能过多地和低价值工作捆绑在一起。

人力资源的供求平衡变化不仅会影响员工招聘和应届毕业生的起薪水平，还会带来其他更为深远的影响。事实上，员工招聘和应届毕业生的起薪水平可能只是受影响最小的方面。许多在过去20年中被证明是行之有效的固有管理模式，如果继续沿用，可能会导致公司在未来20年中倒闭。公司生存的关键在于其愿意接受挑战，重新审视那些原来很有效的运作模式和管理策略。威尔·罗格斯说得好："不是我们不知道哪些做法对我们不利，而是我们确信那样做并不会对我们不利。"

专业服务公司的应对措施

供求不平衡有三个维度：资源短缺（公司可能无法招聘到满足其需求的足够数量的员工）、高成本（各层级员工的薪酬水平将大幅提高）、留住员工（公司会发现留住中层员工的难度将加大，因为不仅是传统的专业服务行业的竞争对手在争取他们，甚至其他许多行业也在争取他们）。

在上述三个维度中，初级员工缺乏可能是最容易解决的问题，因为大多数专业服务行业在新员工入职时就会为他们提供比其他行业更为诱人的职业发展机会。法学院毕业生可能会进入律师事务所，会计专业毕业生会加入会计师事务所，商学院毕业生则选择加入咨询公司或投行等具有吸引力的机构来开启他们的职业生涯。

人力资源危机的真正影响在于：一方面，专业服务公司要付出由于市场对受过高等教育的年轻员工的激烈竞争而带来的高成本；另一方面，在中层员工不断收到许多"猎头"电话的情况下，专业服务公司要确保继续为他们提供具有吸引力的职业发展机会。

应对大环境所发生的变化，专业服务公司不能停留在"小修小补"上，应系统全面地采取应对措施。运用单一手段是解决不了问题的，而是要针对大环境变化给我们带来的各种影响制定全面、连贯一致的综合战略，其中有三个大的方面尤为重要（见表18-1）：

- 寻找提升高价劳动力资源的生产效率的有效方式（提高劳动生产率的战略）。
- 寻找减少对高价劳动力资源需求的方式（减少需求的战略）。
- 研究开发高价资源替代品的可能性（寻找替补资源的战略）。

表 18-1　应对人力资源危机的策略

提高劳动生产率的战略
- 加速学徒培养，以便高成本的非合伙人级别的员工能承担价值较高的工作任务
- 对明显为员工提高良好辅导的合伙人给予奖励
- 改变项目的人员配置和工作分配制度，以便所有员工都能发挥出最大的优势和潜力
- 运用技术手段来提高员工的生产能力
- 提高对员工可计费工时的要求
- 改变薪酬分配体系，对绩效出色的人员进行奖励

减少需求的战略
- 退出那些负担不起员工高薪酬的业务领域和市场
- 取消"不晋升就出局"的制度，以减少人员流动率
- 重新思考快速增长战略
- 看重利润率而非营业额

(续)

寻找替补资源的战略
- 使用更多的预备人才
- 利用技术手段来替代人工劳动
- 聘用"非对口专业"的求职者,通过培训来提高他们的专业能力
- 聘用"工作型"员工,而非"事业型"员工
- 满足员工在兼职、弹性工作制和"以生活为重"等方面的需求

提高劳动生产率的战略

即使专业服务公司招收了满足其需求的人员数量(即解决了人员缺乏的问题),其仍将面临员工薪酬大幅上涨的问题,因此,必须想办法通过提高员工的工作产出价值来收回这些昂贵资源的成本。

提高劳动生产率将是解决人力资源危机的最有效方式。在对供不应求的高价劳动力资源的激烈竞争中,专业服务公司如果能够比竞争对手更有效地利用这些资源(即提高员工的劳动生产率),其就有能力向员工支付更高的薪酬。如何确保和提升高价资产的劳动生产率仍将是未来10年的重要战略问题。

延长工作时间

让任何一项生产资源增加产出的最直接方式就是延长工作时间。部分专业服务公司也有类似的想法,它们试图通过要求高薪员工提供更多的可计费工时来收回公司的员工薪酬成本。

这种做法是否是解决人力资源危机切实可行且可持续运用的战略呢?答案尚不明确。增加可计费工时的数量(5%~10%)并不能完全抵销因员工薪酬上涨而增加的成本,这种做法甚至会对公司产生不利影响。总体来说,20世纪80年代后期出现的员工薪酬上涨趋势给我们的教训是:确实存在人才短缺的现象,因此专业服务公司有必要在竞争激烈的市场环境中提升对人才的吸引力。增加工作量并不能提升公司的竞争力,充其量只能

作为权宜之计，直到我们将在下文中讨论的其他方案一并得以有效实行。

改变客户项目的执行方式

假设一家制造类企业的一台关键机器设备的价格翻了一番，那么这家企业一定会重新检查对这台机器的使用方式，以确保该机器的产出实现最大化，不会造成任何浪费。同样，专业服务公司也有必要重新检查一下自己的生产资源是否得到了最高效、最大化的利用。

通过咨询别人的意见和我自己的调查发现，许多公司在这方面还有很大的改进空间。因为一些完全可以理解的原因（专业服务公司重点关注的是工作质量和效果），没有几家专业服务公司对运营效率给予了足够重视。在大多数专业服务公司中，即使是在管理得最完善的公司中，也都明显存在"系统性授权不足"的问题，即原本可以通过合理安排和有效培训来让（低成本的）初级员工完成的工作，却正在由高价资深员工来做（请参阅第 4 章）。

在许多公司中，高达 50% 的生产力都受制于以上情况。当人力资源的价格上涨时，这种情况将变得难以容忍。专业服务公司需要设计一套管理方法，以保证除非在绝对必要的情况下，高成本员工没有在做低价值的工作。

要保证对高成本员工的充分利用，公司管理层应该高度重视对每个项目的人员配置和工作分配（即决定谁该做哪个项目以及承担哪些项目任务）。在许多公司中，这个公司层面上的管理问题并没有受到管理层的足够重视，它们往往被划归为一项行政工作。为了提高生产率，每项资源都必须物尽其用，这时人员配置和工作安排就变成一项主要管理职能。

实现更高效的人员配置要求公司在改进客户服务工作的方式、方法上增加投入（以便更多的初级员工有能力处理价值更高的项目任务，并提高其工作产出的价值）。在工作中，一名资深员工亲手处理一项工作往往比教会初级员工来处理这项工作更为容易。而且，大多数公司的考核体系重点关注个人的可计费工时，这意味着对资深专业人士而言，没有什么动力会促使他们愿意花时间对累积多年的知识和经验进行提炼并传授给初级员工。因此，在开发可供采用的客户服务工作的方式、方法上公司并没有取得什么进展。

完善学徒培养机制

提高生产率并不仅仅是指用较低的成本来完成相同的工作，它还意味着通过提升员工能为客户创造的价值（由此可以收取更高的费用）来收回较高的员工成本。在专业服务公司中，主要可以通过三种方式来改进对员工技能的培养。第一种方法已经在上文中讨论过，即使用工作分配系统，使初级员工尽早接触越来越多的客户工作，以确保资深员工不要被"拴"在那些他们已经相当熟练的工作上。

第二种方法是针对关键知识领域和技能开展正式的培训项目。虽然这些培训项目必定会发挥一定的作用，但是大多数专业服务公司已经意识到，正式培训项目对传授知识很有用，但对技能培养的效果不大。为加快员工获取关键技能的速度，专业服务公司必须采用第三种方式：让资深员工更好地开展对初级员工的在职辅导和培训。

在大多数专业服务公司中，对初级员工的辅导会被明确列入资深员工的职责范围，但却只有极少数的公司在对资深员工进行考核时会优先考虑这个方面。为了实现加快员工技能培养的战略目标，公司就必须建立能使专业人士信服的奖励机制，对在这方面表现优秀的资深员工给予嘉奖，对表现欠佳的人员则施以惩罚（请参见第4章）。

提高劳动生产率也需要重新考虑低级别员工的薪酬体系。大多数专业服务公司在决定初级员工的薪酬时很少考虑他们的绩效差异，基本是按照他们的年限和职务层级等统一设定。随着员工成本的上升，区分高绩效员工和低绩效员工变得日益重要。

提升价值

收回聘用高价员工所产生的成本的另外一种方式是通过将工具、方法、经验和公司积累的专业知识提供给员工来提升他们对客户的价值。

举一个恰当的例子来说明，会计师事务所给低级别员工配备笔记本电脑，电脑里储存着公司的整套审计手册和"专家"系统，甚至可以帮助大多数初级员工找到解决客户难题的方案。另外，初级员工的电脑也可以和客户的打印设备连接，因此客户可以直接拿到一些疑难问题的解决方案和模拟计算方式等。

另外一个例子是，专业服务公司通过覆盖全国范围的邮件系统，允许任何一位专业人士寻求获得其他任何一家分支机构的专业人士所积累的知识和经验。

并不是任何一种帮助初级员工提升其对客户价值的方式都需要借助"高科技"手段。至少有一家大型咨询公司曾经通过将高级员工向初级员工详细介绍如何执行各类项目工作（包括客户访谈、数据分析、准备演示文稿、让客户最大限度地了解和接受服务方案）的过程制作成（很多）录影带，从而提高了知识传播速度，让初级员工在客户眼中成为具备丰富专业知识的业务顾问。

无论是"科技含量低"还是"科技含量高"，基本原则是：公司为员工提供的工具越多，员工对客户的价值就越大，公司就越有机会收回聘用高价员工所产生的成本。

减少需求的战略

即使采纳了以上所描述的提高生产效率的各种方式，大多数专业服务公司所承担的成本仍然可能比过去高，那么客户会同意提高收费水平，允许这些公司继续保持当前的利润率吗？

有些客户会接受，但有些客户可能不会接受。对于那些关键性的前沿服务领域而言（这就是我在前文中谈到的专家型服务），客户对收费水平的敏感度相对较低。然而，大多数专业服务并不属于这种类型。遇到比较熟悉（或者比较明确）的问题时，可供客户选择的服务供应商比较多，因此，客户对专业服务公司进行选择时，收费将是一个比较重要的考虑因素。

随着人力资源成本的上升，公司需要重点对这些资源的不同用途进行比较，并对低价值、高成本任务的战略重要性进行慎重考虑。这就要求公司重新审视自己所提供的服务类型、服务的客户群体以及承接的项目类型等。最关键的是要更有选择性。专业服务公司要放弃一部分业务（可将其还给客户，让客户自己做），也要在经过谨慎判断的基础上，放弃那些不再能给公司创造收益或者不适合公司发展战略的客户。对于许多专业服务公司而言，这意味着要重新考虑应该如何衡量每个项目或者客户的盈利能力。

这些考虑不仅会促使公司重新评估自己应该重点关注于哪些市场和服务领域，而且将使公司不得不更加慎重地考虑增长与盈利之间的关系。这是近20年来，专业服务公司的增长首次因为劳动力供应不足而受到限制。因此，对新业务的收益进行判断必须结合为该项目配置人员所产生的成本，包括考虑如果把这部分人员安排在其他项目上，是否会创造更大的利润。目前来看，大多数专业服务公司在开发新业务的过程中很少考虑这些因素。

为了保持活力，每家专业服务公司必须按照一个始终能为员工的发展提供机遇和挑战的速度来成长。事实也一贯如此。然而，专业服务公司需要反省的是为什么总是希望以一个比为员工提供职业发展机会所需的成长速度更快的速度来发展壮大。

留住人才

应对人力资源危机战略的一个重要部分就是通过更有效地留住现有员工来降低对招聘新员工的需求。如果公司已经在员工身上投入了大量财力并开展了大量培训，那么公司最不愿意看到的就是这些资源的流失。于是，留住人才就成为一个重要的战略问题。

那么如何解决这一问题呢？如前所述，专业服务公司要更加注重对员工技能的培养。许多研究表明，对员工士气、动力和流动率影响最大的是公司给员工分配的工作类型及性质。因此，上文所讨论的生产率问题不仅仅是一个确保对人力资源进行有效利用的问题，它也涉及留住人才的问题。专业人士寻求的是"事业",而不是"工作"。只要他们的事业有发展空间和机会,他们就会选择留下来。当他们感觉再也学不到什么新技能的时候,就会考虑跳槽。

另外,专业服务公司也许有必要重新思考一下"不晋升就出局"的思路,让一些尚不满足合伙人晋升条件的优秀人员离开的做法曾经充分发挥了激励作用。但是,这是一种会造成人力资源浪费的体制,而且该体制能得以实行的前提是新入职人员的供应充足。显然,这种模式在人力资源短缺的大环境下可能是无法持续的(有意思的是,今天还有许多专业服务公司在探索"轮流合伙制模式"来解决这个问题)。

在合伙人职位短缺的情况下留住优秀人才并不是一件容易的事。尤其是在一个部分公司因为人手紧缺而会不断从其他公司"挖"人的大环境下,仅仅提高收入是不够的。专业服务公司必须想办法让非合伙人级别的资深员工感觉受重视,从而避免他们受到其他竞争对手的引诱而跳槽。

寻找替补资源的战略

利用预备人才

在为高价员工寻找替补人选的时候,大多数公司会用批判性的思维来思考他们对员工资质的真正要求。它们的工作是否全部都需要由受过高等教育的人员来做?

许多公司已经发现,很大一部分工作可以由一些尚未获得专业资格、薪酬水平较低的预备人才来完成,进而降低项目成本。

很少有专业服务公司可以从新入职 1 年或 2 年的员工身上赚到钱,即他们所承担的工作的价值与他们所获得的薪酬并不匹配。进入公司的第 1 年、第 2 年被视为对新入职员工的培训期,向他们传授(通过耳濡目染的方式)行业知识和实践经验。在过去的 20 年中,有大量相对廉价的初级人员,将这些人员招募到公司一直是很明智的做法。但是未来,这一豪华阵容可能会成为专业服务公司高昂的成本负担。

如果对新入职员工所承担的工作内容进行仔细观察就会发现，很多专业工作实际上可以由非专业的预备人才来完成。当然，执行这个战略需要投入时间和金钱来开发一些可以使非专业预备人才得到有效利用的方法。它也要求设计新的管理架构，以便对"新"员工进行有效监督，同时也要探索对专业人员的新培训方式，以便让这部分传统应聘者在进入公司时可以从一个较高的起点来承担工作任务。

许多公司在实施这个战略时会遇到一些"文化"方面的问题。如果在公司中存在两个群体，一个是专业人员群体，而另一个则是非专业的预备人才群体，那么两个群体之间可能会产生冲突（在一些公司里出现过这种情况）。如果要使大量使用非专业预备人才的战略得以成功实施，就必须打破专业人员的"等级制度"，并预先为非专业预备人才制定好职业发展路径。

虽然会遇到障碍和难题，但这个战略仍然是可以满足许多大型专业服务公司对人员需求的少数有效战略之一。它具备很多潜在优势：第一，它有助于减少专业人士在职业发展初期对工作内容的抱怨，从而提升公司（和行业）对紧缺优秀人才的吸引力；第二，它有利于公司降低服务成本，从而提升公司在高成本人力资源环境中的竞争力。

对非传统候选人的遴选

在对传统招募人选寻找替补资源的时候，除非专业预备人才之外，专业服务公司还可以考虑其他资源。一个主要选项是继续利用传统的人力资源，但是考虑其他的招聘标准。由于对"精英"学校毕业生的需求量大于供应量，许多专业服务公司扩大了人才选拔范围。

首先，采用这种方法通常意味着除重点院校的拔尖学生之外，还要考虑该类院校的其他毕业生，也就是说不能只招聘班级排名前 25 名的毕业生。另外，最近几年已经有很多（甚至是大多数）律师事务所和会计师事务所开始在非传统名校中招募人才了。

在此基础上继续扩展，有些专业服务公司（比如会计师事务所和咨询公司）已经开始招募"非传统专业"的毕业生，以寻找"有天分"的学生。有些会计师事务所把目标对准数学、文学和科学类专业的毕业生，而至少有一家大型咨询公司正在积极招募法学院毕业生，以弥补工商管理专业毕业生不足的缺口。我们可以很自信地预测：这种对跨学科年轻优秀人才的竞争将更加激烈。

在实施这些有关寻找替补资源的战略时，如果要让这部分人员实现成功转型并按照传统专业人士的职业路径来发展，那么专业服务公司就必须改进员工培训项目。

但是，并非所有替补人员都要求（或者期待）在公司的职业发展阶梯上一步一步向上爬。对于专业服务公司而言，一个主要的可选方案是调整公司的运行方式，不仅要为员工提供"事业"，还要提供"工作"。

可供传统专业服务公司聘用的另外一项替补资源是重新进入职场的人员和寻求职业转型的具备丰富工作经验的求职者。一项人口统计数据显示，在就业市场上仍然有充足的35～45岁的劳动力供给，如果专业服务公司中通常由25～34岁的员工所从事的工作对这些人员有吸引力，那么这部分人员也将是一项有用的替补人力资源。

一个与替补资源相关的举措是专业服务公司要满足那些只为"工作"、不为"事业"的员工的需求。在任何一个层级上都会有一些员工选择发展目标远大且明确的专业成长轨道（瞄准合伙人的位置），而其他人则表示自己愿意停留在特定的职务或层级上，可能收入较少，但这份工作对他们的要求也相对不高。实际上，这意味着公司能够接受不同群体对工作的多样化需求，包括兼职或非完整工作周的工作方式，寻求"另一种工作生活方式"而不再受限于专业服务公司特有的高强度、快节奏工作方式。

用技术手段替代人工劳动

寻求替代资源的手段并不仅仅意味着用低成本劳动力替代高成本劳动力。很多专业工作基本上是由知识应用和信息处理两部分活动组成的，因此很容易借助基本程序的自动操作来完成。

虽然大多数公司意识到了这一点，但只有少数几家充分发挥了计算机的作用。在很大程度上，专业服务公司在行动上的滞后主要是因为向客户收费是以专业人员的可计费工时为基础来计算的。这种情况制约了技术手段的大规模应用。

然而，用技术手段代替人工劳动的机会有很多。"六大"税务服务机构中有一家的做法提供了有力证明，它设定了在3年之内将完成一项税收返还所需要的工时削减50%的目标。该机构同时运用法律行业的数据库系统和局域网内集成的文字处理系统，这种做法的好处还需要经过一段时间才能完全显现出来。在咨询领域中，用软件来执行相对标准化分析的做法还没有产生使劳动力资源得到全面节约的效果，但随着技术手段的迅猛发展，能够节省的时间和金钱将持续增长。

结论

招募非专业预备人才、提高劳动生产率、加速培养员工技能、加强人员管理技巧、提升价值，大家会立刻意识到这些话题并没有什么新意，其中大多数话题在很多公司中都已经讨论过。虽然并不一定采取过行动，但是都经过了讨论。由此所引出的一个新话题就是充分执行这些已经受到认可的措施所带来的压力。

不要低估专业服务公司在执行上述战略时会遇到的困难。在最近20年中，也就是说几乎是在大多数专业服务公司领导者的整个职业生涯中，公司可能（一直）按照一个原则来运行，即最重要的是"揽到业务"。如果能揽到业务，就能找到人员来做。过去人力资源供应充足的大环境导致了这样一种态度，即和客户有关的活动才是最重要的，关于人员的问题位居其次。

这种根深蒂固的观念深植于公司的基本管理模式之中（尤其是绩效考核和奖励系统），经过20年实践经验的考验，也变得不易改变。

专业服务公司天生就是保守的机构。它们由许多能力强且流动性日益增强的合伙人自愿开展合作而组成,只有在达成广泛共识的基础上,这些合伙人才会在行事方法上有所改变。也就是说,公司管理模式上的一些重要改变并不是由"中央集团"说了算,而是靠数以十计、百计、千计的合伙人共同在日常工作及行为中做出改变。

以一件简单的事情为例:让合伙人做好对学徒工的辅导工作,发挥好项目负责人的作用,尽快将工作任务分配给低级别的员工来做。正如前文所述,没有几家公司会"正式"对他们的合伙人提出这项要求。同样,也没有几家公司建立了与之相关的激励和奖励机制。在大多数公司中,"揽到业务"就是"好样的",因此合伙人不会把对员工的辅导、培训、技能培养、发挥项目领导力和帮助公司留住人才等作为优先事项,这些方面的工作常常是"耍嘴皮子"。

一家专业服务公司要想在新环境中发展壮大,就必须改变这种现状。公司必须找到衡量和评估合伙人在这方面表现的方式、方法。要使这样的体制得以成功实施并非易事。衡量合伙人在项目领导工作中的表现最好可以通过定期让非合伙人员工"向上"进行评估和反馈的方式来实现。不难理解,这样的管理手段会受到来自合伙人的阻力。但是,如果不采用这样的管理手段,又如何能让合伙人相信公司确实像对待客户服务一样重视这件事情呢?很少有公司已经解决了这个进退两难的局面。

那些试图努力改变公司其他管理模式和文化的公司也会面临相类似的挑战。有多少家公司能真正贯彻对新业务慎重选择的态度,从解决人力资源短缺和机会成本增加等方面来考虑问题?又有多少公司能实现从"不晋升就出局"到不同层级员工都乐于留在公司中的成功转型呢?

正如我们所看到的,最能适应新环境的公司将是那些勇于对它们最珍视的管理理念和最根深蒂固的做法进行改变的公司。人才是专业服务公司最重要的资产。现在是专业服务公司用行动证明它们是否真正领悟了这句话的内涵的时候了。

· 第四部分 ·

管理问题

MANAGING THE PROFESSIONAL SERVICE FIRM

| 第 19 章 |

公司领导者如何更有效地发挥作用

在同一个市场中,成功的公司与普通平庸的公司之间的区别何在?根据我的经验,公司成功与否和创新战略或独特的管理体制没有太大关系,也不取决于专业人士的智商和才能。我在最成功的公司中所遇到的合伙人不一定比其他公司的合伙人更聪明或更有天赋。这两者之间的显著差别在于,最成功的公司往往具备这样一些特征:充满活力、富有动力和工作热情、积极向上、士气高涨、决心坚定、甘于付出和勇担责任。

尽管很多因素会影响公司的发展活力,但是有一个因素的作用最为突出,即公司领导者的管理技巧和行为方式。据我对多家公司的观察,同样一组合伙人的绩效在公司领导者发生变动时会有很大的差异。这个发现不足为奇。一家专业服务公司就像一支由天赋异禀的运动员所组成的运动队,运动员只有充分发挥出自己的潜能才能赢得比赛。专业人员就像运动员,如果任其自由发挥,往往不会取得在优秀教练员指导下所获得的好成绩。

大家很容易会认为,既然典型的专业服务公司由聪颖、有活力的人员组成,那么公司就可以很信任地让他们自主、自发地开展工作或实现个人发展,没有必要对他们进行管理。但是,我的经验表明,最优秀的管理者确实能为公司创造非常特别的价值。首先，在管理者的有效管理和引导下，员工能够比在任其自由发展的情况下做出更大的成绩，并对工作及个人发展重点有更加清晰的认识。其次，管理者通过运用高超的管理技巧才能将员工的个人才能汇聚成集体智慧，促进员工之间的相互学习和相互支持。

专业人士过着非常忙碌的生活，常常会感觉时间和精力不够分配。在这种情况下，他们很容易迫于压力而推迟处理或忽略一些看似不是很紧迫但对未来发展确实至关重要的事情。通常，人们的惯性是先做最紧急的事情，而致使最重要的事情被忽略。由于眼前的工作压力而往往被延误处理的重要事情包括：为建立客户关系而与客户进行的额外接触、为帮助一名初级员工学习新技能而花费的额外时间、为提升公司知名度而代表公司参加重要商务会议所花费的时间。

专业人士通常明白这些工作的重要性，也知道应该如何开展这些工作。他们打算做这些事情，但总是抽不出时间。毕竟这些工作是"舍近利，求远益"。如果任其自主安排，那么专业人士会像大多数人一样，过于关注眼前工作，而忽略对未来的投入。

我第一次感受到一名经验丰富的管理者所能发挥出的巨大影响力是在我还是一名年轻大学教师的时候。那时，我既有短期目标（给学生上好课），也有长期目标（从事科研并公开发表学术论文）。我可以很好地完成教学任务，但是，尽管心里明白实现长期目标对我的教学生涯非常有益，我还是会找各种理由推迟实现这一目标。学校的年度绩效考核机制对教师有发表文章的要求，但从来没有对我（或者我身边的人）起到激励作用。

后来有一天，一位年长的同事顺道来到我的办公室，他说："大卫，我们能够坐下来一起聊天的机会不多，我一直想知道你最近在忙什么。能告诉我你的研究进展到什么程度了吗？"我结结巴巴地考虑该如何回答。他注意到了我的反应，然后说："你可能需要更专注一些。我们来聊聊吧，看我如何才能帮助你。"我们讨论了一会儿我的想法。他问："你打算访问哪个研究网站呢？"我自己也不清楚，所以只好回答说我正在考虑。他说：

"可能我会对你有所帮助。你为什么不把自己需要查找的内容列个清单呢？如果你愿意，我可以帮你一起看看。"

我们的谈话在继续，这位年长的同事和蔼地进行询问并提出建议，让我很清楚地意识到自己需要查阅、研究哪些内容（他丝毫没有揭我的伤疤）。在（仅仅）15 或 20 分钟后，他说："我现在要走了，很高兴能有机会和你聊天，过两天我可能还会来访，我很期待你的论文能有所进展。"

这位年长的同事说话很有技巧。他的语气温和，提出的问题也都充满善意，但是让我感觉十分尴尬，因为我对他的问题找不到合理说辞。仅仅是 15 或 20 分钟的短暂造访却给我注入了动力和活力，与过去相比，我把工作安排得更有条理、自我约束力更强、工作效率也更高，至少在对话结束之后的三个月中，我一直保持着这种状态。

其中的道理不言而喻。在这位年长的同事来访之前，我一直在漫无目的地徘徊，做好手头的工作。尽管学校设有正式的激励和绩效评估机制，但我却没有真正地集中精力去写论文，工作成效也不大。基本上，我感觉自己就像是一颗无足轻重的小螺丝钉。忽然，有人对我表现出了兴趣，关心我的工作情况，想让我把事情做好，于是他用一种随意自然、没有任何威胁性的方式给我提出了具体且实用的建议。这个人让我认识到自己目前的表现和所处的状态，他不是在评判我，而是在引导我。

从那时起，我多次观察到良好辅导的必要性和重要性。我经常要求合伙人分组评价自己的能力和水平得到了多大程度的发挥。他们的答案各有不同，但都非常低。合伙人经常说他们很勤奋，工作也很努力，但有相当一部分人说他们的潜力没有被"激发"出来，对自己的工作缺乏兴奋感。他们只是"辛苦地完成工作"。努力工作和兴奋地投入工作之间的区别可能很微妙，但是这种区别会决定企业在市场上的成败。

我曾经访问过一家国际专业服务公司的一个主要分支机构的主管合伙人。据说他在没有进行任何人事变动，也没有增加投资的情况下，让几家原本效益日渐下降、员工士气不振的分支机构出现了欣盛发展的局面。我渴望知道他的成功秘诀。是战略性规划，还是严格控制成本，抑或是对专业人员开展营销方面的培训？

他告诉我："我所做的一件关键事情就是把每位合伙人分别叫到我的办公室，只问他们一个问题，'你想因什么而出名？'"他说很大一部分合伙人对此问题没有答案。他继续说："典型的专业人士是训练有素、有才智、有远大目标的人，他想让自己非同寻常，也希望他所在的公司不同凡响。但是能够真正专注于这个目标的人少之又少。作为一名主管合伙人，我的职责就是激发、引导合伙人的工作热情，帮助他们专注于实现自己的远大目标。"

我自己对各类专业服务公司的研究证实了以上观点。公司若想实现成功运营，就必须营造一种充满活力、积极向上、力争做到最好的氛围。管理者的任务就是让专业人士始终专注于实现自我提升、成长和发展的长远目标。

优秀的教练会如何做

优秀的教练如何做出成绩？公司中讲求实际效果的领导者明白，他们很难通过演讲、前景展望或者激发灵感的小组会议等方式来调动合伙人的积极性（或使他们做出改变）。他们知道，能对合伙人产生影响的唯一有效的方式就是一对一、面对面的私人交谈。最重要的是，他们要对每个合伙人个体给予关注。他们只有近距离地了解每个合伙人在做什么、做得如何，才能为之提供实质性的建议。他们总是会"顺道造访"，并问一句："进展如何？"

优秀的教练意识到激励方式会因人而异，因此他们使用多种不同方式来激励团队。对一个合伙人有效的方法可能不适用于另外一个合伙人。能够对个体产生激励作用的因素包括：金钱，来自外界的尊重，在公司内部的身份、地位及受认可程度，在工作中的自主权，别人的赏识，专业自豪感，团队合作，一项挑战性极强的工作，竞争对手或者是任何一个能够令人兴奋的热点问题等。优秀教练的一项重要才能就是要清楚地了解每个个体的特点，然后有针对性地采用激励方式。优秀的教练不会根据书本上的一套理论来判断应该如何激励他人，而是会通过与每个个体的接触来发现对他们有用的激励方法。

优秀的教练认为对同仁和员工的辅导是一个持续不断的过程，因而不会把对同仁和员工的反馈和指导意见"保留"到一年一度的员工绩效评估会议上才提出来。以循序渐进的方式逐步提出有建设性意义的反馈及建议，会使被辅导者更容易接受（从而发挥其作用）。如果反馈和指导建议提前于绩效评估很长一段时间就提出来，而不是一直等到它会对奖励直接产生影响的时候才提出来，那么来自教练的反馈和指导建议就更可能被看作是对员工的帮助，而不是一种考核。优秀教练在给出反馈意见时，不应该一味地提出批评，更应该指出具体的改进建议。好的教练不仅告诉被辅导者哪些方面有待提高，还会告诉他们应该如何提高。这样，被辅导者才会把教练看作是智慧和建议的源泉。

能够带动员工热情和积极性的领导者会想方设法地抓住机会庆祝他们的合伙人同仁的成功和胜利。他们善于利用认可、赏识和公开表扬等方式来激励合伙人（问一问你的合伙人，他们多长时间听到一次"干得好"或"谢谢"。再问问他们是否愿意经常听到这样的话）。然而，要想让自己对他人的辅导起到一定的效果，好的教练还要对合伙人严加要求。当一个优秀运动员成功跳过一个高度时，优秀的教练员应该做什么？两件重要的事情：首先祝贺运动员取得好成绩，然后抬高横杆（"来，你肯定行"）。教练必须扮演好"拉拉队队长"和"首席评论员"这两个角色，两者相辅相成，缺一不可。教练的另外一项技能是把握好"度"，知道可以把横杆抬高几厘米，即根据每个运动员的水平和状态设定下一个既有挑战性但又可以实现的目标。

优秀的教练明白要改变一个人其实很难。人们总是喜欢做自己熟悉的事情（并使用他们所熟悉的做事方法），而不愿意冒险尝试新事物。为了帮助学员克服这种心理，好的教练必须善于组建小型试点项目，让每个人（或团队）预先体验到尝试新事物所带来的成功。他们几乎不会要求合伙人做出重大改变，而是会说："让我们试试它，看看是否有效。"好的教练会给被辅导者树立尝试新事物的信心，帮助他们取得比预期更大的成功。

好的教练会组建团队。因为大多数选手可能会更多地关注自己的表现及成绩，那么教练就有责任维护团队的整体利益，把握好集体行动的机会。教练必须对个人利益和集体利益（比如，谁负责开发某一个特定的客户，或者如何安排合伙人同仁完成某一项工作任务）出现冲突的情形保持警惕，然后和每位合伙人协商，引导他们做有助于维护"集体利益"的事情。这不可避免地会使教练提出一些交换条件（"这一次你帮助我们，下一次我会尽力帮助你"）。优秀的教练尤其关注如何有效、充分地利用集体资源，关注所有成员是否都已融入团队。

优秀的教练经常通过召开小组会议的方式来讨论"我们将如何处理某个问题"，通过集思广益来寻找解决方案。优秀的教练是苏格拉底的信徒。他们不会直接把结论告诉被辅导者（"我已经思考过这个问题并决定这样处理"）。相反，他们会和自己的同事一起找原因、想方案。如果他的同事提出一些他们没有把握的想法，教练就会问："如果我们那样做，我们将如何处理接下来可能会出现的一些不利情况呢？"优秀的教练明白，他的工作就是让他的同事（包括他的合伙人和员工）的做事方式有所改变并努力尝试新事物，这意味着要带动并激励被辅导者有意愿去做这些事情。在很大程度上，这需要引导被辅导者自己找到问题的解决方案。

考虑到团队成员的主动性会促进形成团队风格和成效的一致性，优秀的教练会寻找"志愿者"承担各项工作任务，或者把任务分配好，让他们代表整个团队来开展工作（"苏珊，你是否已经做好准备为我们完成这项任务，你觉得什么时候能够完成"）。优秀的教练也会确保不让他的团队成员接手他们不能完成的工作，因为教练不想开启让团队成员在整个团队面前可以言而无信的先例。优秀的教练也会努力布置合作任务，以便帮助团队成员获取团队协作经验，并培养他们的集体责任感。

最重要的一点是，优秀的教练善于跟进团队成员的工作进展和状态。他们会密切关注行动方案的实施情况（"顺便问一下，汤姆，你答应安排的那个研讨会准备得怎么样了，有什么需要我帮忙的吗"）。如果事情的发展偏离了正常轨道，他们不会等到一个财务年度结束时再去看哪些任务已经完成，哪些任务还没有完成。他们在事情还有时间挽回的情况下就会采取温和的手段进行干预。

公司领导者如何分配时间

综上所述，公司领导者可以通过如下行为体现自己的价值：帮助专业人员了解哪些是真正的工作重点，并且付诸行动；帮助专业人员在个人（和公司）的眼前利益及长远利益之间把握好平衡。如果任其我行我素、各行其是，聪明且精力充沛的专业人员将只注重处理"今天"的问题。公司领导者需要充当公司长期发展目标的捍卫者。优秀领导者的价值还体现在，他们有善意地提醒和督促合伙人同仁和员工的意识：不是给他们设立新目标，而是帮助他们实现自己制定的目标。当他的合伙人同仁和员工个人努力在当前的工作压力和长期的工作成绩之间寻求平衡时，领导者的角色就是提醒者、辅导员和支持者。

做到这一点并不容易。在公司的所有人员中，最熟知这一道理的管理者很可能会成为最关注当前业绩的人。这样就会出现一种危险的情况，即管理者成了公司里最急功近利、不注重长远利益的人。

衡量管理者的最佳标准是看他们如何分配时间，一名管理者的时间可以分为五部分：

- 财务和行政事务。
- 专业性（可计费工时）工作。

- 个人营销。
- 维护客户关系。
- 与资深专业人士和员工沟通。

在以上五个方面，管理者"发挥作用、产生影响"的最佳时机是什么？

尽管财务和行政事务看似紧迫，但是它们不会对公司的长远利益产生巨大影响。行政工作属于"卫生"问题：如果处理得不好，它会对公司造成伤害，但出色的行政工作也不会促进公司未来的成功。行政事务必须处理好，但对公司的未来不会产生决定性的影响。公司的领导者必须找到高效（高质量地）处理行政事务的方法，而不是把所有宝贵的时间都花在这些事务上。

事实上，公司的每位领导者都应该配备一名被高度授权的行政事务员，把财务和行政事务下放给他们处理。大多数情况下，对该名人员的支出由领导者自己承担，因为这些人员可以帮助领导者节约出更多时间来从事价值更高的专业工作，而这些时间所创造的价值要比行政事务人员的成本大得多。如果一名领导者把超过 10% 的时间花费在财务和行政事务上，那么他只是一名行政人员，而不是一名管理者。

专业性工作（保持一定的个人可计费工时比例）的重要性体现在哪里？这种专业性工作对公司领导者来说是有必要的吗？在一定程度上，管理者为了树立威信，必须不断赢得下属对其专业能力的尊重，然后才能对其下属产生影响。管理者也必须确保他们没有完全脱离市场。然而，很显然，让管理者在客户项目上投入可计费工时并不是使他们的时间得到高效利用的方式。这种做法使管理者分身乏术，影响和帮助公司中其他合伙人的机会非常有限。

管理者必须承担多少专业性工作，才能获得其他同事的尊重并能使自己与市场保持紧密联系呢？针对不同的行业、不同的公司，答案不尽相同。但是，如果遇到合适的项目，管理者至多需要投入 10% ～ 20% 的可计费工时，就足以证明其"作为专业人士的价值"了。承担专业性工作可以让人获得成就感和乐趣,而辅导别人就并不总是如此,但是管理者必须认识到哪类工作才真正有利于公司的长远发展和成功,真正有利于公司的"能力建设"。

同样的道理也适用于新业务的开发或营销活动,管理者必须参与其中以赢得资深专业人士的尊重。然而,最能体现管理者价值的不在于销售,而在于教会别人如何开展销售工作,即发挥杠杆率的作用。参加各种商务社交活动、建立新的客户关系单靠资深专业人士难以完成,需要管理者的鼎力相助,但也不能由管理者完全代理包办。管理者的角色首先是一位"老师",其次是一位"实干家",二者缺一不可,但必须分清主次。

正如我们在前文中所论述的,花费在资深专业人员身上的时间,如果利用得好,将会创造很大的价值,比如帮助他们解决问题、帮助他们始终明确工作重点、帮助他们制定具有挑战性的目标。这些工作带动员工所取得的成绩将远远大于让他们各谋其事所取得的成绩。最优秀的教练在这些工作上花费大量时间,大约是每周工作时间的30%~60%。

那么,客户关系的重要性又体现在哪里呢?应该注意的是,这里所指的客户关系与业务开发、个人的专业性工作都是相互独立的领域。我们现在所指的客户关系是拜访公司中其他合伙人的客户,以了解其对公司服务的满意度以及可能会出现的新业务问题等。当然,这样的拜访不会背着该项目的主管合伙人进行,而通常是和他们合作开展的。

这一工作具有重大意义。花时间向现有客户的管理层了解专业人员的工作情况,对巩固客户关系、提升客户满意度、同客户的决策者一起挖掘新的业务机会有很大帮助。当然,这种拜访也是一种强有力的服务质量保障措施。如果管理者能利用自己的时间和职位优势在这方面为资深专业人士提供支持,那么,这种做法将发挥很大的杠杆率作用,因此它要求管理者投入20%~40%的时间。

当然,以上所提到的比例并不是绝对的。例如,一家大型公司的管理者可能需要把大量的时间花费在客户关系及对合伙人的辅导上,所以他把个人在客户项目上投入的可计费工时减少到零也是合情合理的。他只需通过帮助别人以及处理好客户关系来树立和维持自己的威信。

回顾我们谈到的五个方面，有些管理者可能会问："制定战略规划和坐下来单独思考的时间去哪儿了？"我坚定地认为单独坐下来进行思考的管理者并不是在进行管理。制定战略规划和上述所谈到的方面也不是截然分开的。如果管理者主动拜访客户，讨论他们的新业务，积极地与合伙人举行单独或者小组会谈，那么公司的战略性工作任务就能得以良好执行。

谁适合做教练

这里应该明确指出：除非是在规模最小的公司里，否则一个人不可能给所有其他合伙人当教练。相应地，教练工作也不应该只是主管合伙人的职责，而应该是每一个部门或业务主管合伙人的职责。遗憾的是，尽管部门或业务主管合伙人明白自己对这项工作的重要性，但他们往往不能真正发挥自己的作用。当和部门或业务主管合伙人一起工作时，我经常会问："如果每周给你额外的一天来让你们部门或业务领域取得更大的成绩，你在这一天会做什么呢？"最普遍的答案是："多花时间和我的合伙人在一起。""做什么呢？"我问。他们的回答包括我在前文中谈到的大部分内容：跟踪工作进展、调动合伙人的积极性、为他们鼓劲加油、解决人员配置及工作安排上的问题和矛盾，以及召开小组会议研究行动方案、讨论战略性问题等。他们非常同意这些工作对企业的成功有重大意义。"那么你们为什么不在一周当中抽出一天的时间来做这些工作呢？"我问。"太忙了，"他们回答，"我们必须不断地在客户项目上投入可计费工时。"

让我们就这一说法做一道算术题。假设一个公司的领导者负责带领一支由 10 位合伙人组成的工作团队，总营业额是 800 万美元，利润是 300 万美元（当然，大家可以用自己的数据替换）。每周中的一个工作日相当于这个领导者 20% 的时间。让我们假设一年有 2 500 个小时，可计费的工时为 2 000 个小时（我们假定该公司领导者同时开展包括业务开发在内的所有其他工作，只是把他的可计费工时减少 500 个小时）。现在，假设该领导者的收费标准是每小时 400 美元，这意味着他每年在除专业性工作之外的其他工作上花费的成本是 200 000 美元。如果该领导者每周花一天的时间（全年每周如此）专注于管理一个营业额为 800 万美元、利润为 300 万美元的公司，他有可能收回这 200 000 美元的成本吗？如果该领导者具备一些管理技巧，这种可能性应该是非常大的，可能性高于 99%。我们甚至可以考虑让领导者在一周中腾出 2 天的时间来开展管理工作。

以上分析想要说明的是，公司领导者帮助其他合伙人取得成功或者帮助他们获得更大的成就，相较于专注于自己的专业性工作，显然具有更大的经济价值。公司领导者的工作是帮助其他合伙人成为团队中最成功的"实践者"和销售人员。

如何考核公司领导者的业绩

既然公司领导者的任务是帮助整个团队获得成功，那么，应该根据这一任务的完成情况及质量来对其进行考核和评估，而绝对不能以个人绩效（比如个人所创造的收益、新开发的业务）作为考核标准，因为这样会在领导者按要求所做的工作和业绩考核指标之间造成不可调和的矛盾。因此，应该依据领导者所管理团队的集体绩效（团队的总收益和新开发业务的总和）来对其进行考核和评估。

此外，应该给公司领导者提供反馈。和每位合伙人一样，公司领导者也有自己的客户。不过，他们的客户不在公司外部，而是公司内部的合伙人。为确保公司领导者履行自己的职责，一些公司建立了合伙人对公司领导者的绩效评估反馈系统。每名合伙人匿名就图 19-1 中的问题对管理者进行打分，评分结果由第三方进行汇总，公司领导者（在某些情况下是公司管理层）会收到评分结果汇总。

为对公司管理者的绩效进行考核，请回答如下问题。1= 强烈不同意；2= 不完全同意；3= 不知道；4= 在一定程度上同意；5= 完全同意。

公司的领导者……

经常鼓励而不是批评别人	1	2	3	4	5
有时间与我进行交谈	1	2	3	4	5
知道我在做什么	1	2	3	4	5
公平对待所有合伙人	1	2	3	4	5
鼓励我实现具有挑战性的目标	1	2	3	4	5
关注长远利益而不是眼前利益	1	2	3	4	5
以一种全员参与的形式召开小组会议	1	2	3	4	5
做出决策时征询别人的意见	1	2	3	4	5
充分关注非合伙人及他们提出的问题	1	2	3	4	5
为我提供有建设性意义的绩效反馈意见	1	2	3	4	5
为我们的业务发展提供有创意的想法	1	2	3	4	5
让我在设定个人目标上享有自主权	1	2	3	4	5
让我感觉自己是一个运转良好的团队中的一员	1	2	3	4	5
更像一个教练而不是老板	1	2	3	4	5
帮助我明白如何把自己的工作任务和团队的整体目标融合在一起	1	2	3	4	5
始终提醒我为实现目标而应该做哪些事情	1	2	3	4	5
积极鼓励我为公司的发展提出新的想法和建议	1	2	3	4	5
帮助我成长和发展	1	2	3	4	5
鼓励我开展重要的工作和项目	1	2	3	4	5
在公开场合毫不吝惜地对我进行表扬	1	2	3	4	5
及时对绩效不合格的合伙人提供帮助和指导	1	2	3	4	5
善于解决内部矛盾，避免"内讧"	1	2	3	4	5
鼓励创新和承受经评估在可接受范围内的风险	1	2	3	4	5
建立以绩效为基础，而不是以职位和资深程度为基础的奖励机制	1	2	3	4	5
强调团队合作而不是竞争	1	2	3	4	5
与合伙人进行有效沟通	1	2	3	4	5

图 19-1 对公司领导者的考核指标

尽管许多公司违背了这一规则，但是公司领导者不收取"岗位工资"还是非常重要的一点。也就是说，公司领导者不应因其承担管理或指导别人的职责而理所当然地获取高报酬。同所有合伙人一样，他们应当按绩效（团队的绩效）获取报酬。这种奖励机制有助于公司领导者履行自己的职责，因为团队中的所有成员都明白，公司领导者获得成功的唯一方法就是帮助他们取得成功。这将会使其他合伙人更愿意接受公司领导者的指导和建议。

公司管理者的压力

当然，要想在图 19-1 所列示的指标上都有好的表现就需要有才能的人员，甚至需要一些愿意按照这些指标来履行职责的非同一般的人员。并非每一个人都具备成为一名优秀管理者所需要的素质。在专业服务公司中的时间越久，我就越能深刻体会到出色的专业人士和优秀的管理者所需具备的技能有多大不同，一名管理者所承受的压力又有多大。

在一天的时间中，专业人员可以集中处理一两件重要的项目任务，而且很可能在一天结束时可以看到明显的进展。对于专业服务公司的管理者而言，一天的时间会被分割成无数个不同的时间段：应对满腹牢骚的客户、处理员工的个人问题、分析财务报告、面试应聘者、审批各项行政事务、研究对新业务的介绍以及成千项其他事务。这些接踵而来的问题都需要管理者全身心地给予关注。快速转变思维及不断评估和调整工作重点的能力是管理者应该具备的最重要的才能之一。

与一般合伙人相比，公司管理者必须学会承受更大的不确定性和风险。不论结果好坏，一般合伙人的成功或失败掌握在自己手中，主要取决于他们个人的工作表现及成绩。管理者却必须通过别人来完成自己的目标，因此他们的成功较难由自己掌控。普通合伙人的工作成绩通常是显而易见的，而且客户也会经常、快速地给予反馈。然而，对于管理者来说，"成功"的定义就比较模糊，对于是否达到绩效考核标准的反馈也更加不明确且难以直接进行判断。管理者很少能在结束一天的工作回到家之后，知道自己在这一天当中完成了哪些具体的、有实质内容的工作。

专业服务公司的管理者还必须具备强大的"恢复能力"和韧劲。正如大卫·奥格威（David Ogilvy）在他的著作《奥格威谈广告》（*Ogilvy on Advertising*）[1] 中所谈到的，专业服务公司的首席执行官必须能对遭受挫折的团队成员起到良好的领导作用，并具备在逆境中的自我调节和抗压能力。专业人士希望从管理者那里获得灵感、热情和信心（尤其是当他们遇到难题时）。管理者不能让每天的成功或失败决定自己的情绪并沉湎于其中，他们要始终保持一颗平常心。凯旋公关公司的保罗·奥瓦瑞说，他从管理工作中获取的最深切、最重要的教训是：必须坚持"无所谓好与坏，安之若素、淡然处之"的原则。

为了获得成功，教练还必须能够抑制利己的自我需求，因为其工作的本质是要让别人感受到成功或自己的重要性。管理者的工作是组建一支团队而不是一个帝国。最好的专业服务公司的领导者能在他人取得成功时迅速地给予赞赏，同时弱化自己的作用。优秀的专业服务公司的管理者必须以抑制某些个人的心理需求为代价才能具备这种素质。

教练的工作还包括其他压力：几乎没有专业人士喜欢听别人的指挥做事，管理者必须对他们进行劝说和诱导。即使管理者对问题的解决方法看得很透彻，也必须这样做。管理者为达成共识而需要克服各种挫折，以及抑制各种利己心理的诱惑是一项旷日持久的挑战。管理者尤其要避免擅自干预别人的专业性工作，必须允许专业人员自己做决策（可能会犯错误），进而帮助他们获得个人成长与进步。因为管理者的主要工作是"教"，他对他的被辅导者必须要有耐心。对许多人而言，担任管理者就意味着要放弃很多靠自己的专业技艺带来的成就感。

如果不能对绩效不佳的合伙人提出坦诚、有建设性意义的批评意见，并在必要时执行合理的处置措施，那么专业服务公司就会走向衰落。教练必须在提供绩效反馈意见，甚至是做出开除决定时忍受情感上的煎熬。管理者也负有化解矛盾的责任，尤其是对资源的利用。在对团队资源进行管理时，管理者必须对每位合伙人的人员配置、每位合伙人的项目分配等方面做出决定。

教练工作需要时间、耐心和智慧。这项工作经常会令人泄气，只是偶尔可以获得成就感。公司管理者必须和其他合伙人开展互动，让他们欣然接受批评意见，并把这些意见视为一种帮助，而不是干涉。公司领导者必须能够让合伙人心甘情愿地为实现目标而全力以赴。这就要求管理者成为合伙人眼中的有用资源，而不是一个吹毛求疵的上司和老板。优秀的公司管理者通过交流和展示自己的热情来调动合伙人的积极性。挖苦和激励的言辞都有感染力，关键是看公司管理者选取哪种沟通方式。

在专业服务公司中担任领导者的一项极为重要的要求是要具备赢得别人信任的能力。信任一个领导并不是对他唯命是从。信任是坚信管理者说话算数，并重视履行自己做出的承诺。管理者的所作所为并不是为了自己，也不是受个人利益所驱使，而是真正出于对公司长远利益的考虑。教练必须让被辅导者相信他们的动机是单纯的——教练不是在耍权威，而是在努力地帮助他们。教练必须让被辅导者明白：教练要求他们改变，目的不是让教练看起来更优秀，也不只是为了让公司获得更大的荣耀，而是要帮助他们发现自己能从中获得什么。

令人遗憾的是，在许多专业服务公司中，被任命为公司的管理者通常被看作某种形式的"奖励"。获得这个职位的应该是合伙人中声望最高、最资深和具备最佳业务开发能力的人。但是，这些标准都不适合。公司领导者应该被看作是一个角色或一种责任，而不是一个头衔、一种晋升或一项奖励。管理工作是一项专门化程度很高且难度很大的工作。当然，如果公司领导者不能获得同事对其专业能力的尊重，就不能成为一个有成效的管理者。公司领导者要求别人做的事情，自己也必须有能力做，而且具备相应的经验。他们自身必须是出色的专业人士。但是，这与体育界有所不同，优秀的教练并不需要是最好的运动员。

在专业服务公司中，很难找到优秀的教练，几乎没有人"天生"具备我们在本章中所谈到的各种能力和技能。更少有人愿意放弃自己的专业性工作而承担本章中所谈到的其他职责。但是，只要愿意学习，做一名教练所需要掌握的技能是可以培养的，而且其中蕴藏着机遇。由于优秀的教练非常少见，却又具有重大作用，所以，一个公司的竞争优势完全可能是建立在出色的领导和管理能力之上的。

| 第 20 章 |

如何制定战略

几年前，我有幸审查了在一个特定的专业服务市场上参与竞争的大多数专业服务公司制定的战略规划。每个公司都对它所在的市场进行了透彻的分析，并在考虑发展前景、盈利能力和对专业服务的需求等因素的基础上，确定了最具吸引力的目标行业。它们还对这些行业中最具吸引力的客户进行了仔细分析，并明确了最理想的目标客户。然后，它们针对目标客户最需要的服务、专业知识、经验和技能进行了分析。

基于上述分析（每家公司都可以获得一个完美的"10 分"），各家公司都编写了一份以"我们的战略是以下述特定行业中的下列客户为目标群体，并为它们提供如下几项关键服务"开头的战略规划书。

这么做并没有错。但问题在于：每个参与竞争的公司所列示的目标客户、行业和关键服务基本都是相同的。可以说，这道算术题它们都做对了，只是算法不一样。它们的战略规划只是对名单顺序进行了调整，对公司名称进行了替换，没有一份规划书看起来会更胜一筹。

这些公司的战略制定工作并没有完成，可以说只是刚刚起步。商学院对战略制定的定义是寻找"凭借与众不同的能力建立竞争优势"的途径。

抛开该定义中冠冕堂皇的专业术语，其实道理浅显易懂：制定一系列行动方案，让公司所提供的专业服务与其他竞争对手相比更能为客户创造价值。

当公司确定了目标市场之后，接下来就必须转向难度更大的工作，即决定如何展开竞争。制定战略的下一个步骤显然会较少涉及市场战略，而是会更多地关注公司内部的、运营性的事务，包括如何改变公司的服务方式，以使它所提供的服务相比于强大的竞争对手更能为客户带来额外的好处。

从这一角度看，战略制定在本质上是一项创造性的活动，而不是单纯的分析工作。它是在"找到做事情的新方法"，以使公司获得竞争优势。如何做到这一点呢？表20-1列示了一些主要的可选方案。

表 20-1　为客户创造更大价值的战略选项

1. 我们是否可以革新现有的招聘方式，通过招募更高水平及素质的员工来为客户创造更大的价值
2. 我们是否可以在专业技能或客户咨询技巧等方面加强对员工的培训，让员工在市场上比竞争对手更有竞争力
3. 我们是否可以研究处理问题（项目、交易等）的创新方式，以求更加全面、高效地为客户提供服务
4. 我们是否可以采用系统的方法来帮助和激励员工，更重要的是，确保我们的员工不仅成为顶尖的专业人员，而且掌握出色的客户咨询技能
5. 我们是否可以比竞争对手更加有效地在公司范围内积累、分享和构建专业知识及经验体系，以提升每位专业人士在市场中的价值
6. 我们是否可以在人员的组织和专业分工方面运用创新方式，以提高他们的专门化程度，强化他们的专业技能，提升他们在市场中的价值
7. 我们是否可以通过系统、认真地倾听市场需求来提升对客户服务的价值，比如，比竞争对手更有效地收集、分析和吸收客户在业务发展细节中所传递的信息
8. 我们是否可以通过对客户所感兴趣的领域进行研发投入来提升我们对客户的价值

公司所面临的挑战并不是为每一个问题都找到正确答案：期待公司在所列示的每个维度上都能胜过对手是不现实的。相反，制定战略所面临的挑战是要选定两三个方面，并且充分发挥创新精神，在这些方面探寻为客户创造更大价值的途径。

战略规划的内容有哪些

专业服务公司在制定战略时会自然而然地关注新事物，这个倾向令人感到遗憾，比如"该公司想要开发哪个新市场？""该公司想要以哪些新客户为目标群体？""该公司想提供哪些新服务？"这种过于关注新服务和新市场的做法往往是一个逃避责任的借口。一个新的专长领域（或者是一个新的办公室选址）对一个公司所产生的影响并不确定，但几乎不会对公司绝大部分现有业务的盈利能力和竞争优势产生影响。

另一方面，公司核心业务竞争力的提升将带来非常高的投资回报，因为公司可以将它运用到更大规模的业务中以充分发挥其作用。遗憾的是，提升现有业务的竞争力将不可避免地要求现有合伙人的行为方式有所改变。

表 20-1 中所列示的建议反映了新的运营方式、新的技能开发和新的职责。在实际操作中，这些变革可能会引发困扰、不适、争论和内部斗争。

"现有合伙人仍然采用当前的运作模式，我们将通过在其他城市设立新分支机构或另聘人才以开发新的专长领域等方式来解决战略问题。"这样的观点太简单，实际上是"隔靴搔痒"。

当然，新的专长领域或在新的城市设立分支机构都是必须纳入考虑范围的事项。一个公司必须同时针对新事物和现有核心业务制定战略，二者缺一不可，但要切记战略的真正内涵是：在现有合伙人、现有服务和现有市场的条件下，通过改变运营方式来为客户创造更大的价值。

应该由谁来制定战略

在战略制定过程中，最糟糕的一种假想就是：制定战略规划是公司领导层或管理委员会的职责，然后由他们向其他合伙人"游说"或者"兜售"这个战略规划。

这种方式潜藏着许多问题。首先，大多数专业服务公司都由不同的业务部门组成，这些部门为不同的客户群体提供差异非常显著的专业服务。因此，如果站在公司整体的层面来解决表 20-1 中所列示的问题，任何努力都是徒劳。

例如，在同一家律师事务所中，诉讼部门和房地产咨询部门获得竞争优势的做法是完全不同的；同一家会计师事务所中咨询部门和审计部门提高竞争力的战略也大相径庭。从逻辑上来看，如何提升专业服务对客户的价值应该是业务层面的战略问题，应该由每个业务部门负责制定战略规划。

在大多数专业服务行业中，不难发现市场中所指的"公司"其实并非指"整个公司"。客户更倾向于比较不同公司的某个业务部门之间的优势和劣势，而并不会从公司整体的角度进行对比（除非整个公司只专注于一个业务领域）。因此，试图从公司整体出发，自上而下地制定和实施战略的做法注定会失败。

这种自上而下、立足于整个公司的战略规划还存在另一个问题。如果公司的核心领导层制定了市场竞争战略，如上文所述，他们还需要"游说"其他合伙人来实施已经设计好的行动方案。大多数专业服务公司的战略性举措往往受制于此而难以推进。众所周知，合伙人都很看重自主权，不愿意依令行事。因此，最好是通过"说服"而不是"指令"来让他们改变自己的做法。但是，直接向其他合伙人介绍战略制定的结果是最不可取的"劝服"手段。

任何涉及既定做法的新战略举措都将不可避免地要求绝大部分员工，尤其是合伙人对其行为方式做出改变。可以预见的是，合伙人的许多传统行为模式将受到挑战，奖励机制也将经常性地被调整，角色和职责也将被重新分配。因此，任何一个战略制定的过程都必须征询全部合伙人的意见，要让每位合伙人都确信：为改变而付出一些"代价"是值得的，它对实现个人目标也是大有裨益的。

出于上述这些考虑，最为关键的是要让公司中的专业人士自己制定战略规划。因为要想让这些规划得以贯彻实施，就必须获得认可，而如果这种认可是来自于其他合伙人、管理委员会或者是一个外部人士，那么计划就难以执行。

战略并不仅仅是指公司要达成的目标，它还包括实现目标的方式和指定负责落实的人员，因此必须制订行动计划，而谁负责落实，谁就是制订行动计划的最佳人选。必须尽早让这些人员参与到战略制定的过程。事实上，他们应该是制定战略和提出行动建议的主要负责人。毕竟，与上级强加的目标相比，大家对实现自己所选定目标的责任心更强。

专业服务公司在制定战略规划时，最好采用"自下而上"的方式，即要求每个业务部门（或领域）制定自己的战略，围绕计划如何提高自身的竞争力，针对一些具有挑战性的问题（见表20-2）给出答案。公司管理层应该安排时间听取各业务部门的战略规划，在这个过程中，管理层应该扮演"友好型质询员"的角色（这对战略制定过程很重要）：提出质疑、问询、要求提供推断依据、对相关解释提出疑问等，并应该常常问，"谁负责落实战略？计划如何推动战略的实施？最强劲的竞争对手会采取哪些应对策略？你们部门的战略将对其他部门起到哪些促进作用？"

表20-2　评估战略规划的部分"友好型质询"问题

你计划发展哪方面的专业能力，从而令最强劲的竞争对手都无法企及

它们因何无法企及

你计划采取哪些行动使这些专业能力发挥效用

你的投入重点与竞争对手有何不同

你何以确定客户会认同你的战略规划？你在哪些方面做过测试？客户给你提供了哪些反馈意见

战略规划中的各个部分由谁负责落实

谁参与制定了战略规划？所有人是否达成共识（还未征询谁的意见，他们是否会参与计划的实施）

你会托付哪些人员来实施该计划？他们是否有足够的动力来完成这些任务？你所安排的工作是否符合他们的利益？为了激励他们，你是否需要对奖励机制进行调整

未来几年，哪5个或10个客户最有可能给你带来新业务？你将采取哪些措施来进一步接触这些客户

（续）

你重点关注哪些新客户？原因是什么？你为什么认为可以赢得它们的业务
各主要竞争对手正在做的哪一件事情对你的影响最大？你将采取哪些应对措施
你计划如何利用全公司范围内的资源？你计划如何获得别人的配合
你计划如何为整个公司的国际网络做贡献？你的所作所为将如何惠及公司的国际网络
你的行动计划对人员配置有哪些要求？你从哪里获得这些人员
你的行动计划主要基于何种假设？最大的风险是什么（例如，如果失败，后果是什么）
我们如何判断你的计划是有效的？我们可以观察哪些指标，何时对计划的执行情况进行考查
如果计划未能顺利得以实施，早期信号会有哪些？你会采取哪些应急措施

在首次"友好型质询会议"结束之后，各业务部门通常会对战略规划进行修改，然后再次向领导层汇报。在大多数情况下，这个过程所带来的最终成果是一个清晰的行动方案和某种形式的投资要求。当管理层在听取每个业务部门的战略规划后，他们就能够在公司整体的层面制定战略了。管理层在充分了解每个业务部门所能获得的业务发展机会之后，就能站在全局的高度制订审慎的投资计划，以决定哪些是最佳投资机会，哪些有助于增强公司的整体实力。然后，管理层再与业务部门负责人就行动计划中无法达成一致意见，或者无法获得充足的资金支持的部分进行协商，并对相关计划进行修正。

在一些公司中，管理层会选择让其他资深专业人士参与到"友好型质询"环节或最终的资源分配决策过程中，而不会单独做出决定。这种选择在一定程度上是基于"这样做是否有助于促进公司内部的和谐"这一考虑而做出的。

公司层面的战略制定过程的最终成果应该是公司管理层和各业务部门负责人之间缔结的一系列"契约"关系。这些契约应该明确列出每个部门要达成的目标、计划采取的行动步骤、需要哪些投入和支持等，其中目标必须是可以衡量的。此外，还可以设置几个重要时间节点，即写明什么时间对计划实施的进度和效果进行检查。

战略制定过程的重要性在于，它代表的不仅仅是一次性事件，而是公司运营及管理方式的转变。它旨在建立一种机制，并通过这种机制迫使每个业务部门有意识地思考其业务运营模式、未来的发展方向和提升市场竞争力的行动计划。

在许多公司中，制定战略是一个孤立的过程，在这个过程中，公司试图预测市场的未来走向并为此做好准备。这种做法有着致命的缺陷。专业服务市场经常发生变化且没有固定的发展规律，公司很难对市场前景做出准确预测。而且，正如前文所述，大多数关于"市场走向"的分析都极有可能导致公司与其他竞争对手得出同样的（且显而易见的）结论。

制定战略不是在预测未来，而是要创建一种应对机制，通过一系列的程序来促使业务执行人员持续倾听市场的需求，而不是一次性地开展市场调研工作；战略制定要求管理者定期审视操作方式并不断寻求改进；战略制定促使管理者开展对公司有益的行动，尽管这些行动所取得的成绩并不一定会在公司每月的利润表中得以反映。

这里所描述的战略制定过程不是指设定目标或编制预算。许多战略制定工作失败的原因就在于各业务部门低估了将战略理念和分析转化为具体行动的实际操作的难度。在制定战略时，各业务部门应该花费一小部分的时间（不超过20%）来确定它们想要实现的目标，剩余时间应该用来制定行动方案。

在制定战略时，应该尽量减少书面材料。管理者不应该只要求各业务部门的领导者提供书面的战略规划，而应该要求他们采用互动形式进行陈述，并只需列出内容要点。这样做的好处在于促使管理者集中精力对当前所陈述的问题进行思考和推理，并制定具体的行动方案。太多的战略计划都因没有经过仔细推敲或深入理解而无从实施。这个过程中唯一重要的文件就是列出行动的重点要素：由谁负责哪个部分以及何时完成哪些任务。

本章关于战略的观点可以总结如下：制定战略并使之得以贯彻实施并不是公司管理层的职责。管理层的职责是确保战略制定工作的顺利完成。

管理层的工作不是替代合伙人思考和规划如何提升竞争力，而是确保合伙人完成这个思考和规划的过程。这并不意味着管理层放弃或下放了手中的权力。相反，这样做使管理层的形象由老板、决策者或统治者转变为（严格的）教练员或者一种新的意识形态的代言人。

这种方法和工业企业的战略制定方式肯定是恰恰相反的。但是，专业服务公司和工业企业本身就不同。对一家工业企业的首席执行官来说，当行动计划一经确定后，他就能运用自己的权力和权威来使其得以实施。但是，专业服务公司中的管理者却无法做到这一点。工业企业对同样的（或类似的）产品进行重复生产，一个业务部门就可以代表整个企业从全局角度考虑最高效的生产方式。但是，专业服务公司却并非如此。在合伙人享有较大自主权的公司中，每个人都从事不同于其他人的业务工作，"由下而上"是唯一可行的战略制定方式。

个人战略规划

由下而上的战略制定概念还可以得到进一步延伸。据我所知，在大多数取得成功的专业服务公司中，几乎所有的合伙人都有自己的职业战略规划，他们都会思考：自己在市场中有哪些特殊价值？除专业能力之外，自己还有哪些过人之处？计划如何实现个人的职业发展目标？

在这样的环境中，公司的大部分战略制定任务已经由合伙人完成，公司层面的战略（如果有）只是锦上添花而已。然而遗憾的是，在很多公司中（特别是拥有完善的战略规划的公司中），合伙人并不热衷于制定个人的战略发展规划。他们认为公司（或者业务部门）的战略与他们无关，那只是别人应该操心的事情。

尽管公司站在全局的角度制定了战略，但如果公司的合伙人对各自的发展目标、职业规划和专长领域没有明确的想法，那么公司战略所能发挥的作用也是微乎其微。因此，需要重申的一点是：专业服务公司管理层的职责不是为合伙人制定战略，而是要确保合伙人自己制定了个人发展战略。

要想建立个人战略规划体系，最重要的一点就是业务部门负责人和每位合伙人私下进行交谈，并提出如下问题："确切地说，哪些因素会让你在今后几年内在市场中变得与众不同？你是否打算在某个技术领域、某些特定的项目类型或客户服务等方面实现专门化发展？你可以选取某一个领域，但不能面面俱到。选择权在你，公司对你的要求只是专注于某一个方面，然后深入发展，以求树立和实现自己的职业发展目标。"

通过提出这样的问题，业务部门负责人就把职业生涯规划的自主权交给了合伙人，而通过他们的回答，业务部门的负责人才可以确保合伙人拥有明确的前进方向和充足的动力。

理论上讲，这样的方法可能因为每个合伙人都专注于实现个人的卓越发展而导致业务部门成为一盘散沙，但在实践中这样的情况极少发生。业务部门的主管合伙人提出这样的问题，并不仅仅是全盘接受合伙人的答案，他们还要扮演"友好型质询员"的角色。例如，业务部门主管合伙人可以向其他合伙人指明其选择了其他合伙人不愿意涉足的领域，并提出疑问："你是否愿意独自尝试发展这项专长？你的一些同事正致力于开发相关领域的业务，成为他们当中的一分子是不是更有利于实现你的远大目标？"

在这样的协调过程中，一个战略重点一致且行动方案切实可行的团队就会自动形成。这些团队可能不如业务主管合伙人运用自己的智慧为整个业务部门统一制定战略所形成的团队那样整齐划一，但战略规划得以成功实施的可能性会大幅增加。正如我们反复提及的，在战略制定过程中的最大障碍就是要让战略落地，跟踪它的实施进度，确保行动落到实处。只有把这个过程建立在合伙人个人的热情及远大抱负上，这个问题才能得以有效解决。

公司管理层在战略制定中的角色

除了对业务部门及个人层面的战略制定工作进行鼓励（和监督）之外，

公司管理层应该着重解决的一个问题是：公司能够且应该为业务部门及个人制定和实施战略提供哪些帮助，以确保提升公司整体的竞争力？

公司管理层在战略制定过程中主要有两项职责：制定"游戏规则"（公司政策），制定"经费制度"（公司层面的投资和融资安排）。

管理层的一部分工作是：如何让别人的表现比过去有所改进（更有竞争力）？我们是否确信我们的员工有充足的动力来完成指定的工作任务？是否有什么重要事情因为大家认为不符合其个人利益而无法完成？

举个例子，许多公司（或业务部门）在提升竞争力的战略中都包含开发现有客户的新业务。但是，在这些公司中就有合伙人经常反映，赢得新客户所获得的奖励（经济上或者精神上）要远大于从现有客户赢得一个收益水平相当的新项目。同样，公司可能一边宣扬"加杠杆"的好处，一边却继续以个人的收费能力，而不是其所负责的业务量为依据来考核合伙人的业绩。像这样"鼓励 X 行为，却奖励 Y 行为"的荒唐事例在许多专业服务公司中屡见不鲜。

相应地，公司管理层应该检查是否为合伙人个人及业务部门在当前及未来提升竞争力方面提供了最好的"氛围及环境"。管理层必须反躬自问：正确的激励和奖励机制是否已经落实到位？这句话虽然有点夸张，却有实质性的内容："只要告诉我你是如何考核和奖励合伙人的，我就能说出你的战略是什么，因为我可以告诉你合伙人在开展业务时会做出何种选择。"

公司管理层在战略制定的过程中履行自己的职责时，应该对以下政策（"游戏规则"）进行审核：

- 绩效评估（如何对合伙人问责）。
- 利润和其他绩效衡量指标（如何为他们打分）。
- 薪酬、奖金和利润分配机制（对合伙人及员工行为的激励因素有哪些）。
- 对业务部门领导者的选择标准、角色定位和评估。
- 质量保障程序。

以一家会计师事务所的做法为例来进行说明。该事务所针对一定规模的所有项目都制定了强制性的客户反馈措施，以求在公司内部建立一个服务质量打分机制。与大量的培训项目及总结会议相比，这个举措对保障服务质量具有更为深远的战略意义。再比如，在多个城市或地区开设办公室的一家精算师事务所会对全体员工展开年度满意度调查，调查结果被作为各办公室负责人的绩效考核依据。与宣扬"人力资源管理"的重要性或把"取得专业成就"写入公司的使命宣言相比，"打分制"对改变员工行为（取得战略性进展）将再一次发挥出无与伦比的效力。

公司管理层在战略制定过程中的第二项职责是为公司的资金投入建立基本规则。制定战略归根结底是一种投资理念：天下没有免费的午餐，竞争优势并不能免费获得。因此，如果公司想在未来更好地立足，今天就必须有所付出。这种投资也许不仅仅是指资金上的投入，还有时间（可计费工时之外的时间）上的投入。鉴于专业服务公司在时间和金钱上的投资能力都十分有限，它们必须通过建立一些基本规则来明确投资重点和先后顺序。

如上所述，最适合提出具体投资计划的是负责执行战略的业务部门。但是，公司管理层有责任对如何处理投资建议制定基本规则。也许更为重要的是，管理层的作用是刺激和引导业务部门提出投资计划。

在专业服务公司的会计账目中，一个很糟糕的奇葩现象是，大多数关键的战略行动（比如培训、酌情减少部分员工的可计费工时以帮助他们发展新专长、为提高效率而研究开展项目的新方法、参与开发新的服务领域）并没有体现为公司"投资项目"的增加，反而体现为收费能力的降低，即净利润的减少。正如一句老话："一个人的投资就是另一个人的损失。"相应地，受公司财务控制制度约束的合伙人会选择推迟或避免开展这类投资活动，因为他们不想被别人认为自己没有达到公司要求的收益目标。

因此，公司管理层的一项重要职责就是为提出投资计划及为投资计划的向前推进创造机会，使其能够在公司正常的会计处理程序之外得到考虑和重视，并以是否有利于公司长远发展为判断其是否能获得批准的依据。

"自下而上"的战略制定过程就完全符合这一点。

启动战略制定工作

在启动战略制定工作时,我发现有两个问题尤其重要。管理委员会、业务部门或者最好是合伙人都应该回答这两个问题:

1. 如果你在下一年可以投资 × 百万美元(超过你当前的投资水平)来提升业务竞争力,稳固你在市场中的地位,你会选择在哪些方面进行投资?

2. 如果你可以通过改变公司管理层的某种管理方式及政策(考核标准、奖励机制、组织形式、薪酬制度、对业务部门主管合伙人的选任及考评机制)来提升竞争力,你会选择哪个方面?

这些问题的答案通常会对战略制定过程中的核心讨论起到抛砖引玉的作用,即我们如何才能做得更好?

在对行动计划进行讨论的过程中,教练会"测试"计划的可行性。各小组建议采取的行动确实会带来不同的结果吗?是否有足够的时间预算来确保每个行动的顺利完成?在可计费工时之外有没有足够的时间来完成所有的行动计划?团队有没有太过于向某些人倾斜?是否还有其他人有时间一起参与工作?

像所有优秀教练一样,各个小组的教练的主要作用是鼓舞士气("难道你不能在三个月的时间里多完成一些工作吗?难道我们不能把计划延伸一些吗")或者让过度的热情适当地消退一点("让我们一步一个脚印,我建议你先把自己能真正完成的工作做好。记住,我们需要的是言出必行")。如果必要,教练可以提出行动建议(而不是命令)。

教练将努力引导团队采取一些能为其工作带来回报的行动。教练所需要的正是团队所需要的,获得早期成功不仅能让团队充满乐观和热情,还能鼓舞团队的士气,促使他们对工作做出更多的承诺。

在交谈结束时,最终形成的计划会成为教练和团队之间的契约。在会议结束之前，确定一个具体的、严格执行的期限，大约是 3 个月的时间，以便对计划的执行情况及其影响进行审核，即哪些工作有效果，哪些工作没有效果，哪些工作容易实施，哪些工作比想象的难度要大。在那个会议上，除了对前 3 个月的工作进行回顾，还将讨论并确定未来 3 个月的行动计划（使用上述相同的 4 张表格）。如此循环往复，直到这个过程成为公司管理控制体系的一个部分。

这就是速成战略的操作过程。

| 第 21 章 |

速 成 战 略

我先对速成战略的制定过程做一个介绍：将公司分成若干小团队或业务小组（根据地点、专业领域或行业），尽可能将这些团队或小组分得越小越好，然后给每个小组发放包含4个关键目标的4张纸（见图21-1），每张纸上写着一个目标。

这4个关键目标是：

- 提升客户满意度。
- 加速培养员工技能，加快专业知识和技能的传授速度。
- 提高劳动生产率（不仅仅是劳动生产量）。
- 赢得更优质的业务。

在每个目标下有5项内容，包括：

- 建议采取哪些行动？
- 每项行动由谁负责？
- 每项行动需要花费多少时间？
- 每项行动的完成时间是多少？
- 我们如何判断每项行动已经成功完成？

你告诉每个小组，在未来4～6周的时间之内将有一名"教练"（主管合伙人或者执行委员会成员）与他们进行2～3个小时的会谈，共同讨论在今后的3个月中为实现上述目标每个小组准备采取哪些行动。

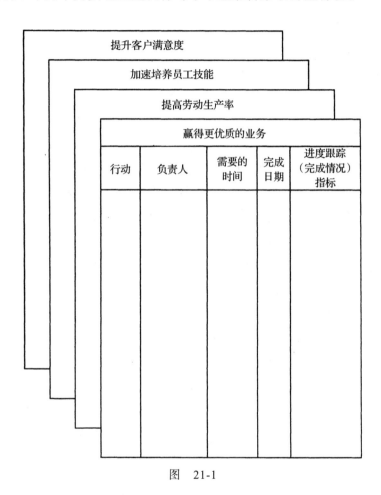

图 21-1

我们告知各个小组的成员只能列出具体行动，而不是目标。因此，他们不可以只写诸如"提升市场知名度"之类的目标。相反，各小组可以列举像"召开三个主题分别为X、Y、Z的研讨会"之类的具体做法。他们也不能泛泛地写"让初级员工得到更好的培训"，因为这种说法太模糊了。

他们必须这样写——"每周召开全员讨论会，由资深合伙人就各自专长领域的热点问题做报告。"

值得注意的是，每项行动必须由具体人员负责，这并不意味着破坏团队协作（不同的行动都可能是整体实施计划的一部分），而是要确保目标细化到位，责任明确到人。比如，许多人都可能参与组织举办的一个研讨会，但是必须由具体人员负责把各个步骤落实到位，确保研讨会顺利召开。

速成战略的不同之处

速成战略的制定有何不同呢？它不用浪费许多时间来探讨业务部门的目标。业务部门的目标与公司的目标是一致的，甚至与公司的所有目标都一致。如果你在客户满意度、技能培养、劳动生产率及获得更优质的客户等方面正在取得进展，那么你就已经获得了你所需要的战略。如果这些不是你的目标，那么就很难想象你的追求是什么了。

其他大多数（甚至是全部）战略主题也能划归于这四个类别。比如技术，应该属于哪个范畴呢？有些小组可能把它当作提高盈利能力的一个途径，而其他小组则可能更加认可它在实践中的作用，通过它来实现提高客户满意度和加强员工技能培养的目标。如果它对这四个目标中的任何一个都无法起到推动作用，那么技术的意义何在呢？或者考虑一下当今的另外一个热点话题：全球化。一些业务小组可能参与服务跨国企业客户，并列出诸如客户服务、提高利润、赢得更优质的项目等目标来推动实现全球化。员工士气和留住员工的能力将归入技能培养的目标来予以讨论。

这种战略制定方式揭穿了所有以战略规划为幌子的把戏，而是直奔行动而去。这些行动有确切的目标和明确的问责体系，最重要的是大家对这些行动能够发挥的作用非常有自信。它不是一个庞大的计划，不需要灵感和超然预知能力，也不会出现因为分析过多而造成决策优柔寡断的情况。在这个过程中，没有大量的纸质文件，文件柜里也不会有什么留存文档，没有"业务单元规划方法论",也没有"优势和劣势的分析"或"关于竞争对手的分析",不需要耐着性子听完索然无味的陈述。它只需要让人们付诸行动。它是一个通过具体行动来实现的战略制定过程:试着做些事情,可以是任何事情,但是从现在开始我们必须行动起来!

这里所讲的行动步骤也并不是需要花费数个月的时间来组织,并在大家达成一致意见后才能付诸实施的推动转型发展的一系列大动作(例如,"让我们成立一个委员会来为公司研究一个新的人力资源发展模式""让我们使所有合伙人都成为业务顾问")。这些事情几乎都是不可能落实的。行动步骤就是可以在三个月内完成的一系列初始想法(请不要制订太多计划)。它们不是完整的战略,只是一系列持续推进的行动计划中最早实施的部分,并且需要每三个月就对其进行重新考虑、重新分析和重新调整。如果我们认为最早实施的这部分计划没有效果,那么我们在三个月后将采取不同的行动,但是,让我们先行动起来!

这种方法使战略摆脱了周期性调整(几年一次)的惯有做法,从而在公司的日常运营中形成战略思维(我们如何能做得比现在更好)。它有利于将合伙人自发的不断寻求改善的做法制度化、常态化,并创建"学习型组织"。这种方法有助于消除懈怠心理,因为每三个月它就会要求大家制订下一步行动计划。

这种方法不是预算过程,它只是对财务预算的补充。各小组的预算反映了公司利用它们的可计费工时要实现的目标。速成战略制定过程为各小组提供了一个合理、高效地利用不可计费工时的框架。一个小组利用可计费工时所做的工作决定了它一年的收入,而利用不可计费工时所做的事情则决定了它的未来。

与从公司层面上制定的统一规划不同,这种方法不会把相同的、强制性的解决方案强加于每个业务部门。这种方法不存在不顾实际情况,每个人都必须无条件地服从管理层统一指示的战略规划的情形。公司中各个业务部门为提高盈利能力所采取的行动不同。这种不同没有关系,只要它们都在努力做些什么，就可以了。一些部门可能通过技术方法提高客户满意度，而另外一些部门则将重点放在客户服务上。只要它们都在积极地履行责任，通过某些途径在这个方面做出成绩就可以了。这种战略制定方式使每个业务部门在最大程度上享有根据自身实际情况来采取行动的机会。它自然而然地满足了小型公司和大型公司的不同需求、主流业务部门和新兴业务部门的不同需求。

我们再来谈谈这种方法的另外一项优势：每个小组都可以自由地、自主地对自己的行动进行规划，因为计划本身就是由其自己制订的。每个小组不需要依照别人的想法行事（这些想法小组可能同意，也可能不同意）。我们要求每个小组都像一个团队那样来制订计划：所有小组成员必须共同制订行动清单，并同教练进行讨论。共同制订计划并由自己做出决定会提高每位成员在战略实施过程中的主动性和工作热情。

这种方法使每个人都能参与战略制定。每三个月，相关信息就会得到传递和强化，公司所发生的改变正是源自于你所提出的建议。你们当中的每一个人都是战略规划委员会的成员，除非公司里根本不存在这样的委员会。

教练的角色

教练（通常是公司管理层）在速成战略制定过程中发挥着关键作用，他不会告诉大家应该做什么，而是鼓励大家为了业务部门（和公司）的成功发展主动履行自己的职责。教练必须像对待每个月的财务报表一样重视行动计划，并认真地对其进行审阅。如果他们不这样做，这个体系就会失效，成为一种繁文缛节式的官僚做法。

这个体系的一个核心组成部分是跟踪进度。这个体系是关于协商"行动契约"的，它能真正产生效果的关键在于教练会监督各项行动的进展情况，不是一年检查一次，而是三个月就检查一次（周期短能使人们产生加速行动的紧张感）。如果不能按照计划召开对工作进度的跟踪会议，那么整个战略制定的过程就可能会以失败而告终。如果管理层不能严格监督对已经达成一致的方案实施的进展情况,那么所有行动都会受到影响,直至停滞。

教练对速成战略制定过程的成功与否起着决定性的作用。他们有责任和义务促进跨组沟通与合作("X组尝试了这种办法,你认为适用于你们吗"),并建立新的联系("看起来你们的思路和我们的另外一个小组不谋而合,为什么不和他们谈一谈并且采取联合行动呢"),通过获得和分享每个小组的最佳想法,一段时间后,就可以帮助公司积累起最能有效解决问题的相关经验。教练鼓励和支持各小组在上述四个关键领域不断进行尝试,有助于建立一个灵活、适应能力和应变能力都很强的组织,即一个不断尝试新事物并积极回应市场需求的公司。

· 第五部分 ·

合伙制问题

MANAGING THE PROFESSIONAL SERVICE FIRM

| 第 22 章 |

如何对合伙人绩效进行考核和辅导

在所有帮助专业服务公司取得成功的方式中,对合伙人绩效进行考核和辅导是最为有效的。如果做得好,它能确保所有专业人士的才干和潜能得到最大限度的发挥。遗憾的是,在实际操作中,它几乎没有什么效果。在许多公司中,合伙人的绩效评估只是比较庞大的薪酬体系中一个被草草执行(而且执行效果很差)的步骤。

在这些公司中,绩效考核往往过多地关注"向后看"的评估功能(目的是为制定奖励决策提供参考),只包含极少量的"向前看"的辅导成分。合伙人经常会抱怨:制定目标没有用处,绩效考核标准含糊不清,缺乏(任何形式的)反馈,对相关流程缺乏了解等。我们经常可以听到的抱怨是:"我能从薪酬上感觉到你是如何看待我的工作表现及成绩的,但我不知道你为什么会这样评价,我也不清楚你希望我在哪些方面有所改进。"

绩效辅导过程可以(也应该)为合伙人提供帮助,并为他们创造如下机会:

- 回顾过去一年的工作成绩并从中吸取经验教训。
- 获得有建设性意义的反馈意见,包括肯定的和否定的。

- 获取如何使职业生涯得到最佳发展的个性化建议。
- 在制定切合实际且具有挑战性的个人目标上获得指导，从而既能"增加个人资产"，又能为公司做出贡献。

下面我们将描述能实现这些目标的具体流程。

第一步：明确绩效考核标准

有效的绩效辅导体系的一个最重要元素是让所有合伙人明白公司希望着重改善哪些方面的绩效。对合伙人而言，这里经常有许多含糊不清的地方。我认为对于所有合伙人来说，关键绩效指标应该由以下六个类别组成：

1. 项目利润率。
2. 客户满意度。
3. 为员工提供辅导。
4. 对业务开发的贡献。
5. 对他人成功的贡献。
6. 个人成长（职业发展战略）。

值得注意的是，前三类与合伙人在管理和监督客户工作方面的绩效相关。总体来说，它们表明合伙人在处理客户工作时有三方面的责任：对客户（客户满意度）、对公司（收益）、对那些和他一起执行项目工作的员工（技能培养）的责任。并非巧合的是，这三类绩效指标和大多数专业服务公司的三个传统目标是相吻合的，即（客户）服务、（员工）满意度和企业的成功。

请注意，衡量利润率的标准与合伙人所负责的全部客户项目的利润率有关，而不是以他个人所投入的可计费工时为准。如果着重强调合伙人的个人数据（而不是他所负责的全部客户项目的数据总和），就容易导致合伙人为他们自己"积攒"工作，并且也会使其忽视工作效率和劳动生产率。如果合伙人只是为了让自己的个人数据好看，而对其他项目成员的工作疏于管理和辅导（经常会出现这种情况），那么合伙人管理项目的制度就几乎成为空谈（参见第4章）。

即使是在注重客户项目的总收益，而不是个人可计费工时的公司中，也经常存在一个问题，即许多公司的奖励机制会经常参考诸如"管理一个收费金额巨大的项目组合"之类的业绩指标。这样的指标是具有危险性的，因为它不是以结果为导向，也不是以绩效为导向。这个指标只注重你所管理的项目的收费金额，而不考虑你为获得这份收益所做出的成绩，比如利润、客户满意度及对员工技能的培养等。

为避免这个问题，公司应该为每个客户项目都编制详细的利润表，确切计算完成这个项目所需花费的资源、合伙人和非合伙人的费用。在年末，经过汇总后可以计算得出每位合伙人的工作所创造的总利润和他的利润率（参见第3章）。

客户满意度可以通过在系统中填写调查问卷的方式来衡量。如果公司每年都安排这样的调查，使其成为常规做法，这样的调查结果就可以逐年累积，以提供合伙人在客户满意度方面的得分（参见第8章）。同样，初级专业人士在所有客户项目上填写的"对上级进行评价的反馈表"也有助于为每个合伙人在辅导员工方面的表现提供衡量依据（参见第4章）。通过运用这些系统，专业服务公司能够获得这三个（项目利润率、客户满意度、对员工提供辅导）与项目工作相关的绩效领域的定量指标。

值得注意的是，这种体系要求合伙人同时履行对利润、客户满意度及员工辅导等方面的责任，这显然有助于避免合伙人只关注他的"客户责任"。在一些专业服务公司中，尤其是注重合伙人的可计费工时数量的公司中，合伙人竞相追逐管理或参与客户项目，因为这会增加他们的业务量。在这种体系下，工作量多并不能保证业绩好。一个合伙人在接受客户项目责任的同时，他也接受了在上述全部三个业绩可衡量的领域的责任。相应地，合伙人只有在他们有信心可以执行和监督这项工作的时候，才会接受并持续履行这项职责。这种体系，会让公司拥有更大的灵活性，可以更加合理地为合伙人安排工作任务。

剩下的三个业绩类别（对业务开发的贡献、对他人成功的贡献和个人成长）是不可衡量的，需要进行判断，尤其"对业务开发的贡献"更是如此。许多公司试图对这方面的业绩进行定量评价，具体方式是给带来新业务的合伙人分配和记录给公司创收的积分点。这样的体系也存在不少问题。

首先，这样的体系只注重对新业务的规模（即总收入）进行奖励，而忽视项目的可盈利能力（即净利润）和它的战略性需求。其结果是，合伙人有动力去开发新业务，但他们可能会忽视哪些项目类型能够真正促进公司的发展。其次，它会干扰（甚至破坏）业务开发工作中的团队协作。这种积分点记录的奖励通常只属于那些最后把专业服务销售给客户的人，很少留给那些参与其他必要的业务开发工作（比如写文章、组织研讨会等）的人员（参见第12章）。

在典型的专业服务公司中，即使没有硬性的数据统计，对管理层或者薪酬委员会来说，他们也通常很容易判断谁在业务开发过程中做出了贡献，或者谁的业务开发工作最有成效。如果公司中存在这样一个可以对贡献大小做出判断的体系，不但可以使合伙人个人更加积极地找到为整个团队或公司做贡献的途径，而且能使公司对业务开发工作的奖励不仅仅以新业务的规模为依据，还会考虑它对公司的价值。如果将上述标准明确地列入所有合伙人的绩效考评体系中，就能传递出这样的信息，即所有合伙人都应该想方设法地为公司的业务开发工作做贡献。有些合伙人可能不会参与"销售"，但他们可以通过写文章、做演讲、维护现有客户关系或其他任何活动来支持公司的成长与发展。

上文所描述的第五个绩效类别是"对他人成功的贡献"。在任何一个绩效评估与辅导体系中都存在的一个永恒风险是过多地强调个人业绩而破坏团队协作。为了防止这种情况发生，公司应该要求每个合伙人指出自己在帮助别人获得成功方面做出了哪些具体贡献。未能达到这个标准的合伙人则会被认为没有履行作为公司中一员所应承担的义务。

最后一个绩效类别是个人成长。每个合伙人都应该（以"向后看"的方式）能总结出自己作为一名专业人士在哪些方面获得成长和进步，并且（以"向前看"的方式）为继续提升自身价值制订下一步计划。

第二步：设计合伙人的绩效考核和辅导流程

自我评价

在开始自我评价之前，公司应该为每位合伙人发送关于合伙人业绩的量化信息记录表（正如上文所述，最好包括财务及非财务方面的计分卡），并随附如下声明：

> 请对今年的工作成绩进行自我评价。在评价前，请参考公司对你的业绩所记录的定量信息。如果你认为这些信息有误或是在某些地方容易引起误解，请提出你的反馈意见。

公司应该提供它所收集的关于合伙人的"官方"统计数据（也可能包括合伙人协助争取到的新业务清单）。公司不仅要提供当前年度的相关数据，还至少要提供上一年度的数据。这一点很重要。这样做可以确保"好的业绩"代表的是合伙人的不断提高，而不是仅仅维持现有水平。如果不这样做，合伙人只是会"走马观花"地看一下业绩数据统计表，不会有太大的意义。在绩效考核和辅导过程中，管理层应该重点讨论和关注的是合伙人逐年取得的进展，而不仅仅是本年度的成绩。

公司还应该把在上一年度绩效讨论中制定的目标和行动计划发送给合伙人。很多时候，过去制订的计划常常被束之高阁或遗忘，这将降低绩效考核和辅导过程的可信度。这样一个简单的做法所传递出的强有力的信息是："我们并没有忘记你在两年前所制定的目标，这些是你曾经所允诺的，我们也就此达成了一致"，从而体现了公司对这个过程严肃认真的态度。

图 22-1 提供了一个合伙人进行自我评价的模板，合伙人可以利用这六个绩效指标进行评价。

请对你在过去一年中取得的主要成绩进行描述和评价。自我评价应该将重点放在成绩上（即已经取得的结果上），减少对活动过程的描述（即你做了什么）。如果你在上一年度的绩效考核与辅导过程中制定了某些具体目标，请结合目标的实现情况进行自我评价。你可以从以下几个方面做出评价。

1. 利润率
　　请从以下方面描述你对公司利润率做出的贡献：有效的项目管理、对费用开支的控制、应收账款管理、对正在进行中的工作任务的管理或者是对其他与财务相关的方面的管理工作

2. 客户关系与客户服务的质量
　　请列举你通过改善技术手段、维护客户关系等途径在客户服务上所取得的具体成绩

3. 辅导员工及其他在培养员工技能方面取得的成绩
　　请列举你通过在项目上对更多的下级员工进行指导和监督，对培养和提升他们的技能所做出的贡献

4. 业务开发
　　请从开发现有客户的新业务、赢得新客户或开展其他任何提高公司声誉的活动等方面描述你对业务开发所做出的贡献，包括你在参与社区活动、做演讲、参加研讨会、发表文章等方面的成绩，也可包括社会服务、社交俱乐部或其他外部活动

5. 履行作为公司合伙人的职责
　　请描述你对公司、所在地区办公室或业务部门做出的贡献，如参加招聘活动、担任委员会成员或其他你参与的不可向客户收费的工作任务。你也可以列举上面没有提及，但你认为对公司发展做出贡献的其他活动。特别需要注意的是，请列举你在上一年度所做的使其他合伙人受益的事情，可参考如下例子
- 在知识及技术上做出贡献，并已被其他人采用
- 将我的技能传授给其他合伙人或下级员工
- 在方法上有所改进，并已被其他人采用
- 增进市场对我们业务的了解
- 为他人介绍新项目
- 把我的合伙人介绍给客户，并在合伙人与客户之间成功建立联系

6. 个人成长
　　请回顾在过去一年中，你在哪些方面提高了知识水平和技能。哪些事实可以证明你成了一名更有价值的专业人士？你可以从以下几个方面进行评价
- 技术方面的知识水平和技能有所提高
- 行业知识
- 指导和管理技能
- 客户咨询和客户关系管理技能

图 22-1　合伙人的自我评价

第三步：过程的实施

合伙人现在准备和他的辅导员进行面谈，但谁应该是他的辅导员呢？在小公司里，薪酬委员会负责对所有合伙人的绩效进行评估和辅导。在规模比较大的公司里，这么做是不可能的，对合伙人的绩效进行评估和辅导的工作必须由业务领域、办公室或者公司的领导者来完成。事实上，这种方法更可行。作为公司的领导者，他们肩负着帮助其他合伙人获得成功的责任。实际上，这几乎就是对领导者角色的定义。因此，对合伙人的辅导和绩效评估是公司领导者的核心职能。薪酬委员会可以采用合理的方式收集考核结果并将其转化为薪酬方案，但是绩效考核和辅导本身是一项管理职能。

强制性的绩效排名

显然，辅导员在与合伙人进行面谈之前也必须做一些准备。首先，可以通过对被考核合伙人在上述六个绩效类别中与其他合伙人的表现进行对比，对被考核合伙人形成初步考核意见。做到这一点的一个有效方式是将合伙人的表现分为四个层次：优秀（前25%）、良好（比较靠前的50%）、一般（比较靠后的50%）和需要提高（最后的25%）。这种"强制性的绩效排名"往往在感情上是难以接受的（没有人想告诉别人自己的表现低于一般水平），但是秉持诚实态度的勇气就是良好的绩效考核体系的精髓。

合伙人也应该对自己在上述六个方面的表现进行打分。合伙人和辅导员进行面对面讨论时，可以对双方的评估结果进行比较和讨论。合伙人的自我评价与审阅合伙人给出的评价这两者之间的区别将在经过讨论后被记录下来（以便为薪酬委员会提供参考）。

将两个不同的评分（一个是合伙人的自我评价，另一个是辅导员的评价）记录下来的优点是，如果审阅合伙人的评价与合伙人的自我评价不一致，合伙人可以尽快知晓这一结果。虽然看起来两者之间存在矛盾，但将两个不同的分数记录下来至少有一点可以让被考核合伙人感觉是舒服的，那就是他在绩效考核面谈中被告知的评价结果与薪酬委员会收到的结果是一致的。合伙人自己与审阅合伙人的不同观点都被记录下来也能为薪酬委员会的工作提供有效的参考。这个过程的优点是，它保证了合伙人有机会对绩效进行自我评价，并且可以就不同观点和评价进行讨论。

如果公司选择在绩效考核与辅导环节使用结构化的表格形式（总的来说，这是一个好主意），那么这张表格可以包含一个对具体技能进行打分的部分，这样做会更有效果。例如，这个表格可以包括如下技能：

- 沟通技能（以流畅、有逻辑、简明的方式表达想法的能力）。
- 提供咨询服务和个人意见的技能（随机应变进行解释的能力、以不引发冲突的方式说服别人的能力、理解别人观点的能力、让客户及时了解进展的能力和倾听客户需求的能力等）。
- 创造性和创新意识。
- 规划和组织能力（使工作任务得以完成的能力）。
- 领导力（激发下属的动力，授权系统的有效性）。
- 协调和团队协作。
- 动力和自我激励。

无论是自我评价还是给别人提出反馈意见，我们都可以以上述所列技能及六个绩效类别为基础来进行。如果想让绩效考核与辅导会议具有建设性意义，那么对合伙人提出的改进建议要尽可能具体。指出合伙人的哪些具体技能需要改进提高，其实最终受益的是合伙人。

评价表格还应该包括综合评价部分。这会让合伙人有一个合理的期望值，而且也能确保绩效考核所反映的评价与后续的薪酬分配过程之间不会出现任何分歧。这样可以降低（但不能排除）合伙人的失望值（如绩效考核的结果极好，但薪酬没有任何上涨）。

职业规划

绩效考核与辅导过程的下一个阶段是"职业规划"。职业规划（"我在公司中的角色是什么"）不能也不应该脱离绩效评估过程（"我的表现如何"）。更确切地说，职业规划和绩效评估是同一个过程的两个部分。要做到这一点，在合伙人的绩效考核与辅导体系中应该明确要求被考核的合伙人（和绩效审阅合伙人）共同参与制定被考核合伙人的职业规划，也就是明确哪种"职业"发展轨道能为合伙人提供为公司做贡献的最大机会。

这就是在寻找一个问题的答案，即"具体地说，你希望因为什么而出名"。得出的职业发展选择可能如下：

- 成为某个服务领域的技术专家。
- 行业专家。
- 贴心的客户顾问。
- 通过别人的力量使事情得以完成的卓越能力。
- 在业务开发上具备特别出色的能力。
- 具备服务某些类型客户（如《财富》500强公司、企业家、高净值人群）的突出能力。
- 将技能传授给其他人的出色能力。

总体来说，辅导员和被考核的合伙人都应该在经过认真思考后总结出哪些方面可以使合伙人"在市场上与众不同"。对职业规划进行讨论的硬性规定会使绩效考核和辅导过程更长效，并且能向合伙人传递这样的信息：他们需要专注于培养某项具体技能，才能使自己在市场上与众不同。

制定目标和行动计划

最后，合伙人绩效考核与辅导过程最重要的部分是制定目标和行动计划。如果能在绩效考核表中对所有目标的优先顺序进行排列，那么这个部分就能更加有效地得以完成。如果评级体系对合伙人的目标和成功标准"强加"了优先级，那么公司在评级体系建设方面就可能会取得更大的成功。例如，绩效考核表可能会要求合伙人这么做：

在六个绩效考核方面，表现最优异的评为"1"，最迫切需要改进提高的评为"6"，然后比较优异的评为"2"，有待提高的评为"5"，剩余两个分别评为"3"和"4"。用这种评级的方式来选出合伙人应该优先发展的目标。

严格执行制订行动计划的做法非常重要。制订（和记录）具体的行动计划要求对每一项行动设置完成日期、制定进展跟踪方法（例如，能证明该项行动实施进展的重要里程碑）以及对所需时间进行估计等。这种做法有助于使模糊不清的目标变得更为明确（并得到更好的理解），而且它能够揭示出哪些行动由于受时间所限是不可行的。根据目标和行动计划创建的表格又成为下一年度绩效评估过程的开端。

结论

检验合伙人绩效考核与辅导体系是否成功的道理很简单：被考核的合伙人是否清晰、具体地知道他在下一个年度应该从哪些方面来提高绩效？如果他们知道，那么辅导员的工作就做到位了；如果他们不知道，那么绩效考核与辅导工作就失败了，同样，辅导员的工作也是失败的。因此，我认为在绩效考核和辅导过程结束时，由合伙人和辅导员共同签署一份声明，以确保合伙人确实知道自己在下一个年度的发展方向，这是一个很有效的做法。

设计一个有效的绩效考核和辅导体系并不是什么难事，难的是使这个体系得以有效执行，因为这个过程相对比较耗时，需要那些承担管理职责的合伙人付诸很多时间和心力（而且需要一定的技能）。他们（和公司）必须接受（和认同）管理者的工作就是帮助别人获得成功，而对合伙人绩效的考核和辅导过程就是达到上述目的的一个主要手段。

| 第 23 章 |

合伙人薪酬分配的艺术

在专业服务公司的管理中,合伙人的薪酬分配是一个最为棘手的问题。一家公司可能在现行分配体制下其乐融融地发展很多年,但是一旦这个难以避免的问题摆在合伙人面前,合伙企业面临的将会是一场极为痛苦且争议重重的持久辩论。

合伙人的薪酬分配问题确实深奥难解。在利润分配过程中,怎样才能在认可短期业绩和长期贡献之间找到合适的平衡点?到底谁应该得到更多,是赢得大单生意的人,还是最具创造力的专业人士?是为初级员工提供充分指导的合伙人,还是在客户项目上投入可计费工时最多的合伙人?是大业务部门的领导者,还是新业务领域的开路先锋?最为重要的是,在一个大家都是所谓的同级别同事的合伙制企业中,谁应该做出这些决定?毕竟,合伙人是企业的所有者,而非雇员。

通过薪酬分配决定所传递出的信息,至少可以说与金钱问题同等重要。这些信息包括哪些行为可以获得奖励、与薪酬分配结果同步反映的每一位合伙人的地位和受尊重的程度等,它们不仅对公司的文化和氛围产生影响,而且会使合伙人的工作时间分配受到影响,进而影响公司的战略方向。

很多公司都会尽可能地推迟对现行薪酬分配制度的评估，试图用一一攻破的方法来解决它们所面临的问题。在我看来，这是一种危险且不明智的做法。在协助专业服务公司解决营销、客户服务或对初级员工进行辅导等方面的管理问题时，我总是会在提高这些方面的成效上遇到一个巨大的绊脚石。在每次讨论过程中，总会有合伙人说："是的，我明白，如果我们采取这些新做法，效果会更好。但是，这对我的薪酬有什么影响呢？如果我做其他事情可以获得报酬和奖励，我就不会太关注这些新话题。"合伙人给出这种反应和理由的结果就是，公司很难在解决重大业务问题上取得进展。陈旧过时和刻板僵化的薪酬分配制度，经常会导致保守主义大行其道，很难在公司里推行和落实战略举措。

论资排辈的薪酬分配制度

从过去的实践来看，在大多数专业服务行业中，合伙人的薪酬总是与其资历密切相关。一些公司就很明确地遵循这种做法，采用"级级锁定"的薪酬分配模式，即运用固定的公式计算合伙人薪酬的增长，而这个公式中唯一的变量就是每个人担任合伙人的年限。其他公司或许声称它们在决定合伙人薪酬分配时会考虑很多因素，但是资历仍然起主导作用（我对许多公司的合伙人薪酬分配结果进行了分析，结果表明，资历所占的权重要比大家普遍认为的或原本计划使用的高得多）。

以下两个方面可以证明论资排辈的薪酬分配制度的合理性。第一，资深合伙人在过去所做的努力为公司现在的盈利能力做出了贡献。第二，他们积累多年的丰富经验使其对公司更有价值。尽管上述两个理由都能站得住脚，但我们也不能理所当然地认为这种制度就是正确的。一些合伙人在过去所做出的贡献可能在很久之前就已经不能再为公司带来收益，而且在今后的几年中为公司所增加的价值可能也微乎其微了。

而且，过去的贡献和丰富的经验是两个截然不同的概念。前者讲的是"股权"的概念，即以过去的贡献为基础拥有股权；而后者则更多地强调资深合伙人在当前具有更大的商业价值。如果资深合伙人能够证明他们的能力，后者更容易让年轻合伙人接受。对于股权的解释会更困难一些。在一家工商企业中，股权是通过提供维持建设固定资产的现金获取的。在一家专业服务公司中，权益贡献主要指建立企业的商誉、技能和名声等资产。在竞争激烈的交易型市场环境中，这些资产的贬值速度很快，因此对合伙人根据其股权基础分配薪酬的要求也就不那么站得住脚了。

或许论资排辈的薪酬分配制度的最大优势就是通过弱化年度绩效的重要性，避免因试图决定各种绩效的权重而引发的所有问题。因此，它具备易于执行的特点。正如我们将在下文中谈及的，这是一个重要的考虑因素。这种制度最常被人提及的缺点是，由于不能对绩效表现出众的专业人士给予奖励，公司会面临失去这些优秀人才的风险。在一个竞争激烈的市场环境中，合伙人的横向流动非常普遍，而年轻专业人士不太愿意为了未来才能实现的奖励（而且它的不确定性在上升）而等待，这就加剧了人才流失的风险。

这或许是论资排辈的薪酬分配制度所存在的最明显的问题，但并非是最重要的问题。根据我的经验，这种制度的最大问题在于，它不会区分担任合伙人年限相同（即资历相同）的合伙人在绩效上的不同表现并相应地给予奖励，因此就会带来一种可能会挫伤一大批合伙人的工作积极性的环境。他们会问："当优秀的绩效表现既得不到奖励，甚至也得不到认可的时候，我为什么还要积极努力地工作呢？"在那些不想背离论资排辈的制度而无视差劲的绩效表现的公司中，这样的反应尤其突出。

在专业服务领域，良好与优异之间有一条清晰的界限。然而，正是由于这条界限，才造就了公司的声誉和盈利能力。一旦合伙人仅满足于能够胜任当前的工作，而不再去追求卓越，专业服务公司就不可避免地进入衰退期。

尽管这种"级级锁定"的薪酬分配制度存在种种问题，但一些最负盛名且极为成功的专业服务公司却还在继续采用这种制度。这些公司指出，在这种制度下，由于避免了对合伙人所做出的贡献进行比较，它们维持了合伙人共同掌权、协调合作、和睦共处的氛围，能够使合伙人把注意力放在外部，着力于赢得新项目和服务客户，而不是应对公司内部的政治斗争。这些公司主要依靠公司文化、"软控制"等机制，而不是靠财务报酬的激励机制来促进合伙人发挥他们的最大潜能，适应为促进公司长远、健康发展而须扮演的各种角色。如果合伙人所能分得的一块馅饼的比例是事先已经确定好的，那么接下来他们需要做的就是为增大整块馅饼而努力工作，这正是一个对合伙人个人和公司双方都有利的结合点。

在大多数情况下，"级级锁定"的薪酬分配制度似乎是被那些总体盈利能力没有出现过下滑的公司所使用。当公司有足够多的利润可以使每个人都获得丰厚的报酬时，公司就不会有太大的对合伙人个人进行比较和评估的压力。然而，能同时得到两种馈赠，既有能带来丰厚收益的业务环境，又有一大批为事业努力奋斗的工作狂人，如此幸运的公司可谓少之又少。

以绩效为基础的薪酬分配制度

正如许多公司所发现的那样，实行以绩效为基础的薪酬分配制度也会遇到诸多难题。其中最为突出的是，公布每个合伙人的绩效而引发的普遍不满的情绪。大家认为，合伙人之间应该平起平坐，绩效评估一般是针对普通员工的，而不是针对那些真正意义上的企业所有者的。我认为这种观点是一种误导。正如一家成功的专业服务公司的管理者对我所说的：

> 对待合伙人必须要比对待非合伙人员工更加严格。如果你认为合伙人的绩效对于公司来说要比那些非合伙人员工更为关键，那么你至少要让这些合伙人负起责任。大多数公司都为它们的年轻

专业人士制定了详细的绩效考核和奖励制度，但为什么不对合伙人这样做呢？一味地相信合伙人永远都会有好的表现，而不需要他们对绩效负责的做法是不现实的，尤其在大型公司中更为明显。如果你给一位合伙人多支付了薪酬，而这些钱是直接从另外一位合伙人的口袋里拿出来的，那么这件事就不能这样轻松对待了。

即使是尝试采用以绩效为基础的薪酬分配制度的公司，在开展绩效评估时，它们也总是遮遮掩掩。这是个严重的错误。一旦公司选择脱离严格的"级级锁定"的薪酬分配制度，绩效评估和薪酬分配就不可避免地纠缠在一起：它们是同一枚硬币的正反两面。问题不在于是否可以避开绩效评估——这是不可能的，而在于绩效评估的执行是全面彻底，还是流于表面。

计量和评判

为避免对合伙人工作评估的"主观性"，一些专业服务公司简单地依据一些可以衡量的标准来分配合伙企业的利润。这些标准包括：开发的新业务、可计费工时、所管理项目的总收益和所需的工时总数、被核销的时间或未能收回资金的占比等。更为极端的是，一些公司在尝试一种被称为"利润中心"的制度，即把所有费用分摊给每位合伙人，为每一个合伙人编制一张"利润表"，并以此为基础做出相应的薪酬奖励决定。

这样的方法几乎总是以牺牲合伙人之间的相互合作为代价，并且无法让大家认识到这样的事实：对合伙企业的许多重要贡献是无法衡量的。比如那些以牺牲自己的可计费工时为代价，积极向其他合伙人介绍业务机会的合伙人，又比如那些花费大量时间来培训员工的合伙人，或者是那些解决棘手的行政管理问题的合伙人，这些合伙人的绩效又该如何评估呢？尽管会计处理方法变得越来越复杂，但没有一种制度可以成功捕获并鼓励所有合伙企业发展需要的良好行为。以计量为导向的绩效评估方法（或套用

"公式"的方法）也不利于专业服务公司提高客户服务的效率。那些工作繁忙或资历过高的合伙人应该把工作交给其他合伙人，在适当的时候起用年轻合伙人或者下级专业人员。然而，一旦数字成为决定性的因素，那他们就有充分的理由来囤积工作，而不是分派或委托他人来做。

计量法具有短期导向的内在特点。你如何能合理评价那些开发了新业务并将在未来几年给公司创造收益的合伙人？或者是那些在特定领域中为公司建立良好声誉的合伙人？或者是那些通过为员工提供充分的指导和培训而使公司整体实力有所增强的合伙人？他们所做的贡献都不能只凭当年的一些数字来体现。当薪酬分配过多地依赖当前的贡献，这种制度将会对公司未来的投资产生不利影响。合伙人会致力于使自己当下的业绩"看起来很光鲜"。然而，随着行业竞争的日渐加剧，我们必须具备强烈的忧患意识，花费大量的精力去规划未来，投资未来。客户的忠诚度在降低，我们必须付出时间和精力去开发新的专业强项，涉足新的行业和地域，而这些活动都要以牺牲今天的可计费工时和赢得新业务所能获取的奖励为代价。

由此得出的结论是，就像专业服务公司中的大多数重要决定一样，关于薪酬分配的决定必须通过一个评判的过程，而不是计量的过程来得出（尽管在事实上，做出判断都应该对已有的统计数据进行综合考量和分析）。改进计量体制的方法通常是显而易见的，但我们应该如何完善评判系统呢？

评判系统的特点

在涉及评判的系统中，总会有赢家和输家。当做出各种复杂的权衡决策后，不可避免地总会有人对最终的评判结果产生异议（一家公司的主管合伙人说过："有时你感觉自己做出了一个很好的薪酬分配决定，但所有人都感觉自己受到了不公平待遇"）。此外，没有一个体制是完美无缺的。在任何一个评判过程中，犯错都是难免的。

如果实际情况确实如此，那么怎样才能找到改进的方法呢？正如在法庭上一样，注意力必须集中在审判过程上，而不是审判决定上。如果这个过程是全面彻底的、不偏不倚的、公平公正的，并能令人感觉到确实如此，那么就能做出好的评判决定，而且同样重要的是，这样的决定能够被人所接受。就像司法程序一样，我们可以确定评判系统的一些基本特征：

- 如果被评判的人员对评判员不信任，那么该体制将不能运行。
- 做出评判决定所依据的规则是一致的且容易为大家所理解。
- 在努力收集到所有相关信息之前，不要妄下任何评判决定，并且要允许被评判人为自己所拿到的评判结果进行辩护。
- 相对于未经解释的评判结果而言，经过解释的评判结果更容易让人理解和接受。

以这些命题为出发点，怎样才能执行一个有效的薪酬决策程序呢？

选择评判员

在那些由公司的创始合伙人或其他受到普遍认可的领导者管理的公司中，似乎很少见到因薪酬问题而引发的争执。在公司治理争执之后，接踵而来的往往是关于利益分配的争执。正如一家公司的主管合伙人所说："合伙人对于自己及其他人的薪酬是否满意，在很大程度上取决于合伙人对薪酬分配决策小组的合理性和公正度的看法。"

当执行委员会和薪酬委员会两者的角色混淆时，问题尤其突出。公司的执行委员会必须在确定薪酬方面发挥重要作用。毕竟它的成员最了解每位合伙人的工作情况。但是，他们并不应该是唯一的决策者。据我了解，当薪酬委员会中既有执行委员会的成员，又有为"制衡"执行委员会的权力（已经相当大）而选举和任命的额外薪酬委员会成员时，薪酬委员会的可信度就会大幅提高。这些"补充成员"应该本着客观、公正、勤勉、可信赖以及对公司整体负责的原则来选拔。

为了选拔明智、正直和客观的评判人员，一些公司从资深合伙人当中选择薪酬委员会的成员。这些人已经在被允许的范围内享有了最大份额的利润分配。只要这些合伙人持续拥有和公司其他合伙人一样的价值观和方向感，这个方法就可以奏效。一旦他们的价值观发生变化，他们就会失去合伙人对他们的信任。其他公司为了努力保证合理性，会采用选举的方式，但这也不是什么灵丹妙药。在一个价值观和方向感产生分歧的公司中，无论是通过选举还是指定产生，没有一个评判人员能够始终完全值得信赖。战略、治理和薪酬三个方面的问题会不可避免地纠缠在一起，在任何一方面产生分歧，其不利影响都会渗透到其他领域。

薪酬分配决策需要在一个没有公司政治斗争，没有游说，也没有小团体利益的环境中制定。我的研究使我坚信：薪酬委员会的规模一定要小，由3至5名合伙人组成最为理想，7位成员也勉强可以接受。尽管艰难的薪酬分配决定可以由民主选举产生的评判人员做出，但并不能采用那种所有存在竞争关系的小团体公开进行争论的直接民主制。投票和折中妥协（规模较大的委员会的普遍做法）并不一定能产生公平的薪酬分配结果。合伙人的薪酬分配决定必须由小团队做出，规模大一些的监督团队（比如合伙人委员会）可以接受或否决小团队做出的决定，但是如果否决，监督团队应该将所有决定退回，不能擅自对其修改。

确定标准

作为一名法官，一项不可避免的工作就是对存在矛盾的法律条款和司法判例进行解释，但是必须有法可依。评估合伙人绩效所依据的规则——对其为公司成功所做出的不同形式的贡献的认可程度及重要性的排列次序——必须清晰。依照含糊不清或者经常随意改动的标准对合伙人绩效进行评估既不公平，也不明智。合伙企业每年都应当对包括信息收集过程的书面薪酬政策进行更新，并传阅给每一位合伙人。

然而，与大家普遍持有的观点不同的是，薪酬委员会没有必要在决定每位合伙人的薪酬时，对各项标准都使用同样的权重。我认为，事实上也不可能这么做。随着专业服务公司发展成熟，个人和团队都在通过不同的方式为合伙企业做出贡献。一个团队可能会专注于开发新业务，另一个团队可能会专注于开辟一个可计费工时和收入在短期内都会很少的新的业务专长领域，还有的团队则可能在为公司中的其他部门服务。从另一个角度来看，贡献的形式也可能会随着时间的推移而发生变化。例如，在合伙人职业生涯的早期，他们的重点放在投入可计费工时上，而接下来则会更注重开发新业务和对公司的管理。

在这样的环境下，诸如"可计费工时占60%、业务开发占30%、盈利能力占10%"的固定公式是行不通的。公司或许会认为，业务开发和可计费工时数量比培养初级员工更为重要，并且公司应该指明这一点，但是在公司内部统一使用这一规则可能是一种错误做法，其结果是公司中没有人会愿意费神去培养初级员工。公司真正需要的是一个"目标管理"体系，即每个合伙人在咨询执行委员会后，就未来一年的目标达成一致意见并相应地对其进行评估。这种方式指明了公司对合伙人的期望值，并通过强制性地要求每位合伙人（最终是整个公司）完成目标来鼓励大家积极地做好规划，而不是鼓励那些投机取巧、被动而为之的行为。在对战略思维的要求越来越高的专业服务领域，这一点不容小视。

"目标管理"方法同样允许薪酬委员会对每一项活动进行评估。如果一位合伙人负责招聘，那么他的绩效就应该在相应的职责范畴下进行评估。如果一位分支机构管理者把大量时间花费在经营管理工作上，那么对他的绩效评估就应该取决于其执行这些工作的表现与效果。通过这种方式，公司可以避免"岗位付薪"的情形，即通过薪酬的增长来反映职位的上升。管理者的工作就是使其他人努力工作，为公司创造收益。如果他能够成功做到这一点，那么就应该获得丰厚的奖励；如果做不到，那么就不应该获得奖励（顺便提一句，我的指导原则之一就是，任何一家支付给管理者的报酬高于业绩最佳合伙人的专业服务公司都会遭遇困境。业绩最佳的合伙人不应该试图通过走上管理岗位来增加收入和提升地位。荣誉和金钱应该总是属于那些在服务客户上表现最出色的合伙人)。

对薪酬的调整应该基于绩效提高的相对值，而不是绝对值。一位今年给公司创造 230 万美元的收益、低于去年的 290 万美元的合伙人，其薪酬涨幅或许不应该比一位今年给公司创造 150 万美元的收益、高于去年的 70 万美元的合伙人的薪酬涨幅大。如果不这样做，就会助长工作中的"惰性"。尽管这一点显而易见，但在我研究过的许多专业服务公司中，不论和前一年的收益相比发生了哪些变化，给公司创造高收益的合伙人总是会获得高额奖励（在某种程度上，出现这种情况是因为薪酬委员会被大量的数字淹没，未能对前一年度的相关数据进行透彻分析）。

最后需要着重指出的是，在任何一家专业服务公司中，固定死板、缺乏灵活性的薪酬分配机制都会随着时间的推移而逐渐被废弃。在某一个时期，开发新业务可能最为重要，而在另一个时期，提高公司现有项目的盈利能力则应该被摆在首位。随着合伙制企业的战略发生变化，各项绩效评估标准所占的权重也应该相应地发生变化。只要在实施之前对这些标准进行公开讨论，新的绩效评估做法就值得推荐，而不是回避。

在充分掌握信息的前提下做出的评判才是好的评判

对评判机制最常见的抱怨就是评判人员不能做出公平的决定，因为他们"根本不知道事实"或者是曲解了事实。在薪酬分配机制中，这是一个充分的抱怨理由，也必然是对评判人员产生不信任的最大原因。所幸这个问题比较容易处理。薪酬委员会必须积极地从尽可能多的来源收集尽可能多的信息。其不仅仅是要寻找那些"铁一般的"、可以计量的事实（这些事实常常不像看上去那样能说明问题），而且要收集一些定性描述。比如每位合伙人在一年中做出了哪些成绩；他为其他合伙人提供了哪些帮助；作为教练，他发挥了多大的作用等。薪酬委员会不应该惧怕向其他人征求意见，因为他们也不想被人抱怨。

专业服务公司完成这项工作的方式可以有多种。首先，给每位合伙人发送一份有关他的数据统计概要，并欢迎他们对可能存在的误解提出反馈意见。薪酬委员会应该如何来了解每位合伙人的成就和遗憾呢？尽管合伙人和薪酬委员会成员之间的面对面交谈并不少见，但许多公司只有在合伙人自己主动要求或者当某位合伙人面临困境时才会这么做。这样的面谈不应该受到限制：薪酬委员会应该尽职尽责地保证每一位合伙人都有机会和一位委员会成员进行面谈。这样不仅可以给合伙人提供解释说明的机会，还可以让他们对上一年度的工作进行回顾和总结，讨论他们已经开始着手开展哪些工作，并对未来一年的行动计划相应地进行调整。在采用这种方式的公司里，我听到的都是赞美声。

获取合伙人绩效信息的另外一个重要来源是其他合伙人的意见。在一个规模小且业务单一的专业服务公司中，合伙人都在相似的业务领域为相似类型的客户提供服务，薪酬委员会可以很容易地对每位合伙人的绩效做出准确评估。但是，在一个规模大、拥有多个业务部门或多个办公地点的专业服务公司，合伙人对薪酬委员会的少数成员可能在评判每位合伙人所做出的贡献这一项工作上不具备胜任能力的担心也就不足为奇了。评判人员和被评判人员之间的差距越大，两者之间存在的信任和信心就越少。

当然要征询部门和分支机构主管合伙人的评价意见，这也是常规做法。然而，来自掌握充分信息的同级合伙人的评判则可能更为全面。在我所研究过的许多经营有方的公司中，薪酬委员会会通过获取备忘录或者访谈的形式邀请所有合伙人回答如下问题：你与哪些合伙人在过去一年中有过专业方面的接触？基于你自己的亲身经历，你如何评价他的绩效及其为公司做出的贡献？他在哪些方面的表现最出色？他在哪方面对公司做出的贡献我们或许还不知道？他为什么应该得到表彰？如果让你鼓励这个同事去做一件不同的事情，那会是什么事情呢？

这种方法可能会让一些从未尝试过的公司感到畏惧，但它却可以使评判人员正确了解和解读公司内部合伙人对合伙人的看法，而且它可以揭示许多本质性的信息，有正面的，也有反面的。因为知道薪酬委员会会对所有意见保密，而且没有经过查实的意见不会被接受，合伙人就很可能对其他同事的优势、强项及弱项坦诚地提出意见。这个过程要花费很多时间，但却非常值得。

做出决定

公平原则要求，无论公司的规则是什么，它们必须在整个公司中始终如一地得以贯彻执行。然而要做到这一点并不容易。比如，在一家有着30位合伙人的中等规模的公司中，对于每一位合伙人，薪酬委员会都可能需要分析一张有10～15列数据的表格（包括客户名称、可计费工时数等），而且必须消化这些数据，以做出30个可以反映每一个利益分配影响因素都得到同等对待的决定。

在我的研究和咨询工作经历中，我发现许多公司的薪酬委员会尝试用一种"印象派"的方式来处理这些大量数据，试图在吸收数百个（甚至是数千个）数据中所包含的杂乱无章的信息的同时，努力记住那些重要的定性评判信息。虽然他们的出发点是好的，但是这种做法很难保证做出所有决定所依据的原则或者逻辑是完全一致的。由于在对信息进行分析时采用非结构化的方法，它也会导致公司花费更多不必要的时间。做出这样重要而又复杂的决定迫切需要一种更为有条理、有章法的分析方法。

事实上，公司可以采用一些量化工具来分析这些数据（参见第24章）。许多公司声称，为了做出薪酬分配决定，它们不仅要考虑合伙人最近一个年度的绩效，还要考虑对在一段时期内绩效表现突出的个人给予奖励。然而，根据我的经验，由于采用这种非结构化的决定方式，事实上，几乎没有几家公司会复核过去几年的绩效统计数据，而是仅凭一些对过去年度绩效的不完整记忆及印象来做出判断。必须强调的是，对可计量绩效进行分析的系统化方法并不排除对重要定性判断的应用。它只是确保合伙人薪酬这个决策过程是一致的、自觉的。

对决定做出说明

经过了全面的绩效评估过程，薪酬委员会如果不让合伙人知道他们是怎么得出此结果的，这种做法是十分不明智的。只是简单地公布每位合伙人的薪酬必然会招致不满。因此，必须要向合伙人给予反馈并对薪酬分配决定做出说明（当然，对提交给委员会或在委员会内部讨论的意见和观点要保密）。

对于这一点，即使再三强调也不为过。如果对评判理由做出解释，那么就更容易让人接受。另外，提供反馈意见也能对出色的绩效表现起到鼓励作用，即使大家认为薪酬分配决定是公平合理的。那么接下来的问题自然就是："我下一年怎样才能做得更好？"在不提供反馈意见的公司，合伙人就不得不靠自己来猜测，并且可能会误解薪酬委员会想要传达的信息。

披露

尽管这已经成为一种普遍做法，但我仍然认为，向所有合伙人披露每一位合伙人薪酬的做法是一把双刃剑，在带来好处的同时也存在很多风险。公司选择这种做法也是可以理解的：毕竟公司是由所有者共同拥有的合伙制企业，民主和共同掌权受到了高度重视。然而，一旦所有合伙人的薪酬都被公布于众，那么相互之间的攀比就几乎不可避免。有比较，就会有输赢，因此这种游戏是具有破坏性的。安德鲁·格鲁夫（Andrew Grove）在《格鲁夫给经理人的第一课》[1]中提到，如果大家只关心自己的绝对薪酬水平，那么就很容易感到满足。但是，如果他们关注的是相对薪酬水平，那么永远不会感到满足。

披露合伙人薪酬必然会挫伤大多数专业服务中所需的合伙人之间进行

合作的积极性。合伙人彼此之间出现误解和不满情绪的几率将会很高。做出定性评判结论的过程是很难用简单的方式来解释清楚的。如果只公布那些可计量的数据，合伙人就很可能仅仅依据这些数据来解读薪酬分配决定。另一个难题是，大家往往不仅要求获得对自己薪酬的合理解释，还要知道对他人薪酬的解释，即"为什么他得到的比我多"。这可能就需要披露其他合伙人的个人情况及第三方给出的意见。

薪酬披露也使最难做出的决定更加难以执行，即如何应对那些工作效率差或者个人表现有问题的合伙人。薪酬奖励也是地位的象征，代表在社会等级划分中的位置。因此，薪酬的降低会影响合伙人的公共形象，这是一种没有必要的连带惩罚。

公司所有者可以保持知情权，但没必要让他们知道所有事情。一份汇总了大致的年龄段、专业领域或其他相关内容的一览表就能使合伙人充分了解薪酬的范围及分布情况以及他们的薪酬在其中所处的位置（参见第24章）。

对披露薪酬的强烈要求本身就具有象征意义：大家真正想要寻求的是再次确保评判人员的决策是客观、公正和一致的。顺着这个思路，还有一个方面不能忽视，即薪酬委员会对自己如何评判。在这一点上，无论是以汇总的形式，还是以对每位成员的信息逐一进行披露的形式，公司必须披露一些信息。

在过去和现在之间把握好平衡

我在上文中提到，论资排辈本身就是一个粗糙的、越来越站不住脚的薪酬分配基础，但这并不是说资深合伙人过去为公司成功所做出的贡献应该一笔勾销。事实上，公司必须保持谨慎态度，不能在薪酬分配方面过于以短期为导向。在专业服务公司中，我发现的最为常见的一个误解就是，如果不实行论资排辈的薪酬分配制度，那么另外一个选项只能是一种"仅凭上一年度的绩效表现定薪酬"的残酷方式。

这种反应有点过度。在所有的专业服务行业中，优异的表现只有在一个较长时期中才能显现出来，所以也应该以较长一段时期内的表现作为绩效评估标准。每个年度的薪酬分配决定应该被看作是一系列决定中的一个，而不应该是不管过去也不管未来的每年一场或赢或输的比赛。除非大家一致认为确实受之无愧，否则任何一位合伙人的薪酬出现大幅上涨都具有极大的破坏性，这正如另一个极端，对单一年度的绩效表现的考核结果几乎没有差异，薪酬分配也几乎没有差异。

在过去和现在之间把握好平衡的一种方式就是把薪酬奖励当作一种平稳的、不断向前推进的平均绩效来考虑，根据出现的新事实，每年进行更新。为了做到这一点，公司可以根据三年的统计数据做出薪酬分配决定，而不仅仅以一年的数据为准。每年，每一位合伙人在三年中的累积绩效都应该得到更新，增加最近一个年度的绩效数据，同时删除四年之前的绩效数据。因此，一个绩效表现好的年度将会持续在一段比较长时间的数据库中出现，但不会永远如此。同样，当被计入四年的平均绩效表现时，单一年度的较好表现或者较差表现所带来的影响将会被削弱。如果每年的绩效表现都有提高，那么该合伙人获得的薪酬分配份额将会逐步上升。如果绩效持续下滑，那么他的薪酬分配份额也会相应地减小（顺便提一句，这种方法明显适用于临近退休年龄的合伙人）。

另外一个得到专业服务行业普遍支持的做法是被我称为"两分法"的制度。在这个制度下，较大比重的利润以长期考虑因素为基础进行分配（前瞻性的），而较小比重的利润（比如5%或15%）以对当年杰出业绩的认可为目的来进行分配（回顾性的）。这些特殊奖励显然并不在长期薪酬分配结构之内，因此单一年度的"奖金"也不会成为合伙人的长期目标。

薪酬和战略

尽管上文中提出了一些具有战术性和实务性的建议，但对薪酬分配制度的最终检验标准只有一个：这个制度是否能鼓励专业服务公司成功所需要的一切行为和努力。如果合伙人积极、有效地花费大量时间在不仅是对自己有益，而且对公司同样有益的事情上，那么就说明这个制度运转良好。如果合伙人个人的最大利益与公司利益不相符，那么这个制度就需要彻底检修了。采用这个简单的测试标准，大家首先要明白，究竟是哪些要素成就了一家专业服务公司，公司的最大利益是什么。正如许多公司所发现的，这个问题需要认真思考。薪酬分配决定不可能在一个真空的环境中做出：它是定义公司性质、内涵及文化的不可分割的组成部分。从这些复杂的过程中理出头绪是一门艺术，而且这个特点很有可能会一直保持下去。

| 第 24 章 |

合伙人薪酬分配模式

专业服务公司的薪酬分配制度屡屡不能实现一个简单的目标——激励合伙人专注于那些能使公司成功的绩效因素,这个现象令人诧异。

问题并不是公司的薪酬委员会对合伙人设定的奖励标准有误(尽管这种情况确实存在),而是合伙人通常对究竟是因为哪些方面的出色表现受到奖励并不知情,或者他们不相信薪酬委员会对合伙人受奖励原因的说辞。

靠官方出台政策并不能解决问题。大多数专业服务公司对薪酬分配原则都会做出如下表述:"我们考虑的众多因素包括……"(接下来就是一长串定量和定性评估指标)这样的薪酬分配原则无一例外地都模糊不清,很少能满足合伙人想要知道真正发挥作用的因素究竟是哪些、它们分别占有多大比重的需求。

这或许是个令人遗憾,却合乎情理的事实:大多数合伙人并不会轻易相信薪酬委员会说的那一套确实是他们做的那一套。当涉及薪酬分配,信任、信誉以及信心等方面的大量问题就会在专业服务公司中显现出来。如果合伙人对他们受到奖励的真正原因理解有误,那么他们就只会专注于那些他们自认为可以受到奖励的事情上,而并不会去关注其他将对公司成功产生影响的重要绩效因素。

薪酬委员会如何才能用令人信服的方式向合伙人传达它所做的工作呢？仅仅是简单地披露薪酬分配结果是不可行的。即使我了解公司里每一位合伙人今年所完成的工作，除非我非常熟悉每一位合伙人的绩效表现，否则我也很难推断出他们到底是由于哪方面的原因而受到了奖励。在小公司里能够做到这一点已经十分困难，在大公司里就完全不可能了。作为合伙人，即使发给我一份详细的数据表格（或更有可能是一份厚重的、装订成册的文件），里面包含供薪酬委员会做决策参考的所有信息，我也很难透过那么多列数据来发现其所运用的薪酬分配模式。

为合伙人分配薪酬所需要的是这样一种方式：既能够明确指出对合伙人的奖励主要考虑哪些方面，清楚地揭示定量指标和定性指标各占多大比重，又能够（在必要时）对特定合伙人的个人数据保密。

幸运的是，这样一种方法确实存在，即运用一些图表和基础数据编制的"薪酬委员会报告"。为了对这个方法进行说明，我们以一家虚构的、拥有32位合伙人的公司为例，来分析它从以下六个维度所收集到的有关合伙人的定量（描述性的）数据：

（1）年龄（有关资历的指标）。

（2）个人收费水平。

（3）对业务开发所做贡献的"分数"（评分）。

（4）作为客户项目合伙人给公司创造的收益额。

（5）计入账单的标准收费和已收回的现金收费所占的比例（"实现率"）。

（6）个人可计费工时。

当然，这家虚拟公司的薪酬委员会还会考虑很多其他定性因素，但是只有上述六个因素可以获得量化数据。掌握这些信息后，薪酬委员会就开始进行深入讨论，并运用最佳的判断能力，为每一位合伙人列出一份"点数"（或利润份额）表。然后，薪酬委员会会向合伙人发布一份含有下述图表的报告。下面，我们将和虚拟公司的合伙人一起对这些图表逐一进行分析。

图 24-1 表明了"点数"(利润份额)和年龄之间的关系(与以下所有图一样,图中的每一个小方框代表一位合伙人)。资历对薪酬委员会所做的决定发挥作用吗?正如读者所见,图表整体呈上升趋势,一般来说,年龄越大的合伙人获得的点数越多。但是,从图中也可以看出,数据的"分散程度"很大。因此,委员会并不是用一种刻板的方式来处理资历因素的。

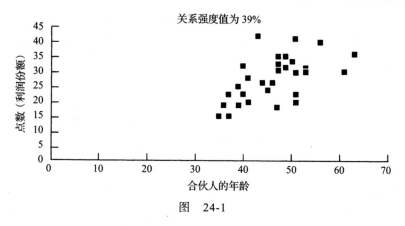

图 24-1

对图 24-1 进行仔细研究的合伙人可能会发现"资历效应"(上升趋势)在一定的年龄段中比较显著,比如 35～41 岁,但过了这个年龄段之后就没有明确的趋势了。在决定合伙人的薪酬分配时,对那些担任合伙人不久的同事,薪酬委员会似乎会更重视他们的资历因素,而之后则会更看重其他因素(如绩效)。

至于这种模式是否合适,就要由薪酬委员会和合伙人根据他们的薪酬分配理念来决定了。然而,通过这个图,合伙人至少可以看出薪酬委员会到底做了哪些工作。

图 24-1 最上方的数据是体现两者关系强度的度量值,也就是说,这个数值可以反映出两个因素(点数和年龄)之间关系的紧密程度。一个接近 0 的数值表明两个因素之间没有直接关系。一个接近 100% 的数值则说明两个因素高度相关。这个具体的数值(正式叫法是"R 平方统计数",是大多数电子数据表格程序都具有的标准公式)可以用来回答该问题:"一个因素

(如点数)的变动或差异在多大比例上可以用另一个因素(如年龄)来'解释'?"

在这个例子中,答案是39%。也就是说年龄似乎可以"解释"39%的"点数"差异,另外的61%留待其他因素来解释。这么说可能有些夸大其辞。真实情况可能是,个人收费水平才是点数高的真正驱动因素,因为年龄越大的合伙人,其收费水平越高,因而"年龄效应"是具有欺骗性的。幸好我们并不是只以这个图为准,因而可以通过其他图对这个假设进行验证。但是,可以确信的是,"年龄效应"所占的比重不会超过39%。

当然,上述分析并没有说明薪酬委员会的实际推理过程。我们所说的年龄和点数之间存在至多39%的关联度,是指从图表来分析,薪酬委员会似乎是给予了年龄这个比重。我们并不是在分析薪酬委员会做决定的过程,而是在分析他们的决定结果。对于薪酬委员会对每位合伙人做出的决定,我们没有任何发言权,但是我们可以从它所做的决定中发现大量有关趋势、一般规律和模式的信息。

接下来,我们来分析合伙人的个人收费水平这个因素(见图24-2)。同样,读者可以得出自己的结论。在适度分散的数据中,我看到了一个清晰的趋势,即在我们的虚拟公司中,收费水平高的合伙人显然会获得较高的利润分配点数。

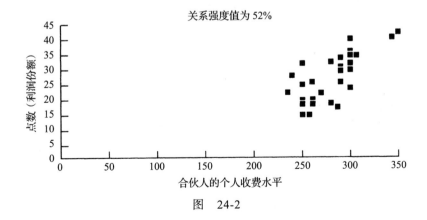

图 24-2

个人收费水平与点数之间存在的这种关联度是否合适呢？这个问题同样由公司来决定。我们只有一个简单目的，即揭示薪酬委员会所做的工作。然而，如果公司是根据市场水平来确定合伙人的收费标准的（也就是说，个人收费标准反映合伙人在市场中的价值），那么较高的个人收费水平通过较高的利润分配点数来反映是完全合适的——市场价值最高的合伙人获得了最高的报酬。

图24-2表明个人收费水平可以"解释"52%的点数差异。但是，我们必须注意到，由于年龄越大的合伙人，其收费水平很可能越高，因此，在某种程度上会出现"重叠"现象。出于这个原因，我们不能将图24-1中的39%和图24-2中的52%简单相加。

幸运的是，有一种方法可以解决这个问题。在大多数的电子数据表组合中有另一个统计数值（叫作"多元回归"），它可以消除各个变量间的重叠现象，并告诉我们点数中的多少差异可以由年龄和个人收费水平这两个因素共同解释，且不会产生重复计算。在此例中，通过"多元回归"得出的答案是59%，即在消除重叠之后，年龄和个人收费水平可以共同"解释"59%的得分差异。一种理解方式是，如果年龄因素可以单独"解释"39%的得分差异，那么个人收费水平则可以解释另外20%(=59%-39%)的得分差异。

让我们接着来看"对业务开发所做贡献的评分"（见图24-3）。这是一个"半"定量因素。我们的虚拟公司收集了每个合伙人为业务开发所做出的努力及取得的成果，并对他们的整体贡献进行打分（2～5分），5分为最高分（曾试图使用1～5分的评分范围，但实际上从未有人得过1分）。

图24-3中同样呈现了上升趋势。一般来说，在业务开发贡献上的"分数"越高，最后他们得到的点数也会越高。同样，我们不仅要注意到整体走向，还要观察数据的分散程度。图中的数据分散程度很大，说明在业务开发贡献上的"分数"确实对薪酬分配有影响，但并不起决定性的作用。图中显示，这个因素可以"解释"28%的得分差异。

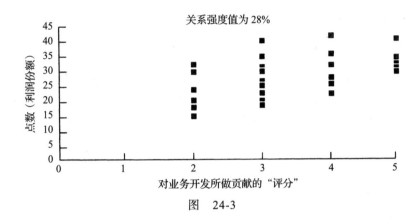

图 24-3

和前面两个图（图 24-1 和图 24-2）一样，我们必须注意重叠现象。个人收费水平高的合伙人很可能在业务开发方面也做得更好。我们通过再次运用"多元回归"法得出的答案是，把年龄、个人收费水平和在业务开发上得到的点数同时考虑在内，可以总体解释 74% 的点数差异。这是在年龄和个人收费水平两者相加得出 59% 的基础上进一步相加而来的，意味着在业务开发上的绩效可以解释 15% 的点数差异。

图 24-4 表明"作为客户项目合伙人给公司创造的收益额"在决定薪酬分配的过程中发挥着一定的作用（在某种程度上呈上升趋势），但它很可能不是决定性因素（数据分散程度太大）。尽管两者之间的关系强度值看起来

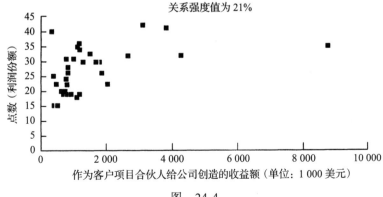

图 24-4

达到了21%,但它与其他因素之间存在很多重叠现象。把这个因素纳入我们已经考虑过的因素中,运用"多元回归"法计算后发现(非图表分析),只在已有的74%的数值上增加了2%。

还有两个图需要说明。图24-5表明,在已收回现金与按标准费率计算的费用所占比例("收费实现率")和点数之间几乎没有直接关系(如果说有关系,似乎有一个微弱的下降趋势)。这似乎说明,"良好的盈利水平管理"并不是一个影响所有合伙人薪酬分配点数的决定因素。但是,这并不能证明薪酬委员会在每个合伙人的单个情形中都没有考虑这个因素。这只能说明委员会没有对所有合伙人的薪酬分配采用一致的评估模式。

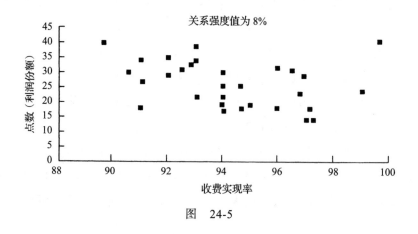

图 24-5

图24-6显示,无论是好是坏,我们的虚拟公司在薪酬分配决定过程中并没有过多地依赖合伙人的个人可计费工时,图中没有呈现出任何明显的趋势(尽管不太常见,但可能也是一个合理的发现。如果过多地强调合伙人的个人可计费工时数量,那么就会引发把那些本该交由别人来做的工作囤积起来的不良现象)。

我们已经对所有定量因素进行了分析。那么能不能谈一谈薪酬委员会所使用的定性因素呢?至少可以得出这样的结论,如果同时考虑6个定量因素,那么一共"只能"解释76%的得分差异(这个结果来自于上文所提到的"多元回归"统计数值)。因此,我们可以推断出,薪酬委员会在做出决定的过程中所依赖的定性因素占 24% 的比重。我们并不能够说明这些其他因素是合理的(工作质量、对员工的辅导、协作精神等)还是不合理(政治手腕、专断霸道等)的。但是,我们起码可以说明,我们的虚拟公司并不是通过一个简单的公式来得出薪酬分配结果的。24% 的绩效评估因素是依赖薪酬委员会做出判断的,这个比重是大还是小呢?同样,这个问题应该交由公司决定,但至少合伙人对情况有所了解。

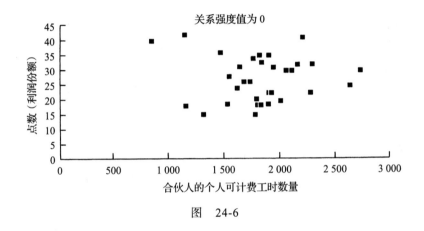

图 24-6

无论好坏,上述分析已经成功减少了大家对"究竟是出于哪个方面的原因而受到奖励"的疑惑。当然,大家的疑惑并没有完全被消除,仍然有 24% 的评判成分我们不能做出解释(值得注意的是,根据业务开发贡献的分数进行奖励的做法可以应用于其他需要做出判断的因素,比如对员工的辅导,进而将判断性的因素转变为"半"定量因素)。

由于绩效因素之间存在重叠,所以仍然会存在一定程度的疑惑。举例来说,如果"作为客户合伙人所创造的收益额"和"个人收费水平"的走向基本是一致的,那么究竟是哪个因素对薪酬分配决定发挥了作用呢?想要给出准确答案并不容易。

尽管如此,我们还是取得了一些进展。通过六个简单图表(和一些统计数据），我们和公司的合伙人都对公司中关于合伙人薪酬分配的做法有了一个清晰的定位。作为这家虚拟公司的合伙人，我可以很容易地得出结论，如果我想获得较高的薪酬，就要把注意力集中在我的收费水平和对业务开发的贡献上，以此来获得较高的利润分配点数，而无须过多关心我的可计费工时数量。我可能并不喜欢这样的结论，但我现在明白了公司到底对哪些方面给予了重点关注，忽略了哪些方面。而且，我也不再需要去相信薪酬委员会的那一套说辞了。

需要指出的一点是，用图解或数据分析的方法来披露合伙人薪酬仍然可以在很大程度上保证信息的机密性。图中的小方框并不能明确指出它究竟代表哪位合伙人。相应地，这个方法也就适用于那些有政策规定不允许披露合伙人薪酬的公司（在规模小的公司中，这种做法还是有可能违反保密规定，因为当1～2位合伙人"脱离群体"时，图表上的小方框就很容易识别了）。

尽管如此，许多遵循不对薪酬进行披露政策的公司也采用了这种方式，因为它们担心薪酬分配结果会遭到曲解（比如，"为什么某人得到的要比我多"之类的问题）。如果它们提供了本章所推荐的分析方式，把整体的薪酬分配模式解释清楚，那么披露合伙人薪酬带来的不利影响就会减少。

自然，任何一个薪酬委员会在向所有合伙人公布结果之前都会对这样的分析进行复核。我现在可以听到这样的对话："我们真的不想让盈利能力管理（'收费实现率'）占一点比重吗？""当然不是！这不是我们想要传达的信号。我们只是认为在做决定的过程中已经把它纳入考虑范围了。但是，当你把所有信息汇总起来，它的作用就不明显了。或许我们应该对所有决定再次进行复核。"这样，以"试算表"为基础的图解（和数据）分析法就可以成为薪酬委员会内部加以利用的一种有效的决策工具，确保其做出的决定向合伙人传递了正确的信号。

当然，这个方法还有很多方面有待改进。一些公司可能想分析点数的百分比变化与绩效因素之间存在什么样的关系，而不仅仅只关注点数的绝对值的变化。另外一些公司可能想研究一段时间内的绩效数据（比如，三年绩效的平均值），而不仅仅只研究最近一年的数据。许多类似的改进都是很合理的。然而，最关键的问题是要和合伙人分享这个分析过程。薪酬委员会直到能够向合伙人准确地解释说明（而不仅仅是告知）"究竟是哪些方面的表现受到奖励"，才算是圆满完成任务。

| 第 25 章 |

分 切 馅 饼

1983 年，我决定针对律师事务所开展一项关于合伙人薪酬分配做法的简单研究，以了解不同的事务所会如何应对不同类型的合伙人。尽管研究结果仅仅反映当时的情况，研究对象也只来自一个行业，但是直到今天，我仍然会收到客户对该研究的反馈意见，并听到他们说还在应用这一理论来检验他们公司内部的某些观点。因此，我决定将该研究纳入这一章。

在《美国律师》的编辑史蒂夫·布雷尔以及律师事务所的专家顾问布鲁斯·海因茨的帮助下，我虚构出一家虚拟律师事务所的 7 位合伙人原型，并为每位合伙人提供对应的数据及描述性信息（见表 25-1）。然后，要求每一位参与研究的人员根据他们所在律所的合伙人平均薪酬水平，指出我虚构出的每一位合伙人原型在他们律所可能获得的薪酬范围（是高还是低）。

每个合伙人原型都有一个简短的标签：

- A 指一般合伙人。
- B 指后起之秀。
- C 指生产力低下的年老合伙人。
- D 指"独唱家"般的个体经营者。

第25章 分切馅饼　265

表 25-1 合伙人原型：虚拟公司的 8 位合伙人

	合伙人 A	合伙人 B	合伙人 C	合伙人 D	合伙人 E	合伙人 F	合伙人 G	合伙人 H
典型	律师	年轻，有企业家精神，身边聚集着一批忠诚的拥护者	仿佛已经精力透支，怀疑其存在个人问题	独唱家般的经营者，所作所为善变，受人瞩目，齿有点过于伶俐	"雇用工"式的律师，工作勤奋，但是几乎不能带来业务，依赖他人，属于"合伙人学徒工"	执行委员会成员，凡事亲力亲为，属于公司中的中坚力量	管理效益差的分支机构	"业务能手"型律师，负责客户和工作转移给他人处理
可计费工时	100	141	74	105	115	92	95	35
不可计费工时	100	152	51	92	60	243	156	150
管理的资金规模	100	198	33	45	55	129	90	112
核销金额	100	120	50	102	101	150	63	132
未出账单金额	100	105	59	40	93	121	80	108
应收账款	100	110	72	50	95	115	83	103
业务开发能力	100	200	25	73	15	175	74	312
收费水平	100	64	129	104	103	112	108	139
年龄	38	34	55	42	41	49	49	60
部门	公司	房产	遗嘱认证	税务	诉讼	公司	公司	公司
专业工作质量	中等	优	中等	优	中等	中等偏上	中等略偏上	中等
受其他尊重的程度	中等	优	未知	十分显著	不出名	非常出名	被认为有名气	极好
与其他合伙人合作情况	中等	不好：存在地盘意识	合作意识很强	合作意识十分强烈	十分愿意合作	深受别人喜爱	通过观察发现没有合作意识	没有合作意识
培养员工的能力	中等	出色	差	差	中等	出色	证据不足	不好
委员会工作及公司管理职责	中等	不太好	愿意但很少人选	无	有需要随时提供服务	大量	很多	曾经参与过相关工作
薪酬	100	?	?	?	?	?	?	?

注：上表中（除年龄以外）的所有数字都是以其占公司所有合伙人的平均值的百分比来表示的。高于100%的数值代表突出色的业绩表现。比如说合伙人 D 投入的可计费工时教比全部合伙人的平均值高出 5 个百分点，但不可计费工时比平均值高出 8 个百分点。当计算该合伙人为客户提供服务但却还未向客户发出账单时（未出账单金额），合伙人 D 的绩效仅为 40%，远远低于公司的平均水平。同样的道理，他在应收账款这一项上的绩效是 50%，也就是说他要花费 2 倍的时间才能收回合伙人的平均水平的应收账款。

- E 指兢兢业业的"幕后"律师。
- F 指积极维护公司运营的执行委员会成员。
- G 指苦苦挣扎的分支机构主管合伙人。
- H 指不会投入太多可计费工时的"业务能手"型律师。

表 25-1 对每一个合伙人原型都给出了更加细致、全面的描述。在继续往下读之前,你可能希望完成这个调查问卷,具体做法是根据你所在的律师事务所的合伙人平均薪酬水平,指出每一个合伙人原型在你们所可能获得的薪酬。或者,你也希望在合伙人中传阅这份调查问卷,看看关于合伙人究竟应该在哪些方面获得奖励(报酬)这个问题上,大家能够在多大程度上达成一致。

在此次问卷调查中,我收到了 46 份有效回复,回复率近 20%。虽然回复率有点低,但对于此类调查来说这种情况是可以理解的。从这些回复中,我们得到了一些富有启发性的发现。

尽管合伙人 H 投入的可计费工时数量少,从表 25-1 中的文字描述中也可以看出该合伙人没有合作意识,但由于他集资历和业务开发能力于一身,所以在大多数参与问卷调查的律师事务所中,合伙人 H 都能获得最高薪酬(见图 25-1)。这一结果不足为奇,在给合伙人分配薪酬时,带来新业务通常是最受重视的能力。

但是,问卷回复中所隐含的信息却耐人寻味:尽管大多数律师事务所为合伙人 H 分配的薪酬均高于其他合伙人,但至于高多少却大相径庭。为合伙人 H 分配的薪酬中间值是合伙人平均薪酬水平的 175%,但是 1/4 的律师事务所分配给该合伙人的薪酬不会比合伙人平均薪酬水平高出 25%,1/10 的律师事务所分配给该合伙人的薪酬不会比合伙人平均薪酬水平高出 10%。甚至有 3 家律师事务所表示它们分配给合伙人 H 的薪酬低于合伙人平均薪酬水平。另外一个极端则是,1/10 的律师事务所给合伙人 H 分配的薪酬比合伙人平均薪酬水平高 2.1 倍,还有 1/4 的律师事务所表示这个数值高于 2.5 倍。

| 第25章 | 分切馅饼 | 267

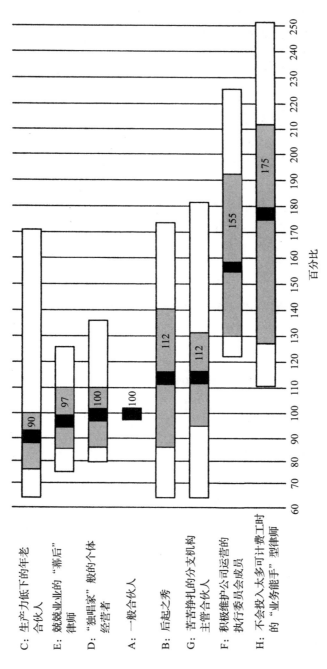

图 25-1 你的薪酬水平取决于你的工作重心在哪里

问卷反馈结果所显示的数值范围确实令人感到震惊。如果我们将最低与最高的 1/10 的律师事务所忽略不计，可以看到合伙人 H 的薪酬范围在合伙人平均薪酬水平的 110% 到 250% 之间。

律师事务所的规模对合伙人薪酬分配并无影响

如何给合伙人 H（或者其他任何一位合伙人原型）分配薪酬看起来和律师事务所的规模没有关系。从律所规模的角度来分析，无论是从样本个体还是样本整体来看，问卷调查结果所反映出的基本薪酬分配模式是差不多的。在每个组别中，给合伙人 H 分配的薪酬大多介于合伙人平均薪酬水平的 160% 到 190% 之间，但是就单个样本小组来看，其内部关于 H 的薪酬分配依旧存在巨大差异，以至于掩盖了各个组别之间的差异。例如，一个小型律所（律师人数不超过 50 人）给 H 分配的薪酬仅为合伙人平均薪酬水平的 62%，而在另外一家同等规模的律所，该数值达到 262%。在规模最大的律所组别（律师人数超过 150 人）中，给合伙人 H 分配的薪酬介于合伙人平均薪酬水平的 115% 到 250% 之间（律所规模与薪酬分配之间不存在数值上的相关关系，这一结论不仅适用于合伙人 H，而且适用于其他合伙人原型）。

从律师事务所的治理模式入手分析，也可以得出同样的结论。在参与问卷调查的所有律所中，有 72% 是实行选举制的民主型律所，22% 称它们由掌握巨大权力的寡头合伙人集团来统治，6% 称它们采用良性独裁制。关于民主制律所和采用其他治理模式的律所在对每一个合伙人原型的薪酬分配上有何差异这一点，我们无法找到数值上的相关性。调查问卷数据所传达的主要信息依然是律所个体之间存在巨大差异。这个结论同样适用于薪酬委员会的产生方式：薪酬委员会由选举产生的 68% 的律所之间在数据上并没有太大差异，而其余 15% 通过任命方式产生薪酬委员会的律所和 17% 采用"世袭制"产生薪酬委员会的律所，情况也是如此。

对不同合伙人原型的薪酬给出如此迥异的回答，是因为参与问卷调查的人员对每一类合伙人在他们律所的实际薪酬水平并不确定吗？好像不是这样。对于每一个合伙人原型，参与问卷调查的人员都可以把问卷中未列出的可能对薪酬产生影响的因素纳入考虑，然后分别给出一个"高"数值和一个"低"数值。大部分律所给出的两个预测值之差不超过20%，仅有极少数律所（不到1/10）给出的两个预测值之差超过了30%。因此，大多数参与人员都认为自己拥有足够的信息，能够在他们律所自己的薪酬分配体制内合理、准确地给每一类合伙人定位。

其他回复：每类合伙人分别获得多少薪酬

我们已经讨论了合伙人H的薪酬，那么其他合伙人呢？

任何对律师事务所有所了解的人可能都会猜到，薪酬水平仅次于合伙人H的应该是合伙人F。作为执行委员会成员，F投入的可计费工时接近该事务所合伙人的平均水平，不可计费工时是平均水平的2倍还多，获得的"项目创始人的奖励和荣誉"（业务开发能力）比平均水平高出75个百分点。46家律所给合伙人F分配的薪酬平均值为全部合伙人平均薪酬水平的155%，50%参与者给出的薪酬低于这个数值，另外50%则高于这个数值。与合伙人H一样，不同律所为这位工作勤奋的合伙人F分配的薪酬也存在显著差异。1/4的律所给合伙人F分配的薪酬不及合伙人平均薪酬水平的130%，而1/4的律所给合伙人F分配的薪酬要比合伙人平均薪酬水平的190%还多。如果我们对最低与最高的1/10的答案忽略不计，可以发现合伙人F的薪酬大多介于合伙人平均薪酬水平的120%到225%之间。虽然每个律所的合伙人平均薪酬水平可能有很大不同，但这个变动范围还是令人难以置信的。

把律所给合伙人H（即"业务能手"型律师）分配的薪酬与给合伙人F（律师事务所的主力）分配的薪酬进行对比，可以得出一个有趣的结果。尽管律所给这两类合伙人分配的薪酬平均值只相差20%，但是参与问卷调查的46家律所对其中谁应该获得更高薪酬却意见不一：54%的律所认为应该给合伙人H更高的薪酬，但是46%的律所则认为应该给合伙人F更高的薪酬。在本章中，我们来探讨一下这两种不同反应。业务开发能力很重要，在这一点上合伙人H显然更胜一筹（也更资深）。但是，可计费工时和公司管理也很重要，这是合伙人F的强项，而且合伙人F在业务开发上也有不俗的表现，令人称道。不出所料，不同的律师事务所在谁能给公司带来更大的价值这一问题上各执一词（假设可以通过单一年度的薪酬分配来反映这一点）。

大多数律师事务所认为年长且业务开发能力强的合伙人和人到中年的执行委员会成员应该获得比其他类型的合伙人更高的薪酬。但是，业务开发、公司管理和资历这三者之间的利弊权衡在下一个层次的薪酬对比上也得到了体现。除合伙人H和F之外，合伙人B和G得到的薪酬最高。合伙人B在我们虚构的律师事务所中是一位后起之秀，其投入的可计费工时比全部合伙人的平均水平高出41%，作为"项目创始人"所获得的奖励和荣誉（以及对项目执行的监督责任）是律所一般合伙人水平的2倍，不可计费工时也比合伙人平均水平高出52%——取得这些成就的这位合伙人仅有34岁。与之形成鲜明对比的是合伙人G，作为分支机构的主管合伙人，除了不可计费工时（可能是管理活动）和年龄（49岁，合伙人平均年龄是38岁）外，G几乎在所有方面的表现都低于平均水平。

谁应该获得更高的薪酬呢？在参与问卷调查的所有人员中，一半的事务所选择了后起之秀，而另一半则选择了更为资深的分支机构主管合伙人。在两种情况下，虽然同前面的例子一样，46家律师事务所给出的答案存在显著差异，但是中间数值都是合伙人平均薪酬水平的112%。29%的律所给后起之秀分配的薪酬高于平均水平，而另外29%则给出了比平均水平高140%的薪酬（在某些律所，甚至可以达到190%～200%）。同样，超过1/4的律所给分支机构主管分配的薪酬低于律所合伙人的平均薪酬水平，而还有大概同等比例的律所给他分配的薪酬比平均水平高出135%。

沿着排序继续看，合伙人D和E这对组合引起了我们的兴趣，二者的薪酬水平都接近律所合伙人的平均薪酬水平。合伙人D，那位"独唱家"般的个体经营者，其可计费工时和不可计费工时都达到合伙人平均水平，但其在"项目创始人"方面的绩效却比平均水平低27个百分点。相比之下，参与者认为在业务开发上取得骄人成绩的一般合伙人A则应该受到更多重视。然而，55%的律所选择给合伙人D分配的薪酬达到或高于合伙人平均薪酬水平（即合伙人A的薪酬水平），34%的律所给D分配的薪酬至少比A高出10%，17%的律所给出的薪酬则至少比A高出25%。据推测，合伙人D的年龄（42岁，而A仅为38岁）是造成这种区别的原因。

大多数律师事务所给合伙人E，即那位兢兢业业的"幕后"律师分配的薪酬要远远低于合伙人D。大部分律所给E分配的薪酬低于合伙人平均薪酬水平，15%的律所给出的薪酬比平均水平低87%，但另外25%的律所给合伙人E分配的薪酬是平均水平的110%，甚至更多。与合伙人E相比，合伙人D的竞争优势在业务开发能力上，尽管他在这方面的绩效低于平均水平，而且在应收账款这一项上的绩效欠佳；E投入的可计费工时多，在应收账款及成本核销这两项上都有好的表现，但是业务开发能力明显较低。如前文所述，大多数律所给D分配的薪酬要高于E，但是不会高太多。如果说给D分配的薪酬是合伙人平均薪酬水平的100%，那么给E分配的薪酬则是97%。

最后，参与问卷调查的大部分律所给合伙人C分配的薪酬最低，这位55岁的律师投入的可计费工时仅为合伙人平均水平的74%，而且除年龄和个人收费水平之外，他在其余各项指标上都处于落后的位置。参与此次问卷调查的律所一般只愿意给C分配合伙人平均薪酬水平的90%（就资历而言，这已经够多了）。但是和前面的所有例子类似，46家律所给合伙人C分配的薪酬还是存在很大差异。1/10的律所给合伙人C分配的薪酬不及合伙人平均薪酬水平的65%，而1/10的律所给出的薪酬则至少是平均水平的170%（估计也是考虑到C的资深程度）。几乎半数的律所给合伙人C分配的薪酬至少和D、E的薪酬处于同等水平，但令人感到惊讶的是（只是我的个人观点），1/3的律所给合伙人C分配的薪酬竟然超过了那位后起之秀，即合伙人B！

众口不一

显然，从此次问卷调查中获得的最大收获就是一个词——"混乱"。其中最重要的部分不是合伙人H、F、D和E的排名次序，而是不同律所对馅饼的分切方法存在显著差异，特别是它们对资历、业务开发、可计费工时、管理职责和应收账款规模等因素给予了不同的权重。

律师事务所在分切馅饼时采用不同的标准是完全可以理解的，实际上这也是一种非常可取的做法。在市场中的不同战略定位要求制定不同的薪酬分配制度。一家拥有大规模客户群体及多元化业务的律所可能更重视可计费工时、项目监督及管理职责，而给予业务开发能力的权重则较小。一家主要依赖小型项目的律所则需要更多业务开发能力强的合伙人，因此对"项目创始人"给予的奖励更高。一家分支机构多且运营模式多样化的律所对管理技能会提出更高要求，因此对这一项给予的权重也就自然比那些业务及办公地点单一的律所大。

薪酬分配制度方面的专家指出，任何一种薪酬分配体系要想经得起时间的检验都必须过两道关：内部公平和外部公平。内部公平要求无论采取什么薪酬分配规则，都要始终如一地使之得以贯彻。即使做到了内部标准一致，也不能忘记外部公平，即律所的薪酬分配结果是否反映了开放市场的实际经济状况。在过去，律所不必考虑这个问题，因为直到今天，也没有形成一个可以对律所合伙人的价值评估提供参照的市场环境。但是，此次问卷调查的结果显示，随着这个市场的发展，许多律所将不得不对每类合伙人的薪酬分配方案做出重大调整。

| 第 26 章 |

合伙企业的治理

合伙制专业服务公司治理体系的设计是一项类似于"起草宪法"的活动,因此历史及政治经验对我们有一定的借鉴意义。历史上,两种治理模式一直存在争议:一种是贵族政治(即被任命的领导人拥有至高无上的权力,可以代表民众做出决定),另一种是民主政治(强调全体公民的自治)。

贵族政治模式适用的条件是:强有力的领导对组织的成功至关重要,且领导者所需具备的技能十分明确。但是,当对技能、智慧和品德的判断标准不明确时,问题就会出现。到底谁能评判领导者所做出的判断正确与否,又是基于什么标准呢?普遍采用的选举制似乎也不会对技能、品德和智慧进行筛选。更重要的是,在一个贵族统治的体系下,我们如何确保当选的领导者得到了所有被统治者的一致认同呢?

民主政治模式存在的问题同样模糊不清,令人费解。是否真的有可能保持政府的影响力及权力的公正性?难道权力不会逐渐集中到拥有巨额财富、政治手腕或者决断力的少数人手中吗?如果每个人都拥有平等的发言权,又如何才能做出基于充分考虑的决策呢?一个受欢迎的政府,尤其是在危机中,如何积极而又迅速果断地做出反应呢?一个民主政权又该如何处理多数派实行专政、少数派蓄意阻挠这个双重麻烦呢？

一个解决办法是调整我们对民主的理解。在古希腊社会，尤其是在雅典，民主就等同于常设市镇会议——所有重要决定都在公众集会上做出。正如许多专业服务公司所发现的那样，这种民主形式会导致时间的大量浪费、反应迟缓以及行动上过于保守。罗素认为这种广泛征求意见的民主决策过程仅在规模小且秩序高度统一的社会中才有可行性（即使在雅典，蓄意扰乱秩序的公民也会被驱逐出大会）。随着社会的发展成熟，多元化的特征愈发明显，广泛征求意见的民主决策过程也越来越不可行。相应地，世界对民主的看法也发生了变化，允许当选代表在对民众负责的前提下，遵从良知并凭借他们对某个特定情况的深入理解与认识做出决定。在两次选举之间的时间，政府不必凡事都举行全民公投，可以自由采取行动，人民可以根据政府的长期表现对其做出评价。

什么使得专业服务行业如此不同

尽管民主政治模式在国家治理中是成功的，但所有的专业服务公司依旧在对自治的渴望与政府统一治理所带来的好处这两者之间的关系上争执不下。为什么会这样呢？为什么每个专业服务行业都在积极捍卫雅典式的民主，而这一仗其实早在数十年前甚至是数百年前的商业企业中就已经失败了呢？

一部分原因是经济环境。当国家安定、粮食富足的时候，也正是民主政治发达的时候，就像第二次世界大战后给专业服务行业营造的发展环境一样。但是，一旦战争爆发或者粮食歉收，即使是对民主政体的最忠诚的追随者也会选择一个能指挥军队且告诉工厂应该生产哪些军备的政府。政府的管理风格（如果不说管理架构）就发生了变化。国家的目标是权力高度集中，实施更权威（甚至是独裁式）的政府行为。由于专业服务行业在其巅峰时期享受过的和平富足的环境已经不复存在，雅典式民主也就越来越不合时宜。然而，治理模式的转变也很艰难，这主要取决于专业工作的本质及从业者。

人们普遍抱怨专业人士不好管理。在我研究过的每一个专业服务行业中，主管合伙人称他们的管理任务几乎是不可能完成的，因为他们需要领导一批本性独立的"独唱家"。克拉瓦斯律师事务所的前首席合伙人塞缪尔·巴特勒将他的角色比作是一条有50只狗的街道上的唯一的消防栓。另外一位对很多专业服务行业都颇为了解的主管合伙人则观察到："对专业服务公司的管理只有两种方式，要么管理得很糟糕，要么彻底不管。"

根据我的经验，专业服务公司存在管理不善的问题，通常不是因为管理者缺乏管理技巧，而是因为其他人不愿意赋予他自由管理的权力。这种现象在律师、医药、建筑等行业，实际上是在所有专业服务行业中都很常见，它表明在专业工作中确实有一些因素导致了"不易对其进行管理"的特点。

那些选择从事专业服务行业的人最显著的心理特征就是对自主权的强烈需求。人们选择从事专业服务行业（而不是，比如说，公司提供的一份工作）是因为这份工作不是按部就班、具有非常严格的层级架构的。因此，从事专业服务行业的人比从事其他行业的人更厌恶按照指示行事。合伙制企业的一个最重要的特征就是合伙人之间看起来没有等级之分。当然，这个等级通常是存在的，只不过在表面上能做到一视同仁。在专业服务公司，决策过程既是让事情有个定论的过程，更是证明合伙人权力身份（即决策参与权）的一种有效手段。

最后一个导致专业人士不易管理的特征是：他们在日常工作中作为"专家"的角色定位。在很多专业服务行业中，尤其是咨询行业，要想赢得客户的信赖，使客户安心，专业人士必须具备一种无所不能、无所不晓的气场。很自然，这种气场会渗透到他们生活的其他方面，从而催生出一种自信及一种掌控欲，这也就诱使那些顶尖的专业人士相信没有什么事情是他们无法处理的。其结果就是，每个合伙人对公司事务应该如何处理各执一词，并且认为没有他们的参与就不应该做出任何决策。

战略与治理

参与式民主在合伙制专业服务公司中的盛行不仅可以用上文中提到的经济与心理因素加以解释，或许最重要的原因是专业工作本身具备的特点。

如果提供某项服务需要的"技术手段"已经十分完备，它可以通过一套合理的常规操作流程来完成，而且能根据员工的专长对其进行合理分工和形成专门化（同时这也是市场的需求），那么提供这种类型服务的公司就会采用官僚体制，设置严格的管理层级，当然这也易于对公司进行管理。如果一项服务需要专门定制解决方案或者很复杂，以至于执行起来更像是一门艺术而不是一门科学，那么提供这种类型服务的公司就会采用更加自由的治理模式，不会设置严格的管理层级或者刻板的操作流程。对商业进行研究的社会学家把这两种极端称为"机械化组织"和"有机组织"。

我认为导致专业服务公司的治理模式发生变化的一个重要因素就是越来越多的工作在朝着"一门科学"的方向发展，而不再是"一门艺术"。在所有专业服务领域中，起初由富有创新精神和实践经验的专业人士所提供的服务都不可避免地会"发展成熟"，它们可以由较低级别的人员及专门化程度相对较高的程序来完成。相应地，随着这类服务的日益增多，专业服务公司的"机械化组织"的特点就更为突出。如果其希望避免公司将来走上"官僚体制"的道路，就必须努力获取需要富有创造性、艺术化方式才能完成的工作。尽管通过常规操作流程来执行的工作可以通过借鉴之前的经验来降低成本，获得较高的利润，从而富有吸引力，但不可避免地会导致一种刻板保守的工作环境，而这一点正是令从事专业服务行业的专业人员最为反感的。

由于需要根据每个客户的不同需求调整工作方式及内容，合伙人享有自主权就合乎情理了。专业人士要求他们有权按照自己认为合适的方式做事，最大程度上减少对他们的限制：因为只有真正向客户提供专业服务的人员才了解客户的特定情况及需求,没有第二个人能做到这一点。相对于如今的专门化市场而言,这种观点在专业人士都是通晓多个领域的复合型人才的市场中表现得更为明显。如今合伙人面对的不再是过去那种每个人服务自己的一帮客户的年代了,他们之间互相依存的程度越来越高,需要不同领域的专家型人才开展合作,因此,对领导力的需求也随之而来。

新兴标准

尽管在最好的专业服务公司中确实还存在着多种类型的治理体系,但是可以说有一种新兴标准正在产生,它包括以下几个部分:

(1)选举产生的合伙人委员会,每年召开三四次会议,其职能是讨论解决公司政策方面的问题。合伙人委员会不是一个执行机构,不负责公司的运营,而是将工作重点放在与长期发展政策相关的问题上。

(2)一位将绝大部分时间(50%～100%)投入到公司管理上的首席合伙人。他由全部合伙人以多数票通过的方式选举产生,或者是由合伙人委员会指定,后者比较普遍。

(3)一位公司管理层级别的管理合伙人(或者是首席财务官、首席运营官),他的角色是首席合伙人的左膀右臂,协助其承担行政管理及业务分析方面的职责。

(4)执行委员会,主要由(指定的)各业务领域及分支机构的主管合伙人组成,是由首席合伙人领导的管理团队的一部分。

(5)薪酬委员会,由执行委员会的成员及通过直接选举产生或者由合伙人委员会指定的其他人员组成。

就像一个国家一样,这些组成部分可以分为三组。合伙人委员会(有时候是全体合伙人)代表立法机关,其职责是对一个政体赖以运行的政策做出"通过"或"不通过"的决定。首席合伙人、执行委员会及管理合伙人一起构成执行机关。薪酬委员会则代表司法机关。

合伙人委员会

在专业服务公司中握有最终"批准权"的当然是合伙人委员会，它保留了对公司并购、吸收新合伙人等一些重大事项的批准权。然而，在最大型的专业服务公司中，"决策权"与"批准权"是两个截然不同的概念。合伙人人数越来越多（覆盖的地理区域也越来越广），在合伙企业中，管理层不可能做出每个决定都需要经由全体合伙人讨论。其结果就是，大多数的大型专业服务公司会选出合伙人委员会，其职责是检查公司政策方面存在的问题以及对相关问题做出决策，或者将决定提交给全体合伙人核准。

合伙人委员会与公司治理模式中的代表股东利益（这里指合伙人）的董事会十分相似。比如说，公司董事会的首要职能是对执行机构的活动进行监督，以确保其符合全体股东的利益。一些专业服务公司的合伙人委员会每月召开一次会议，但是，同公司董事会会议一样，更为普遍的做法是每年召开3～4次会议。

在大多数大型的专业服务公司中，合伙人委员会的成员由全体合伙人选举产生，任期一般为2～4年，有时候对成员连续任职的年限有限制（比如说3个2年任期、2个3年任期等）。最后一个限制通常是弊大于利，因为这个规定可能会迫使一位深受同事拥护且对公司极有价值的成员不得不退出委员会。另外一种相反的观点则是，委员会成员的任职时间可能会过于长，可以通过选举程序加以调节。

大多数在不同城市和地区开设分支机构的大型专业服务公司都会尽力确保合伙人委员会具有广泛代表性，这一点通常通过每个业务运行单位直接选举代表的形式来实现。有时候，业务运行单位（分支机构或业务领域）的主管合伙人就成为事实上的委员会成员，尽管这种情况并不常见，因为这些主管合伙人通常都是由首席合伙人任命的，而首席合伙人又是由合伙人委员会任命的。

应当强调的是，合伙人委员会的角色和职责都已经发生了巨大转变。

在历史上，很多公司都要求董事会，即我们在这里所说的合伙人委员会来负责公司的运营，也就是说，董事会的角色等同于执行机构，而不是政策制定机构。但是，这种转变是多种力量共同发挥作用的结果。首先，许多公司注意到，当公司中最高级别的委员会既承担制定政策的职责，又负责政策的具体执行，许多细枝末节的事情就会占据委员会绝大部分的商议时间，而真正有关政策的讨论则被忽略了。于是，大多数公司已经发现，将政策的制定与执行职能区分开来是一个明智的做法。其次，基于"权力隔离"的考虑，也能得出同样的结论。通过将政策的制定与执行划分开，公司可以避免权力过度集中于一个机构的问题。最后，大多数公司都认识到，管理工作，包括专业服务公司的日常运作，都需要一套与政策制定层面全然不同的技巧和能力。

首席合伙人

履行首要管理职责（首席合伙人、首席执行官或者是执行委员会主席）需要同时具备"业务技能"和"个人技能"（见第 19 章）。首席合伙人作为管理者的角色包括抽出大量时间帮助合伙人解决他们所遇到的问题，化解各种矛盾。

对一家专业服务公司的良好管理在很大程度上有赖于管理者对他人的劝导和说服、处理人际关系问题、和合伙人一起或者帮助合伙人处理微妙的（通常也是私人的）问题等方面。最优秀的管理者往往既不是最出色的专业人士，也不是业务开发能力最强的人，甚至不是最有"金融头脑"的人。相比之下，他更是一位擅长达成共识、解决分歧的人。具备这类技能的人往往是不能通过公开的、竞争激烈的直接选举来产生的。具体而言，赋予合伙人委员会任命首席合伙人的权力是明智的做法。但是，也需要强调的一点是，为了取得公信力，选举（或任命）须经全体合伙人投票通过后生效。这样，合伙人就保留了对不合理的选举程序及结果的否决权，而

"管理者"也能获得履行职能的授权。

通常，首席合伙人的任职有任期限制（一般是2～5年），因此首席合伙人为了留任，必须获得全体合伙人（或者合伙人代表、合伙人委员会）的支持。尽管这种定期重新任命首席合伙人的做法很典型，但是越来越常见的情况是，一旦找到一位适合且受认可的首席合伙人，他就有可能留任很长一段时间。在大型专业服务公司中，轮流担任首席合伙人的现象越来越少，如果说还没有完全消失的话。

一些公司依旧保留着由执行委员会承担一部分管理职能的做法，作为执行委员会主席的首席合伙人，他和其他委员会成员是平起平坐的，只不过位置靠前罢了。这种屈从于"委员会"的模式也有风险。如果太多人共同对公司事务的执行负责，那么各项举措在落实过程中受阻的可能性就会大幅上升。相应地，大多数专业服务公司正在向另外一种治理模式转变：即便有执行委员会，它也只是对执行委员会主席起到"建议和同意"的作用，首席合伙人仍然承担着主要管理职责。

在建立治理体系的过程中，要注意到"架构"和"过程"之间潜在的抵销作用，这一点很重要。比如说，如果管理者选择采用事前广泛征询意见的做法，那么制度性的流程（比如向代表委员会征询意见）就可以相应地减少。专业服务公司越来越少地依赖委员会来解决问题。公司一般不再任命"共同承担责任"（往往以无人负责而告终）的一组人员来负责某项事务的执行，而是指定某个人负责。这种做法的前提是该管理者愿意广泛征求和听取意见，让他人参与论证过程，并在取得共识的基础上开展行动。这样做既省时，又具有广泛参与、共同推动落实的优势。

为解决参与问题而采取的一个比较类似的流程性做法是，工作效率高的首席合伙人习惯定期组织召开合伙人例会，在会上汇报最新工作进展，让合伙人知晓在即将召开的合伙人委员会会议上要解决的事项并回答相关问题。如果做得好，这种方法可以让权力架构之外的人员享有参与权。当然，如果做得不好，这个过程就会变成一个毫无意义、一事无成的过场。

然而，这只是为了证明，单单依靠简单的结构化解决方案（"强制性的合伙人会议"或者"分发合伙人委员会会议纪要"）几乎无法解决公司治理问题。这些方案的落实方式才是成功解决问题的关键。

管理团队

比任何一个执行委员会都要更加重要的是负责公司日常事务运行的一组人员。各业务单元的主管合伙人和首席合伙人组成管理团队。这个团队与执行委员会是两个截然不同的主体，但在公司的运行中他们必须以团队合作的形式才能充分发挥作用。首席合伙人应该把这一管理团队当作他的"共鸣板"和"耳目"，既要听取它的意见，又要通过它来了解公司中存在的那些尚待解决的问题。

在大多数公司中，首席合伙人负责挑选（通常要征得合伙人委员会的同意）分支机构负责人和业务单元负责人。挑选标准要更多地关注他们在公司运行中的管理才能，而不是他们的知名度、技术能力或者业务开发能力（由于具备这项技能的人才相对紧缺，管理工作也比较繁重，因此由各业务单元的全体合伙人直接选举出合适人选的做法已经很少采用了）。

在很多公司，业务单元负责人的角色（负责管理某个办公室或者业务部门）对推动各项工作的落实和影响公司的未来发展都十分重要。由于是由合伙人委员会组建，所以管理团队直接对合伙人委员会负责，并通过合伙人委员会对全体合伙人负责。

管理合伙人

如今，在大多数专业服务公司中，都有一位很能干的首席财务官来辅佐首席合伙人，充当他的左右手。

这样一位人士应该（在运转良好的公司，也确实）承担起通常会耗费

执行委员会主席大量时间来完成的多项职责,包括:
- 检查公司的财务状况和各类运营数据。
- 监督预算编制。
- 处理租约、合同、电脑等。
- 对新的战略举措进行分析。

这样做可以使首席合伙人腾出时间来从事价值更高的活动,包括:
- 开展正式和非正式的绩效审阅工作。
- 与合伙人开展非正式(不定期的)互动。
- 帮助合伙人解决客户问题。
- 帮助合伙人解决个人职业发展问题。
- 走访客户或开展维护客户关系的活动。

目前采用的一般做法是把行政管理事务及对重大业务问题的分析工作委派给一位专业人士做。他不做决策,也不(基本不会)处理合伙人的问题。但是,作为最得力的助手,他确实帮助首席合伙人节省出时间来做决策、处理合伙人的问题。经验表明,在一位非常能干的管理合伙人的辅佐下,首席合伙人大约可以节省25%的时间(大约500个小时)。如果这500个小时可以用于上述所列的更有价值的工作,那么首席合伙人利用这些时间所创造出的价值就足以验证,在管理合伙人的职位上进行投资是非常值得的。

薪酬委员会

在大多数运行良好的专业服务公司中,薪酬委员会的成员由两部分组成:执行委员会的全部或部分成员以及其他单独选出的补充成员。下列三种方式对于选择补充成员既合适又常用。

(1)由合伙人委员会中的非执行成员担任。

(2)由合伙人委员会指定。

（3）由直接选举产生。

在薪酬委员会中有执行委员会的成员（或者至少由首席合伙人作代表），这对保证执行委员会在公司日常运行中发出的"信号"与薪酬委员会开展的年度绩效考核之间保持一致是至关重要的。但是，权力分立的原则使很多公司得出结论（我个人判断这样做是正确的）：执行职能和薪酬分配职能（司法职能）不应该同时由一个主体承担。

对合伙人委员会成员的薪酬做出特别安排的情况非常少见，一般采用的做法是减少委员会成员因承担委员会工作职责所耗费的时间应该对应的那部分工作量（如果合伙人委员会的工作占用他们10%的时间，那么他们的其他绩效指标，比如个人创造的业务收入等指标将会按比例调整）。

首席合伙人不适用这样的考核方式。正如前文所述，首席合伙人的主要任务是使公司取得成功，因此，应该根据他在这个方面的成绩来进行考核（应该强调的是，不应该根据他在工作上投入的小时数或者是个人的业务成绩来进行考核。前者是侧重奖励"做好公司整体工作"这个方面，后者则完全忽视了他在执行管理职能中的贡献或缺失）。

最可行的方法是将首席合伙人的奖励与事务所的总体成绩紧密挂钩。如果事务所的效益好，首席合伙人应该获得最大的奖励；如果事务所的效益不好，受影响最大的也应该是首席合伙人。在效益好的年度，首席合伙人应该获得最高薪酬；在效益差的年度，则首先应该削减首席合伙人的薪酬。

对治理架构进行评估

本章所描述的治理架构并非是完美的，也确实存在其他能有效发挥作用的治理架构。但是，它确实通过了一个良好的治理架构必须经受的一些重要测试。

- 由选举产生的合伙人委员会指定或至少提名执行主管（首席合伙人及各个办公室的主管合伙人），可以在最大程度上保证把具备适当技能的人才放到合适的管理岗位上，并作为一个团队互相配合，协同工作。
- 作为最高级别的委员会，合伙人委员会为"重量级"合伙人提供相应的位置，而这些人可能不是优秀的管理者，却处在最有影响力的重要职位上。
- 把政策制定职能与执行职能有效区分开来，把具备不同技能的人员放在不同的位置上，以确保他们各尽其能。
- 对每个人的职责范围应该达成清晰的共识，以消除因职责分工不明确导致公司管理可能发生的僵局。
- 即便不能百分百地确保，但在这种治理架构下，公司能快速做出决策。
- 对废止已经没有效果的做法制定了清晰的流程。
- 这种治理架构有助于制定明确的目标，并对相关负责人进行问责。
- 在这种治理架构下，承担执行职能的管理者应该有时间将工作职责落到实处。
- 在这个治理架构下，让公司合伙人有一个途径或者场合来表达不满，并且能让那些不在管理序列中的合伙人也参与进来。
- 管理者获得了被管理者的认可。
- 或许最重要的一点是，在决策过程中可以避免"凡事依赖委员会"的作风。

这份清单列举了本章所介绍的治理架构的多项优势，而这些或许是其他许多备选治理架构很难全部具备的。

·第六部分·

关于多地点问题

MANAGING THE PROFESSIONAL SERVICE FIRM

| 第 27 章 |

"一体化"公司[一]

　　投资银行中的高盛、管理咨询公司中的麦肯锡、会计师事务所中的安达信、人力资源管理咨询公司中的翰威特和律师事务所中的瑞生国际，除了都是各自行业中效益最好的专业服务公司之一（甚至是唯一），除了被同行公认为管理最佳的专业服务公司之一，它们之间还有什么共同之处呢？答案是：它们都或多或少地使用了同一种管理方法，我把它称作"一体化"管理体系。

　　与许多竞争对手形成鲜明对比的是，一体化公司员工的忠诚度非常高，团队合作意识强，这显然是它们能够取得成功的关键要素。这些公司在组织定位、管理方法等方面的共性表明，实际上存在一种"模式"，它的基本元素可供其他行业参考和应用。本章旨在找出这种推动专业服务公

[一] 本章是我于 1985 年写的一篇文章。这篇文章中涉及的相关公司的信息均来自于各种公开资料以及我选取的对多家专业服务公司的访谈纪要（包括公开报道及非公开报道），其中包括但不限于本章中提到的公司。但是，本章中的任何内容均不代表所提及公司的"官方"说法。

　　在这篇文章完成之后的数年中，有些公司已经发生了很大变化。我没有更新我的"报告"内容，因为我的初衷（过去是，现在也是）是介绍一个能有效发挥作用的管理模式，而不是对任何一家专业服务公司做评论。

司取得成功的模式所具备的要素，并探索如何通过这些要素之间的相互作用，形成一个成功的专业服务公司管理体系。

何谓"管理有方"

本章中谈到的公司都是通过如下方式挑选出来的。在研究和咨询工作过程中，我会习惯性地反复问一个问题："在你所从事的行业中，你认为哪一家公司管理得最好？"当然，这个问题太笼统。在任何一个商业环境中，"管理有方"都有可能是指盈利能力、员工满意度、公司规模、业务增长、创新能力、产品或服务质量或者其他诸多判断标准中的任何一项。因为许多传统指标对判断企业是否成功并不一定适用，所以在每个行业中判定专业服务公司是否"成功"的难度就非常大。例如，在专业服务行业中几乎没有什么规模经济可言，因此，无论是公司规模还是增长速度都不能作为衡量一家专业服务公司是否成功的明确标准，许多专业服务公司选择在这两个指标方面加以限制。即使可以获取每个合伙人所创造利润的数据（实际上无法获取），它也不能作为可靠的衡量标准，因为许多专业服务公司都愿意以牺牲一定程度的利润最大化为代价，以提升员工满意度、提高工作质量。最后，对于专业服务工作而言，服务或产品"质量"都很难评估，所以从这个角度来判断公司是否取得成功的可靠指标是少之又少。

尽管存在上述难题，但值得注意的是，当同行及竞争对手列举"管理有方"的公司名单时，几家公司的名字出现的频次非常高。本章中所讨论的公司实际上都出现在了大家认可的公司名单中，而且常常伴有如下评论："我希望我们能做它们所做的事情。"需注意的是，还有其他被大家多次提及但在本章中没有谈到的公司。但是，正如上文所述，安达信、高盛、翰威特、瑞生国际值得特别关注，不仅仅是因为它们都取得了成功而且深受好评，还在于它们虽然所处的行业不同，但是它们好像都不约而同地采用了相同的管理方法（"一体化"公司管理体系），这使得它们能够很容易地与许多竞争对手区别开来。显然，这种方法不是管理专业服务公司的唯一方法，但却一定是值得专门研究的一种方法。

"一体化"管理体系

忠诚度

"一体化"公司管理体系的特征是员工对公司的忠诚度和团队协作精神。许多竞争对手强调个人的企业家精神、自负盈亏的利润中心、内部竞争、高度分散且独立开展的业务活动，与此不同的是，"一体化"公司着重强调决策过程中的广泛协调、集体意识、团队合作精神、制度性承诺等。

翰威特（在一本近期的畅销书中，与高盛公司均位列"最值得效力的百家美国公司"）[1]表示，它在人员招聘过程中会寻找"SWANs"（天鹅），即那些聪颖（smart）、勤奋（work hard）、雄心勃勃（ambitious）和素质高（nice）的人才。前三个方面是所有专业服务公司都看重的品质，而最后一个是"一体化"公司与所有其他公司的主要不同之处。翰威特公司的首席合伙人彼得·弗里德斯（Peter Friedes）认为，"如果一个人的自我需求过大，那么这些人会带来极具破坏性的影响。我们的工作有赖于内部合作和团队精神。"

高盛并购业务的主管合伙人杰弗里·波希（Geoffrey Boisi）也持同样的观点："从在这里的第一天开始，你就能了解到我们如何依靠团队的力量来解决问题，如果你的自我中心主义不能容忍这一点，那么你在这里就没有什么作用。"[2]大家一般公认的是，高盛公司是通过把困扰华尔街大多数公司的内耗降到最低来取得卓越成绩的。与华尔街上的许多（甚至是大多数）竞争对手形成鲜明对比的是，高盛不赞同像明星体制之类的任何做法。

弱化明星身份

同样，避免明星心态的做法也在瑞生国际律师事务所得到了证实。正如公司首席合伙人克林顿·史蒂芬森（Clinton Stevenson）所指出的："我们想鼓励客户继续聘用瑞生国际律师事务所,而不是克林顿·史蒂芬森。"[3]合伙人杰克·沃克(Jack Walker)再次强调了这个观点:"我不是在感情用事,但在我们公司确实存在一条纽带,大家关心着我们整个事务所的工作。"[4]一位资深合伙人向我解释说,麦肯锡的团队理念可以通过它执行项目工作的方式来体现:"作为一名年轻顾问,你应该知道你的任务就是做好自己的事情,你要坚信团队会取得胜利,而你所要做的就是干好自己的工作。"

最重要的一点是,这些公司的领导者和所有合伙人及员工都认为自己属于一个有身份标识且独立存在的机构,这远远超越了他们认为自己只是临时属于这家公司的"过客"的想法。与竞争对手相比,"一体化"公司非常注重公司的发展历史、员工普遍持有的价值观和公司的良好声誉,而且所有人都应该积极地对这些方面进行维护。在这些公司中,员工对公司的忠诚度以及从公司成就中获得的自豪感近乎对宗教的狂热。

团队协作和统一性

无论是对公司还是对个人而言,重视团队协作和强调"统一性"就能创建一个身份标识。无论好坏,这个身份标识很容易使他们与其他公司及人员相区别。但是,当行业中的其他人士谈及"一体化"公司的人员时并不全都是褒义。其他大型会计师事务所的人员经常会说"亚瑟·安兆德"们(Arthur Androids),这种情况在那些重视个人主义和强调个人贡献的公司尤其突出。"麦肯锡范儿"这个术语在咨询行业有实质性的含义,有时甚至是指着装风格。一位麦肯锡的铁杆粉丝告诉我,在20世纪50年代,如果某家客户公司会客室的衣橱中有一排帽子,那么麦肯锡的顾问们一定正在这里工作。帽子可以不再出现,但麦肯锡的精神和心态会留存下来。高盛的专业人士也被其他投行人士看作是"IBM在华尔街的克隆"。

工作时间长且工作辛苦

由于"一体化"公司非常注重团队协作和人际交往的技能,它的员工中没有一人是懒散的。本章中谈到的所有公司都以工作时间长、工作辛苦而闻名，甚至于它们的工作时间和强度均超出了行业平均水平。实际上，员工个人就是通过辛苦的工作和很长的工作时间来证明他在团队工作中的贡献及对公司的付出的。瑞生国际律师事务所的人均可计费小时数为2 200小时，而在某些年度，表现突出的律师的可计费小时数甚至可以达到2 700小时。这与大约1 750个小时的行业平均水平形成了鲜明对比。在高盛，每天工作16个小时是很常见的事情。所以，人们常说："如果你喜欢金钱游戏，那么这里（高盛）就是你应该加入的理想战队；如果你喜欢其他游戏，那么在这里你可能根本没时间玩。"[5] 一位来自哥伦比亚大学商学院的教授詹姆斯·斯科特（James Scott）评论说："在高盛，这种精神深入人心。他们都努力工作，而且为了把工作做好都愿意熬夜加班，对此还能保持自嘲的良好心态。"[6] 相类似的是，麦肯锡、翰威特和安达信都拥有努力工作的氛围，它们的工作时间和强度也都超出了行业平均水平。

使命感

在很大程度上，在"一体化"公司中形成的制度性承诺不仅源自于员工对公司的忠诚度，还有"使命"感。这种使命感最常在客户服务中得以反映。所有专业服务公司在对企业宗旨的表述中都提到了（客户）服务、（员工）满意度和企业的成功这三大目标。"一体化"公司的显著特点是，在它们的内部沟通文件中，三者之间有明确的优先顺序。

在麦肯锡，一名新员工在很短的时间内就会意识到，公司信奉"顾客第一、公司第二、个人第三"的理念。高盛公司拥有这样一个美誉，即"为了进一步维护客户的利益愿意牺牲一切，包括与华尔街其他公司的关系。"[7] 翰威特的理念是要始终谨慎地保持三大目标之间的平衡，但是，很显然它也把客户服务放在了首位。这并不是说"一体化"公司为客户提供的服务就一定比竞争对手出色，也不是说要让它们用同样的方式来解决三个目标之间经常会出现的不可避免的冲突。这里真正要强调的是，公司要有自己的理念和宗旨，而且每个人都必须对此理解，任何人都不能轻视。

客户服务

毫无疑问，"一体化"公司的工作重点就是高度关注对客户关系的管理。在这些公司中，客户服务的内涵不仅仅指出色的技术能力。它是指要全方位地考虑客户需求，提高公司与客户的互动质量。在华尔街，高盛率先提出要建立一个营销和新业务研发部，主要负责建立和维护客户与公司提供技术及专业服务的各部门之间的联系。在华尔街的大多数其他公司中，与客户的联系是由具体负责某项工作的专业人员来完成的，这导致一个客户要与公司的各个不同部门之间发生许多次（可能存在潜在冲突）联系。翰威特是其所属行业中第一个，也是唯一一个建立"重要客户关系管理"小组的公司。在麦肯锡，借用一位合伙人的话，"每个人都认识到客户关系是至关重要的，绝不是像我们目前偶然从事的某个具体项目那么简单。"

"一体化"公司的高度积极性、员工的拼搏精神、强烈的使命感、重视团队协作等特征使我们联想到另外一种类型的组织：海军陆战队。的确，"一体化"公司在态度方面吸取了海军陆战队的精华，盛行一种特殊的私人俱乐部的氛围。员工在这里工作的感受是："我们的做事方式与外界存在很大不同，我们当中的绝大多数不会考虑到其他地方工作。"尽管所有专业服务公司都会声称它们拥有这个城市中最优秀的专业人士，但"一体化"公司却会说它们拥有这个城市中最好的公司，两者之间的差别微妙且重要。

保持"一体化"公司文化

行文至此，我们一直在讨论最近管理类书籍的热点话题——公司文化。[8] 我们现在的任务就是努力分清哪些管理行为创造了这种文化并使之保持下去。由于人力资产构成了专业服务公司生产型资源的主体,那么大部分管理行为都包括对人力资源的管理就不足为奇了。

培训顾问赤普·贝尔博士(Dr. Chip Bell)[9]对创造重视集体协作的"精英团队"文化提出了一种良好的机制。他认为任何一个表现出众的集体都应该具备下列要素:

- 对加入这个集体设置极高的门槛。
- 加入这个集体后要接受与工作相关的密集培训及团队训练。
- 在个人职业发展早期,要承担一些具有挑战性和高风险的团队项目任务。
- 经常对员工进行测试,以确保其始终能够达到这个精英团体的高标准。
- 给予员工个人和团队承担风险的自主权,这在其他公司一般是不被允许的。
- 培训要被视为持续不断且与工作任务相关的安排。
- 个人薪酬要直接与集体的工作成绩挂钩。
- 要把管理者视为专家、标兵和导师(而不仅仅是一般意义上的行政管理人员)。

正如我们将在下文中看到的,所有这些做法均在"一体化"公司中得以贯彻。

招聘

与竞争对手不同,"一体化"公司投入大量的资深专业人士的时间用于员工招聘工作,而且在选人用人上比竞争对手更加挑剔。在"一体化"公司中,招聘工作要么高度集中地进行,要么集中统一协调开展。1980年,翰威特对来自65所院校的1 000多名学生进行面试,向72名学生发出入职邀约,其中50名学生接受了入职邀约。在招聘过程中,198名学生受邀到公司的办公室,每个人都与一位心理咨询师(公司要支付600美元每人的费用）度过半天的时间，进行职业咨询，弄清楚自己是否适合在翰威特工作，是否能够融入公司的文化。高盛每年都会对1 000名获得工商管理学硕士学位的学生进行面试，大约录用30人。对可能加入公司的候选人进行面试是公司73位合伙人的主要职责（公司拥有1 600多名专业人士）。高盛的一位合伙人詹姆斯·格特（James Gorter）这样写道："招聘员工的责任甚至比你的业务责任还要重要。"[10] 在瑞生国际律师事务所，所有应聘者都要经过25～30次面试，而律师行业的一般标准不过是5～10次面试。正如麦肯锡一位合伙人的心得：

> 在我们这个行业中，游戏在员工招聘阶段就已经注定了输赢，所以我们高度重视这项工作。它不是数量的比拼，而是质量的竞争。你要尽你所能地去寻找最优秀的员工，诀窍就在于弄清楚"优秀"的含义到底是什么。它既不仅仅是指头脑聪明，也不仅仅是指气质出众。你必须努力去察觉候选人未来能成长为一名成熟、出色的专业人士的潜能，而不仅仅是看他们现在的情况。一些公司的招聘方式很肤浅，只是依靠"不晋升就出局"的制度来筛掉失败者。我们的确也有这种制度，但是我们并不会用它来替代好的招聘做法。对于我们而言，为了弥补招聘工作中的失误而不得不在金钱、员工士气和客户服务等方面付出的代价实在太高了，这一点不容忽视。

培训

"一体化"公司在对全员培训上的投入也很出名。这种做法一举两得，既是初级员工掌握和提升技能的有效途径，又能使团队成员增进工作友谊。安达信和麦肯锡就是最好的例子。前者在会计专业学生中，以它在伊利诺伊州的圣·查尔斯培训中心而闻名。这个培训中心原本是一座设施齐全的大学校园，安达信把它购买之后供自己使用，来自全世界的年轻专业人士都会被送到这里参加培训。安达信的一位合伙人说："今天，我已经拥有了对我有很大帮助的朋友圈，这些朋友都是我在圣·查尔斯培训中心结识的来自不同办公室及业务部门的同事。如果我需要做某项在我专业能力范围之外的工作，我就会向他们寻求帮助，即使他们做起来也并不容易，但是他们依然会为我提供帮助，因为他们知道如果换位，我也会这样做。"

与此类似的是，麦肯锡对新员工开展的为期两周的培训计划在商学院学生中也很有名。这个计划由公司的一名或者多名资深专业人士负责实施，他们通过讲述马文·鲍尔（Marvin Bower）的故事，用大量时间来向新员工灌输公司的价值观。马文·鲍尔管理了麦肯锡很长时间，公司能有今天的成绩在很大程度上归功于他。培训地点并不总在美国，会在麦肯锡设有办公室的其他国家轮流进行。这不仅有助于强化"一个公司"的形象（这与设有总部和分支机构的治理模式截然不同），也能让员工对公司有更为直观的认识。我曾经教过的一名学生告诉我："在你刚加入公司不久就被送到欧洲参加为期两周的培训，这会给你留下极其深刻的印象。它会引发你思考——'这表面上是一堂培训课'，但它既会让你惶恐，又能让你充满信心。你会想，'他们愿意把这些钱花在我身上，肯定是认为我很优秀。'但是紧接着你就会担心自己是否能够胜任这项工作，这能激发员工的斗志和干劲。"公司会给所有年轻专业人士分发一本讲述马文·鲍尔对公司进行管理的历史书——《透视麦肯锡》（Perspectives on Mckinsey）。它与其他专业服务公司介绍公司发展历史的书不同，书中满含从历史事实中提炼出的哲理和忠告。

"自己培养"的专业人士

与许多竞争对手不同，所有的"一体化"公司都倾向于自己培养专业人士，而不是通过横向招聘的方式来聘用大量资深专业人士。换句话说，在获取人力资本方面，它们倾向于"培养"而不是"购买"。这并不是说它们从来不会使用横向招聘的方式，只不过是不常使用这种方式，而且对此方式秉持十分谨慎的态度。美国住房和城市发展部前任部长卡拉·希尔斯（Carla Hills）回忆说："在瑞生国际律师事务所聘用我之前，我不仅要和公司合伙人面谈，还要和助理律师谈话。通过横向招聘的方式进入这个公司真是一种痛苦的经历，但它的确应该这么做。"

避免合并

"一体化"公司在这方面采取的做法是有意避免通过合并带来增长。与大多数大型会计师事务所不同，安达信并没有为了试图成为会计行业的全国网络的一部分而加入20世纪50年代至60年代初期的并购大潮。相反，它选择在其他地区及国家设立办公室。与此相似的是，高盛面对长达10年之久的投资银行合并狂潮时没有随波逐流，成为华尔街为数不多的独立的合伙制企业之一。与其他许多咨询公司不同，麦肯锡的海外办事处也是依靠自己的力量设立的，首批员工都是从美国公司派驻过去的，它并没有在当地购买人力资源。最近也出现了一个例外，瑞生国际律师事务所的所有分支机构都是在其所在国家发展起来的。[11]

显然，这种避免因采用横向招聘及合并方式而带来增长的做法在塑造和保持公司是一个整体的意识方面起到了关键性作用，这也是"一体化"运作体系的基石。

控制发展速度

由于很多专业人员与"一体化"公司在很大程度上拥有共同的发展历史，因此集体忠诚度是很容易形成的。当然，这种用人战略也暗含"一体化"公司所追求的控制发展速度的目标。在这些公司中（与竞争对手不同），实现高速发展并不是公司公开宣称的目标。相反，它们的目标是控制发展速度。实现这个目标的一个途径就是"公司的发展速度与我们培养员工的速度必须保持一致"。正如麦肯锡的朗·丹尼尔（Ron Daniel）所言："我们既不会回避发展问题，也不会过度地追求发展。我们把它当作实现其他目标所带来的副产品。"所有的"一体化"公司都声称，对公司发展的主要限制不是客户需求，而是它们能够发现的并能够将其培训为符合公司工作要求的高素质人才的供应。

有选择性地承接业务

与这个问题相关的一个事实是，在寻求业务类型方面，"一体化"公司比其他竞争对手更为挑剔。据说，高盛公司文化的一个基本要素就是在对其所承接客户项目的选择上总是习惯性地过于挑剔。高盛的这种做法在业内外都已经非常出名，大家都知道"它一定会坚持特定的标准，绝不会为了迅速获利而妥协"。[12]麦肯锡长期采用的一个战略是，只为"顶层人物"（比如首席执行官）工作，而且正如公司中无数个马文·鲍尔故事所证明的，只承接那些潜在价值明显远远超出公司所付出成本的项目。在麦肯锡，初级员工很快就会听说公司已经拒绝承接某些项目的事情，因为合伙人认为公司并不能获得足够多的价值来承担项目成本。与此类似，尽管安达信在开拓市场方面敢闯敢干（这是"一体化"公司的共性），但与竞争对手相比，它更多地采用了"多研究、少投机"的业务开发方式。

因此，与明显强调个人主义的竞争对手相比，"一体化"公司的业务结构比较固定，客户群体比较单一。比如，与博思、艾伦不同，麦肯锡的业务相对集中于以下三个领域：组织、战略和运营。在20世纪70年代后期（"战略精品店"发展的全盛时期），许多局外人对麦肯锡不愿意追赶这个发展迅速的新潮流而议论纷纷。[13]但是同其他许多"一体化"公司一样，麦肯锡在开辟新的业务领域方面秉持"要么做大，要么不做"的态度。在咨询业务领域（这对于所有大型会计师事务所而言都是发展最快的业务领域），安达信的战略是把业务发展重心放在计算机系统的设计及安装上，而不是像大多数竞争对手那样采取"全面开花"的战略。高盛对进入哪个投资市场更是出了名的挑剔，但是它一旦进入，就会在其涉足的每一个业务领域中占据主导地位。

为员工安排新工作

幸运的是，"一体化"公司实施的控制发展速度、避免合并、避免同行横向招聘的战略所带来的一个好结果是，与许多竞争对手相比，这些公司很少出现宝贵的人才流失到竞争对手那里的情况。在上文提到的每一家公司中，我都听过这样的说法："我们的很多员工都曾收到过来自竞争对手的邀请，它们愿意提供更高的薪酬来帮助并支持我们的员工开辟或发展自己的专长领域，但是我们的员工更愿意继续留在我们公司。"在华尔街，从竞争对手那里挖角拔尖人才已经成为一种流行"风气"，但是高盛却能"出淤泥而不染"。据说，在华尔街遇到"前高盛员工"的情况极为少见，因为几乎没有人离开这家公司。

与竞争对手相比，"一体化"公司对员工离职率的管理更为谨慎。那些实施"不晋升就出局"制度的"一体化"公司（麦肯锡和安达信）会积极地为离职员工（"校友"）安排合适的新职位，并且会优先考虑把他们推荐到受欢迎的客户那里工作。麦肯锡会定期举办"校友"聚会，一般每年2～3次，这个做法就是培养员工对公司忠诚度的生动例子。在某种程度上，由于注重对初级员工的关心和培养，"一体化"公司能够执行盈利非常可观的高杠杆率战略（即初级员工相对于资深员工的占比较高），而且也不需要为了给员工创造晋升机会而承受过大的追求业务增长的压力。

薪酬

"一体化"公司的内部管理程序不断强化团队意识。最重要的是，公司薪酬制度（尤其是合伙人薪酬制度）的设计旨在鼓励公司内部合作。尽管其他许多公司在分配薪酬时非常看重部门或者各地分支机构的利润（即采用量化考核为主，"利润中心"至上的衡量方法），但"一体化"公司在确定薪酬时（不论是对合伙人还是对普通员工）倾向于通过一个判断过程来评估每个人对公司的总体贡献。在大型会计师事务所中，安达信的做法可谓是独树一帜。与其他会计师事务所在各个国家及地区分别建立利润中心的做法不同，安达信在全球范围内建立了单一的成本共担的合伙经营体制，即全球范围内的所有合伙人在安达信这个共同经济体中共享利润、共摊成本，而不仅仅是以他们所在国家（或办公室）为运营单位。一位安达信的合伙人指出，"与过度注重单个'利润中心'的方法不同，'全球合伙经营体制'的优点是，即使成员机构的经济效益不佳，但表现出色的合伙人仍然可以获得适当的报酬。同样，即使成员机构的经济效益很好，表现欠佳的合伙人也不能因为'搭顺风车'的缘故而获得高报酬。进一步讲，如果把合伙人的薪酬与其所在业务部门或者办公室的利润过紧地捆绑在一起，在考核时，公司就很难把那个部门或者办公室的特殊情况纳入考虑范围。一个在环境严峻的市场中创造中等水平利润的合伙人，也许比在已经拥有很高份额且比较容易开发的市场中创造较高利润的合伙人更应该获得奖励。"

翰威特在确定合伙人的薪酬水平时，必须邀请所有合伙人就其他合伙人在他们所负责的项目及公司其他事务中做出的贡献（质量和数量两个角度）进行评价。公司还积极努力地对那些不能用具体标准进行衡量的贡献进行定性评估。彼得·弗里德斯（Peter Friedes）这样写道：

> 我们认为，不设利润中心对我们来说是一项很大的优势。其他公司没有意识到它们把多少时间浪费在了处理"利润中心至上"心态所导致的麻烦上，比如间接费用的分摊、在各个项目间的成本转移等问题。只要"利润中心"存在，部门之间的合作就会严重受

损。当然，我们也会因不设利润中心而付出一定的代价，比如很难做到责任明确。我们经常不明白到底是在为谁加班加点地工作，或者是谁给公司创造了新收益。但是我们至少没有为此而吵闹不休，仍然在继续顺利地开展工作。我们的员工都知道，加班加点和优秀表现都能得到公司的认可，并会得到相应的薪酬奖励。

高盛也实施了以评判为基础（而不是以计量为基础）的薪酬分配制度，其中包括长达一个月的评估过程。"在这一过程中，合伙人的绩效不仅要由他的上级进行评估，还要由其他合伙人进行评估，最后还要由管理委员会进行审核。在复核过程中，'当公司的其他部门需要你在某些项目上给予帮助时，你的表现如何'起很大作用。"[14] 在瑞生国际律师事务所，"公司拨出15%的利润单独设立了一个基金，由执行委员会全权负责，作为额外奖励发放给那些在以下方面为公司做出贡献的合伙人，比如客户关系、可计费工时，甚至包括各个业务办公室对合伙人如何快速高效地分配利用自己的工作时间、发送账单、催收回款，或者在其他方面帮助办公室实现良好运行的记录。"[15]

研发投入

在大多数专业服务公司中，尤其是在那些重视短期成效或者年度绩效评估的公司，任何使个人脱离直接为公司创造收益的工作的行为都被看作是对专业成长道路的绕道行为，因此应该加以避免。但是，在"一体化"公司不会出现这样的情况。

"一体化"公司的文化建立在一个"重视合作"的评价机制基础之上，无论是对业绩的评估，还是对薪酬的确定，无论对象是合伙人还是初级员工，都体现了这一点。所以，"一体化"公司能够相对容易地（尽管绝对不是一件易事）使公司最优秀的专业人士从事诸如研发、市场调研，及其他对公司的未来发展进行投入的一些无法向客户收取费用、需要团队合作的活动。例如，麦肯锡以其在内部投资研发项目而闻名于咨询行业，这些项目中最典型的例子是一本名为《追求卓越》的畅销书。这本书只是麦肯锡不断取得的众多集体成果之一。我教过的一名学生说："在麦肯锡，一个人若被挑选出来为公司做点事情，那是一种荣幸，如果你取得了成功，它会使你很快在公司中名声大振。当然，公司也期待你能成功。公司就像对待客户工作一样重视公司的研发项目，你的表现将会得到密切关注。但是，我在其他公司的朋友告诉我，在他们公司内部开展研发项目是一件风险很高的事情，因为他们担心可计费工时数量少会对他们的未来发展产生不利影响。"

与此相似的是，安达信也在公司整体层面的举措上进行了大量投资。例如，安达信广泛开展跨办公室、跨职能部门的行业研究项目，旨在针对某个具体行业，在公司范围内协调开展工作。事实上，尽管没有确切的数据统计，但是人们盛传安达信把公司收益的很大一部分用于投资公司内部开展的项目，在这方面的投入比其他公司在此方面的投入要高得多。

高盛强制性地让公司合伙人把资本金留在公司，不允许他们从公司拿走特别高的收入，这个政策充分证明了高盛对自身未来发展的投入。翰威特对研发投入的重视则体现在组织架构上。为了集中各位专家的智慧，实现高效的跨领域合作，翰威特选择把专业人士集中安排在三个办公室，而不是把专家人士分散在各个不同的办公室（主要是配备财务主管）。专家小组的负责人与首席合伙人协商之后，为无法向客户收费的研发工作制定预算，然后专家小组在其负责人的指导下在研发工作上投入大量时间。

沟通机制

"一体化"公司的沟通机制是非常公开透明的，并且被当作增强公司凝聚力的有效手段。本章中提到的所有公司都会充分发挥备忘录的用途，让每一个人都知晓公司其他部门所发生的事情，绝对不像其他公司只是象征性地做个样子。"一体化"公司经常举行全员大会，加强跨界（比如各个办公室之间、各个部门之间）沟通交流。这样的会议无论议程为何，它都对社交互动非常有价值，因此大家会参加这类会议（据我观察，在许多其他公司，会议被当作与公司及个人业务无关的事情，大家是能退场就都会趁机退场）。

在大多数"一体化"公司中，公开沟通的内容也包括财务问题。在翰威特，大家认为，"除了他人的私事，任何人都有权了解公司的任何事情。"在所有初级员工（包括秘书和其他后勤人员）参加的公司年度总结大会上，首席合伙人会向与会人员披露公司的财务状况，并回答大家提出的问题。在瑞生国际律师事务所，初级员工也有机会在公司的主要委员会中发挥重要作用，参与员工招聘、合伙人候选人选拔、员工奖金分配等事务。初级员工对公司的重要事务都十分了解。

没有高低贵贱之分

努力使非合伙人员工参与公司事务，让他们为公司的成功贡献自己的力量是"一体化"公司的显著特征，而且这一点通过在全公司范围内广泛分享公司利润的做法得到了强化，这是其他公司所无法比拟的（在"一体化"公司中，最高收入合伙人和最低收入合伙人的收入比远远低于其他竞争对手）。"一体化"公司也会弱化资深员工与初级员工之间的地位差异，其中一个重要举措就是让每一个人（包括资深员工和初级员工）都感觉到自己是团队中的一分子。在翰威特，对身份及地位的弱化还体现在办公环境上，即公司的每一个人，从新入职员工到最资深的合伙人都拥有同样大小的办公室。

在"一体化"公司中，消除部门与部门之间的地位差异也很重要。在当今世界，大型专业服务公司都是由擅长不同领域的业务部门组成的，一个最大的潜在风险就是某个业务部门的专业人士可能会认为，与其他部门相比，自己部门的人员更为精明能干，工作氛围更能催人奋进，部门收益状况也更好，因此对公司来说更重要。员工的忠诚度只是针对某个业务部门或者办公室，并不是整个公司。然而，公司的成功显然有赖于所有业务部门的出色表现。在华尔街，交易员和投资银行家所具备的不同心理特征以及他们之间的相互反感是路人皆知的。在一些律师事务所，公司律师和诉讼律师通常被认为是两种截然不同的人，他们看待世界的眼光都不一样。在部分会计师事务所，审计、税务和咨询合伙人之间的相互猜疑也是愈演愈烈。在咨询公司，"前台"客户服务人员与"后台"技术专家之间也经常存在身份及地位上的冲突。

每位到访者对"一体化"公司的最深刻印象是跨部门、跨地域、跨职能的相互尊重。"一体化"公司的员工显然很喜欢（且尊重）在其他业务部门工作的同事，这有助于公司实现各个部门之间的通力合作。在当今市场中，是否能做到这一点越来越关键。来自高盛的乔纳森·科恩（Jonathan Cohen）说，高盛员工在办公室之外开展社交活动的频率要高于华尔街的其他公司。已从麦肯锡退休的马文·鲍尔（Marvin Bower）声称，塑造"一体化"公司文化的一个重要因素就是平级之间、上下级之间的相互信任。这种氛围首先要靠公司领导层身体力行的示范作用。与许多其他公司不同，"一体化"公司的领导会尽力做到一视同仁，避免厚此薄彼。在大多数"一体化"公司中，跨部门的相互尊重也会通过在不同办公室及部门之间对资深专业人才进行轮岗的做法来实现。

尊重民意的治理模式

"一体化"公司采用哪种治理模式呢？是民主治理，还是专制统治？"一体化"公司毫无例外地实行了尊重民意的领导（而不是管理）方式。所有"一体化"公司都拥有（或者曾经拥有）强有力的领导者，他们会在做出重大决策之前广泛征求意见。需要郑重指明的是,"一体化"公司实际上都有它们的领袖,他们既不是无政府主义者,也不是专制主义者。如果你阅读过关于高盛的两个约翰(温伯格和怀特海德)、麦肯锡的马文·鲍尔和罗·丹尼尔(已经退休)、瑞生国际律师事务所的克林顿·史蒂芬森、翰威特的彼得·弗里德斯的文章,你就会了解他们都是沟通专家,他们把自己的角色定位为"真实信仰"的守护者。最重要的是,他们还扮演了拉拉队队长的角色,他们弱化了自己作为领袖的个人身份,以自己所领导的组织机构的名义开展工作。这样的公司在领导力方面也能保持连续性,原因在于:尽管许多"一体化"公司采用选举制,但领导者的任职时间往往很长。此外,公司文化的存续时间往往比个人的任期更为长久。

当然,在"一体化"公司中,无论是尊重民意的治理模式的成功,还是对公司的领导力,能够保持连续性都不是偶然发生的。既然"一体化"公司的整体管理理念(以及我在前文中所列举的实际管理做法)建立在团队合作的基础之上,那么它们就比其他公司更容易达成共识。因为"一体化"公司的员工拥有同样的价值观,因此允许公司领导代表整个公司做出决策的意愿在很久之前就已经"预先根植"于公司的治理机制。"一体化"本身就是一种体制。

结论:潜在弱点

显然,"一体化"公司体制的功效很强大,那么它的不足之处是什么?这种治理模式所存在的危险也是十分明显的。其中,最大的一个危险则是容易沾沾自喜、自鸣得意。一个实行"一体化"体制的专业服务公司,如果不能秉持小心谨慎的态度,就会对外部环境中所发生的变化反应迟钝,不能及时对这种体制加以改进。谨慎遵从"我们公司的做事方式"原本是"一体化"公司的优势,但这也可能成为它的最大弱点。由于"培养自己的专业人士"这种做法所带来的"近亲繁殖"的可能性,这个弱点就变得更为突出。解决这个问题的一个重要因素就是自我批评。麦肯锡、安达信、高盛和翰威特的合伙人都向我表明:"没有一种批评方式比自我批评更为尖锐,我们总是在不断寻求改进我们工作的方法。"然而,不得不承认的是,缺少其他专业服务公司所具备的多样性特点,拥有强大文化的"一体化"公司可能会面临自我批评也只是走过场的危险。

"一体化"公司文化的另外一个潜在弱点是缺乏进取精神,至少在短期内是如此。其他强调个人主义的公司往往会根据个人和各个独立利润中心的机会主义行为对其进行鼓励和奖励。这使它们在面对早期发展过程中市场所呈现出的趋势时,能够更好地审时度势,并做出相应的调整。尽管也有反例,但"一体化"公司几乎不会是市场的"先驱者",比如它们设法成为(也常常是)第二批或者第三批进入新兴市场的公司。但是,由于"一体化"公司能形成集中攻势,所以它们往往能后来者居上(正如前文所述,在这一点上,"一体化"公司与IBM存在非常明显的相似之处)。

"一体化"并不是经营专业服务公司的唯一方式,但显然这是一种非常成功的做法。本章所谈论的"一体化"公司的"团队合作精神"就广为它们的竞争对手所称道,但却不容易效仿。正如我想要证明的一点,"一体化"公司体制是要"在内部保持一致",即通过在员工招聘、薪酬分配、绩效考核、营销方式、治理模式、控制体系以及尤为重要的公司文化和人力资源战略等方面的做法把公司组成一个有机统一的整体。

| 第28章 |

"猎人"公司和"农民"公司

在前一章，我试图描述一个（但不是唯一一个）经营专业服务公司的成功模式。我希望能帮助读者清晰地认识到，要在实际工作中实现"团结合作"，不能只靠抽象且难以捉摸的"团队文化"，还需要"硬性"的制度保障，比如薪酬分配制度、员工招聘制度、培训体系、组织架构以及对业务条线的选择等。

最近几年，我把这些公司称为"农民"公司，因为就像是农业合作社一样，这些公司对于"播种什么庄稼"的问题在经过深思熟虑、做出（大胆的）决定后，就把"赌注"全部押在这种"庄稼"上。换句话说，"一体化"公司把工作重心放在了它们为市场所提供的服务上，并且通过对选定的业务领域进行大量投入来获取成功。"农民"公司的成功源自于它们对亲自所挑选的领域保持统一、具备强大实力且通力合作。团队合作和联合作业是"一体化"公司或"农民"公司的典型特征，但是，这并非出于（对团队精神的）审美偏好方面的原因，而是源于一个简单的事实：既然这类公司把"赌注"全部押在这种"庄稼"上，那么，农业合作社的成功就要靠"庄稼"有个好收成（也就是说，公司对市场需求下注成功）。当一些人忙着播种时，其他人就修补栅栏，还有一些人忙着做饭。为了农场的成功，所有人都必须扮演好自己的角色。在"农民"公司，其价值体现不是个人业绩，而是个人对集体成功的贡献。团队合作源于真正的"齐心协力"，集体成功是个人获得好业绩的前提条件。

这种农耕模式能够取得成功的原因也是显而易见的。如果我们知道应该为市场提供哪些服务，那么就很容易想清楚我们需要什么工具，需要开展哪方面的培训，需要雇用什么类型的人员，应该如何集中精力开发业务并明确投资重心。"一体化"公司在培训、方法研究、招聘、业务开发等方面做得好绝非偶然。

"农民"公司的最大优点也是它的最大缺点。正如我们所看到的，这种方法的大多数优势都源自于"专注"，即许多专业人士做同样的事情或者采用同样的工作方法。"农民"公司在进入新市场时，要么选择"大干"，要么选择"不干"。然而，"专注"虽然是经营公司的一项优势，但并非是唯一的长处。成功的公司也要建立在积极进取的精神、抓住机遇的意识、灵活性、多样性以及对新的客户需求快速做出反应等优点的基础之上。这些都不是"农民"公司的优势，而是我称之为"猎人"公司的长处。

请大家思考一下：你拥有一家由五位合伙人组成的公司，并且你必须在以下两个选项中选择其一。第一个选项是，你们共同决定从事哪个专业领域、采用哪种方式，并共同制定业务开发方案。以公司整体为基础，你们对同样的业务执行方法和工具共同进行投资。如果你取得了成功，你的公司会因为一些非常独特的东西而出名。第二个选项是分散风险，即你们五个人分别选择不同的专业领域，这样你们就可以为市场提供一系列不同的服务。因为你们五个人选择从事不同的专业领域，所以你很难决定应该采用哪种方法，但是你会心甘情愿地放弃"专注"的好处，发挥多样性的优势。你们的成功将依赖于五位合伙人各自的开拓进取能力。

"猎人"公司的努力方向是，通过最大限度地提高个人的自主程度来激发每位成员的开拓进取能力。"猎人"公司在为哪些市场提供服务以及提供哪些服务等问题上，不会用公司的整体意志来对其个体成员加以"限制"。相反，它鼓励个体成员（和每个小团队）满足并适应本土市场的需求。为了抓住本土市场中出现的机会，就不得不牺牲公司整体在服务、市场及方法等方面保持统一所具备的优势。

就像"农民"公司一样，"猎人"公司的体制也只有在运用得当的前提下才能发挥作用。只有通过具体的管理制度才能使这一战略得以实现。要想取得成功，"猎人"公司就必须吸引拥有强烈事业心的最优秀人才，并对其进行激励和奖励。"农民"公司的奖励机制强调团队合作和对集体的贡献，与此相反，"猎人"公司则根据个体成员的工作成果来决定其是升迁还是降职。

本质上，"打野牛"是"猎人"公司每位成员的工作，如果"野牛"被打完了，每个人可以自由地去"打野鹿"。而且，如果猎人在外出狩猎的过程中意外发现了一群鹅，他们也没必要向公司的任何一个核心委员会或者首席合伙人请示，询问这群鹅是否属于他们的"狩猎范围"。意思简单而明确，即"猎人"公司没有什么统一战略，只要能捕到猎物有肉吃就可以了。

为了取得成功，"猎人"公司的奖励机制更多以短期业绩为考量基础。那些捕到猎物的人可以获得奖励。对于那些不再有能力捕捉猎物的人，公司也需要适当地表示支持，但是如果他们从最佳猎手的奖励中分走太大份额的话，可能就会挫伤优秀猎手的积极性。最后就可能会给人留下这样一个印象，即干好干坏一个样。

我们应该对"猎人"公司和"农民"公司之间的关键区别加以强调。首先，尽管上文对"猎人"公司的描述有些"野蛮"，但它的确也是一个成功典范。积极进取的精神、灵活多变、反应敏捷以及对变化多端的市场需求具有快速适应能力等都是它所具备的强大优势。任何能够使上述特点的优势在最大程度上发挥出来的公司都将成为令人敬畏的竞争对手。

其次，值得注意的是，这两类公司的名称并不是指它们在市场扩张方面的不同之处。同样，读者不应该把"猎人"公司看作"创业家"，而把

"农民"公司看作"实干家"。"农民"公司在业务开发方面并非"弱者"。事实上,最优秀的"农民"公司在这方面的表现十分出色。关键区别在于,"农民"公司开拓市场是一项以团队形式进行的有组织的联合行动,而"猎人"公司则把市场开发视为个人职责。

现在让我们来探讨一个棘手的问题。一个组织是否能兼备"猎人"公司和"农民"公司的优点?一家公司是否能够一方面在公司整体层面上保持统一,另一方面又能发挥积极进取、灵活多变、适应力强等优点?

我得出的结论是否定的。正如我在前文中的论述,表面上看起来像"农民"公司还远远不够。要想获得"专注"所带来的好处,就必须做出一系列非常详细的业务及管理决策。同样,要想成为一家出色的"猎人"公司,也需要建立一些具体(而又有很大不同)的制度。

为了验证这一观点,我在表28-1中对这两类公司采用的主要管理策略进行了比较和对照。大家很容易就会发现,这两类公司之间几乎不存在相容之处。你可以利用这个表做一个诊断性测试,在每一行中圈出最能体现你们公司特征的选项。在我看来,公司管理制度之间的内部一致性应该得到高度重视。如果你圈出的大部分选项都位于同一列,那么公司的经营状态相比于在每一列都圈出同等数量选项的情况要好。如果你圈出的大部分选项都位于同一列中,那么你就应该考虑一下在另外一列中出现的那些选项了。

表 28-1

	"猎人"公司	"农民"公司
基本概念		
核心原则	个人(或者小团体)的积极进取精神	公司整体层面的团队协作
主要优势	多样性、灵活性	专注
内部氛围	竞争	合作
管理风格	利润至上	"价值观"和"企业使命"
自我形象	街头霸主	团队成员
领导者	最佳猎手	精神领袖
决策	权力下放(自治)	协调(互相依存)

（续）

	"猎人"公司	"农民"公司
	控制体系	
理念	以结果为考量标准（几乎不考虑其他因素）	更加注重定性评估
计划管理体制	注重经济效益	讲究策略
利润中心	使用幅度很大，与薪酬紧密挂钩	仅仅出于会计核算的目的
薪酬制度	注重短期业绩	更多使用平均值的计算方法
	经常是每年进行调整	年度之间的调整幅度较小
	薪酬差距大	薪酬差距小
	资历不重要	资历较为重要
薪酬分配基础		
——公司利润	20	50
——利润中心效益	30	30
——个人业绩	50	20
对待间接费用的态度	强烈反对	愿意进行投资
内部架构	松散并且经常发生变动	组织性强
风险承担	由很多个小团体各自分担一小部分	公司承担大部分风险
地域划分	没有部署	分配部署
内部转让定价	正式、"全价"	并不确定
研发水平	较低	较高
	运营模式	
运行单位的规模	较小	较大
地点布局战略	多地点、机会主义	地点较少、精心规划
项目周期	较短（项目较小）	较长（项目较大）
杠杆率（初级员工和资深员工的占比）	较低	较高
客户工作的多样性	高	更为集中
对既定业务程序的运用	较少	较多
为客户提供的增值服务	限于后台分析	更多的前台咨询
项目团队的规模	较小	较大
	人力资源	
招聘	不太注重筛选，注重"在实践中检验"	仔细筛选，合伙人参与筛选过程
绩效评估工作的主要特征	为公司创造收益	个人承担更加多样化的职责

（续）

	"猎人"公司	"农民"公司
对横向招聘方式的运用（从其他公司招聘资深人士）	广泛运用	持拒绝态度
员工流失率	高，特别是通过"主动请辞"的方式	高，但更多是通过"劝退"的方式
"快速晋升"的机会	多	少
培训	在岗培训	正式的结构化培训项目
初级员工轮岗	频率低	定期、系统地进行
市场定位		
对客户关系的重视程度	较低	较高
最佳的业务开发机会	新兴业务领域	形成一定规模的业务领域
典型的客户规模	多种多样，但往往较小	较大
最佳定位	善于创新、大胆革新、勇当"先锋"	可靠、高效、全面
对市场变化的反应	善于应对发生速度快的细微变化	更善于有组织地应对系统性变化
接触的客户组织内的管理层级	任何层级	较高层级
对市场的吸引力	产品/行业专家	通才
对业务增长的态度	抓住机会，主要目标	深思熟虑，次要目标
对合并战略的运用	高	较低
扩张战略	同样的服务、新的市场	同样的市场、新的服务

  由于"猎人"公司和"农民"公司的管理做法总是存在冲突，所以那些试图鱼和熊掌兼得（个人的积极进取精神和团队协作战略）的公司就必须在管理做法上做出重大妥协。在我看来，这往往会得不偿失。因此，专业服务公司必须决定（或者发现）它们到底是"猎人"公司还是"农民"公司，并且要充分发挥所选模式的优势。对于专业服务公司而言，它们总是觉得"对面山坡上的草更绿"。团队协作能力强的公司渴望能提升个体成员的积极进取性，而强调个人主义的公司往往又哀叹它们缺乏集体主义精神。但是，在它们努力实现鱼和熊掌兼得的过程中，务必要注意避免因这种妥协而丧失公司的基本优势。

| 第29章 |

发挥网络的作用

现在,即使不是大多数,起码也有很多专业服务公司是实现在多个地点运营的公司。会计师事务所、咨询公司、广告公司以及其他公司都已经逐步建立起自己的国际网点。在美国和欧洲,跨城市运营的公司在各个行业中不断出现,这是以前从未出现过的现象。这些网络似乎已经跃跃欲试地准备在当今市场中展开竞争。但是在此之前,它们还有一些重大的内部管理问题需要解决,即应对让网络真正发挥作用所带来的挑战。

这个问题很容易解释。与客户不同,大多数跨国专业服务公司并不是通过一条简单的命令链来实现管理和控制等级分明的公司。事实上,它们中的大多数几乎毫无例外地都是使用同一个品牌开展业务的地方组织的国际联盟。仅有极少数的公司(如果有的话)有能力把这些独立运营的组织凝聚在一起,充分发挥集体力量(通常是定期、系统地进行),形成一个真正意义上的相互联系的网络。

实现跨越内部界限的相互协作和通力合作是公司内部积极倡导,也是热切期盼的,但很难实现。这并非因为管理不善,而是因为要想同时发挥地方自治和网络内的通力合作这两方面的优势,管理工作就会变得错综复杂。

问题的主要原因在于专业工作的本质特点。按照定义，专业工作要求根据本地客户的特殊性和个性化需求量身定制服务方案。与此相对应，这就意味着赋予地方较大的自主权对于任何一项专业工作而言都是必不可少的。与许多制造业客户不同，专业服务公司无法通过强制性地要求世界各地的每一个成员机构遵循统一标准的运营模式的做法来实现"中央集权统治"。如果它们想统一行动，只能由实力强大、独立且拥有自主权的处于平等地位的机构通过联合作战的形式来实现，而不能采用公司"精英"集中发布命令的方式。

地方自主权的重要性使在多个地点运营的专业服务公司处于一个进退两难的境地。如果地方分支/成员机构的职责是赢得客户项目，帮助客户解决难题，为客户提供优质服务，那么公司整体的作用是什么呢？它又该做些什么工作呢？公司整体（或者网络）又该如何超越地方分支或成员机构带来的价值呢？客户从在多个地点运营的专业服务公司身上能获得哪些本土公司无法提供的价值呢？当地方成员机构仍然以开发自己的业务，服务自己的客户为主要职责时，这个网络又能给它带来哪些价值呢？总而言之，网络的价值体现在哪里？

网络的优势可以通过以下两个理由来证明。第一，如果网络能够帮助在各个地区运营的成员机构把工作做得更好，那么它就是有价值的。或者说，作为网络的一部分，成员机构的实力有所增强，本地客户因此能收获更大的价值。我把这种情况称为"地方价值"问题。第二，网络的价值体现在寻求在多个地点开展业务（跨国）的客户并为它们提供服务，这是成员机构无法靠自己单枪匹马来完成的任务。这属于"在多个地点运营的客户"问题。这两个理由代表了建设网络的两个截然不同的目的（或者是理论基础），要使之得以贯彻落实必须采用存在显著差异的管理方法。

在这两个问题中，对于专业服务公司来说，最重要的是要确保网络在解决"地方价值"问题的过程中能充分发挥优势，也就是说，确保成员机构在借助网络优势的前提下更好地赢得客户、服务客户。得出这一结论的原因是，现在及可以预见的未来，无论是在规模还是重要性上，地方成员机构都在专业服务市场上占据主导地位。业务呈现多元化或在不同国家及地区开展业务的客户对专业服务公司具有很大的吸引力，也会令它们兴奋不已，甚至可能带来非常可观的利润。但是，它们并不能构成公司的主要业务来源，而且也不可能出现这种情况。因此，网络体现自身价值的最佳机会就是为广大的地方成员机构提供有益帮助。

支持这一结论的另一个理由是，当公司寻求开展国际业务时很快就会发现，在利益相关国家，设有实力强大的地方成员机构是赢得国际客户的前提。因此，要首先确保网络在"地方价值"问题上充分发挥作用，其次才是努力实现赢得跨国客户的目的，这是符合公司利益的。最后一个理由是，既然跨国开展业务需要集体协作，这就需要以相互信任、相互尊重及对彼此的信心为基础。如果地方成员机构为了实现这个目的而积极开展合作互动，通过网络在彼此之间建立联系，并且拥有从网络中受益的经历，那么成功的可能性就会加大。

放权给地方成员机构

那么，网络能为地方成员机构做哪些它们单凭自己的能力无法完成的事情呢？无论是对于地方成员机构还是它的客户而言，网络的一个显而易见的好处就是品牌效应。对于客户来说，为它们提供服务的机构加入国际网络可以让它们感到踏实、有信心，服务质量也会有保障。本质上就是一种"只要你跟着IBM干，肯定不会受到批评"的效应。尽管它的巨大作用是毋庸置疑的，但是如果你出于品牌的考虑而过度依赖网络的话，就会成为一种错误做法。毕竟在大多数专业服务行业中，至少都会有几个处于同一个水平上的杰出品牌，虽然品牌有助于你与客户建立合作关系，但在此之后就没有太大作用了。然而，据我观察，在一些专业服务公司网络中，品牌一直是地方成员机构受益最大的方面。

网络还能发挥什么作用呢？对该问题经常给出的答案是："客户可以使用整个网络的专业知识和经验。"需要再次指出的是，只有当本地客户确实有此项需求时，这个答案才会非常有效。据我观察，专业服务公司在解决"前沿"问题时擅长发挥这项优势，因为在这种情况下，专家的作用很容易凸显出来，而且专家参与工作也可以向客户收费。但是，如果客户（以及客户项目）的主要目的是充分利用专业服务公司过去累积的丰富经验（无论是针对某项服务功能，还是某个客户行业），以便更加高效地实施当前项目，并取得更大成效，那么这项优势就很难发挥出来。

据我了解，很少有专业服务公司拥有过往项目数据库、专业技能和项目经验的存货清单或者其他有助于客户借鉴和利用公司过往经验的渠道。理由简单且合理：这样的渠道很难维护，需要进行大量投资，但又几乎不能向客户收取费用。因此，当出现"非前沿"问题时，如果能够通过其他途径获得帮助，成员机构也很少会去"发掘网络资源"。在大多数专业服务行业中，能够建立有效的知识和经验共享机制的公司将拥有巨大的竞争优势。

大多数专业服务公司采用的另外两个策略是对方法的培训和分享，这种做法产生了良好的效果。然而，有意思的是，在大多数专业服务公司中，这些方法主要适用于初级员工。根据我的经验，只有极少数公司会针对资深员工开展有关最新想法及做法的分享和培训。在我看来，在这方面利用网络优势的机会和好处很大。

原则上讲，全球网络可以从两方面为成员机构提供帮助：汇总和分析不同成员机构的经济效益对比数据，协助各成员机构的管理者更为有效地管理它们的业务。根据我的经验，尽管一些公司在这两个方面均有尝试（但不深入），但是很少有成员机构的管理者会把这一点看作是加入网络的巨大优势之一。

最后，同样重要的一点是，我们应该承认"推荐"的重要性，即专业服务公司通过全球网络把地方成员机构推荐给自己所服务的跨国公司客户在同地区的运营机构。许多成员机构认为这是加入全球网络的最大优势，这显然也是一个实实在在的好处。

寻求在多个地点开展业务的客户

"推荐"恰恰给我们带来了一个问题，即如何利用全球网络去寻求和服务在多个地点开展业务的客户。

这里要说明的第一点是，根据我的经验，每一个跨国专业服务公司都把在多个不同国家为跨国客户服务的目标列为战略重点。即使在那些国际网络并不普遍的行业，比如律师行业，也在积极努力地研究解决方案。这是受企业"走出去"（正如企业的发展口号）的发展理念所驱使，即新的时代已经到来，专业服务公司从客户那里赢得的一项新业务不再局限于一个国家，而是表现为在多个国家执行项目的形式。

这个观点存在两个问题。第一，到底有多少跨国企业将真正需要在多个国家购买专业服务，到底有多少跨国公司将坚定不移地坚持过去的经营模式，即把购买专业服务的任务下放给各个国家运营主体的负责人，这些问题都尚无定论。没有人能确切地知道事情的发展方向，但是真正需要在多个国家购买专业服务的跨国企业在大多数专业服务市场中的占比很小，尽管它们给专业服务公司带来的收益可能最大。

第二，如果专业服务公司想赢得这类业务，它们必须有能力提供跨国购买专业服务的客户最看重的东西，即在不同国家运营的成员机构之间的协作、控制和服务水平的一致性。但是，当面对如何把大多数专业服务公司，即拥有自主权且独立运营的利润中心（或者独立的合伙制企业/公司）组织在一起这个问题时，这个核心利益就不复存在了。

这种架构提供了为跨国客户提供服务的组织形式，却给专业服务公司全球网络的传统运作模式带来了压力。地方成员机构已经习惯于管理和控制自己与客户之间的关系。为了客户的利益，在执行跨国项目时，项目负责人需要跨国界对项目进行管理。地方成员机构自然害怕自己对项目失去控制力而处于受支配的地位。

另外，它们还担心收益问题。谁来协商项目收费？如何在参与项目的不同成员机构之间分配收入？当我们承担了所有的业务开发成本却仅仅得到部分收益时，为什么还要花时间争取跨国业务呢？

不同公司已经尝试使用不同的机制来解决这些问题。至少有一家广告公司已经为每一个跨国客户指派了一名全球主管合伙人，负责让客户在全球范围内得到它们所需要的服务。原则上来看，这种做法显然是正确的。但是，这种做法在许多公司会带来重大的执行难题。这位人士有"权力"代表他并不归属于的那些成员机构（也就是另一个利润中心）具体做什么呢？我见过这个角色发挥作用的一种有效方式是：他很少用权力来压制，而是更多采用说服他人的行事方式，通过地方指挥链和贸易互惠的方式来开展工作。

一些专业服务公司也试图运用另一种机制来克服协作障碍。这种机制就是使用"转移支付"的方式（即不同运营单元之间的内部会计处理）来补偿那些为整个网络中其他成员机构的"共同利益"做出贡献的那些个人（和利润中心）。虽然不可能通过设计一个简单的转移支付机制就会对所有符合期望的行为起到充分的激励作用，但是这些机制有助于减少协作障碍（即使不能完全消除障碍）。许多采用这种解决方案的公司所面临的一个难题是：以往的惯例是，一个办公室的某位员工替另一个办公室所做的工作是按照标准收费水平打折后的价格来支付的（目的是鼓励专业人士集中精力做好客户工作）。自然，这对激励员工参与自己所属办公室分外的其他工作并没有太大作用。正如我所看到的，参与跨国工作的成绩和收益奖励可以在内部记录上体现出来，那么公司中就会有更多员工自愿投入到这种（可能是）重要的战略性工作中。

专业服务公司正在尝试的一种普遍做法是组建一个独立的跨国工作小组，它与全球网络的任何一个组成部分都没有相关性（也就是脱离网络解决网络协作问题）。这些小组承担以下任何一项或者全部三项职责，即它们是专门聘请（或者发展）的跨国业务专家的"根据地"，它们为跨国业务市场投资和开发专门服务，它们是跨国业务市场的营销卫士。

如果不考虑专业服务公司的内部政治问题，这种做法会给人一种很靠谱的感觉，但实际上并非如此。毕竟，这种小组很少能挣到足够的钱来养活自己，那么由谁来为这个小组的工作埋单？答案自然是通过地方成员机构对"管理费用"的贡献来实现。正如所预料的，地方成员机构对这种（它们无法控制的）"管理费用"持怀疑态度，一般倾向于少投资或者不投资。这个"精英"小组在争取哪些客户？它们与寻求地方业务的成员机构所追求的目标客户群体是一样的。由谁执行跨国工作？地方成员机构愿意做那些与其所在区域相关的项目工作，但是，如果还有人与该客户有工作关系，又该由谁来负责项目的执行呢？

关于合作的一些想法

根据我的经验，"组织架构"层面上的解决方案（正如上文中所提到的改变权力结构、使用转移支付机制或者组建独立小组等方式）不能解决网络运营所面临的问题，倒不如直截了当地解决实质性的问题，即如何使各个自主运营的单位开展合作。

此时，关于人类本性的一些基本原则可能会派上用场。第一条原则是：团队和团队之间不会合作，但人与人之间能开展合作。一个地方的员工在帮助另外一个地方的员工时可能不会有太大的热情，但如果他总是与那个地方的特定员工合作，提供帮助的可能性就会增加。这就意味着要想促进地区之间的合作，公司就应该尽可能多地为员工创造相互了解、并肩工作的机会。这样的机会包括：在安排临时工作任务时实行员工轮换制；即使没有必要，也要在执行客户项目时交叉使用员工；经常召开会议讨论个人发展及最新技术等话题。即使这些措施看起来并不是什么大举动，但必将会对培育新环境所需要的协作精神产生长远影响。

与此类似，我要提出的第二条原则是：从小事做起，追求早期成功。如果专业服务公司想要使员工渴望开展跨区域合作，最佳方法就是寻找机会来证明它能为各方带来的好处。换句话说，与其努力劝服整个网络协同开展行动，倒不如寻找一个规模有限的项目，让那些愿意尝试的地方成员机构实地演练一下。例如，不事声张地承接一个跨国项目并证明区域协作切实可行。如果区域合作确实带来了好处，就能对此加以宣传，新项目也会得到"全面推广"。

第三条原则是：网络要靠一"丝"一"缕"的联系才能建立起来。这就意味着责任不仅仅只在于整个网络，还要由每个成员机构来承担。与其设法发挥整个网络的优势，还不如让地方成员机构的管理者认真地想一想，在与其他成员机构建立的众多联系中，哪一个联系能够通过双边合作得到加强。这种方法容易实施，也能很快获得回报。

显然，这些建议不可能解决专业服务公司在这个领域面临的所有问题，但是，它们会有所帮助。拥有自主权的运营单位之间的合作问题对于商界而言是较难解决的管理问题之一。在下一章中，我们将更加深入地探讨应对这一问题的解决方案。

| 第 30 章 |

创建合作型公司

正如第 29 章所述，被划分为不同部门或者在众多地方设立办事处的大型专业服务公司面对着一个恒久不变的两难境地。一方面，公司希望能激发和奖励每个部门或者办事处员工的个人主动性。另一方面，公司又对协调行动、相互支持和分担责任有需求。为了实现这一目标，公司必须对那些无私地为整个公司的成功做出贡献的员工进行奖励，即使这种贡献（至少是短期内）尚未在他们的个人绩效考核中得到体现。

当单个利润中心不愿意承担一些工作（比如针对某一特定行业进行市场调研）时，个体小组和公司整体需求之间的紧张关系往往就会显现出来。这些工作所带来的收益，对于整个公司来说有足够的投资必要性，但对于单个利润中心而言，则未必能让它们有动力参与这些工作。尽管利润中心（或者个人）能得到这样的保证：它们对公司整体成功所做出的贡献将（通过评估程序）得到认可和奖励，但是，与单个利润中心的盈利能力或者创造的收入等"真凭实据"相比，这种奖励的不确定性和风险往往更大。

对于在单一地点运营的公司而言，这个问题同样存在。实际上，所有从事多个业务领域的专业服务公司都会满怀热情地向那些仅使用一种服务的客户交叉推销公司的其他所有服务。但是，很显然，这些公司很少把交叉推销公司业务作为日常工作的一个常规组成部分。更为常见的行为方式是，每个小团体都把工作重心放在了提高自己的盈利能力上，而不是协助其他团体从自己的现有客户群体中开发新业务。

这个问题很难解决，但还是能够确立一些原则。首先，同一群人长期反复开展合作起关键作用。当人们发现互帮互助确实对自己有利时，就会形成共同合作的局面。然而，对彼此的帮助很少会同时发生，常见的情况是："现在你帮我，我欠你一份人情，等下一次你遇到难题时，我也会帮助你。"为使这种互帮互助的局面维持下去，对未来的预想会对此产生很大影响：那些想开展合作的人必须有大量相互接触、感觉非常需要彼此的机会。

从许多方面来看，这种共同合作、团结协作的观点会使个人和公司陷入一种进退两难的困境。如果我过去从来没有和某人合作过，那么将来与他合作的可能性就比较小，我更倾向于与那些我曾经合作过的人再次开展合作。那些有过合作历史的公司在将来也会有更多的合作机会，而那些正在努力建立新合作关系的公司则需要在真正实现合作之前先播种和培育脆弱的种子。

合作的基础其实不是信任，而是双方关系的持久性。很显然，与那些依靠自身实力发展起来的公司相比，通过合并和横向招聘（即招聘有经验的资深人士）的方式成长起来的公司总是缺少内部合作。显而易见的是，这个观察对有些公司提出了重大质疑，它们采用的战略是通过交叉推销和交叉推荐新业务的方式来证明合并所带来的好处。

我们在上文中已经提到，"团队和团队之间不会合作，但人与人之间能开展合作。"如果合作要建立在双方有来有往，互相报答的基础之上，且在时间上不能同步发生，那么米兰办公室的一位审计合伙人不可能为咨询部门或者布鲁塞尔办公室提供帮助，因为他总是期望他为其他团队提供的帮助能被记住并得到回报，而为具体某个人提供帮助则能满足他的期望，所以他更愿意与某个人合作。试图让审计部门（作为一个团队）和咨询部门或布鲁塞尔办公室（作为另一个团队）开展合作的做法注定会失败。公司必须创造一个环境，让来自不同部门（或者是不同地区）的同一群人经常进行互动交流。

需要着重指出的是，合作必须是双向的，即只有对双方都有利时，合作才能开展下去。如果总是一方在付出，而另一方则安心享受，那么合作关系就不会稳定，也不可能永久保持下去。这种情况已经导致许多为开展合作所付出的努力付之东流。例如，审计合伙人总是不停地抱怨："你们这些咨询顾问总是让我给你们介绍客户，但是你们从来没有给我介绍过一个审计客户，都要靠我自己去找。如果你们不帮我，我为什么还要帮助你们呢？"在全球网络范围内也能听到同样的怨言，位于大国家的成员机构已经"厌倦"为小国家的成员机构提供帮助了，除非它们也能从合作关系中直接受益，作为对自己付出的回报。

为了解决这个问题，有必要向大家介绍另一条原则：要想获得别人的帮助，首先要帮助别人。咨询顾问要想得到审计合伙人的帮助，应该首先想办法为审计合伙人做一些有用的事情（无论是无偿地，还是出于尽快还人情的目的），这样才有可能得到他们的客户。先付出的做法并不一定总是奏效，对于那些不思回报的人来说，这样做就是白费工夫。但是，从长远来看，他们与那些拒绝先去帮助别人的人相比，总会获得更多的合作机会和由此带来的好处。

一旦成功建立合作关系，合作行为就会具有感染力，即如果合作确实有价值，那些参与合作的人所得到的实惠就能清晰地反映出来。然而，为了"诱使"其他人对合作行为产生信任，合作必须要有个起点，并以一种让人看得见的方式开展。因此，专业服务公司的管理者应该寻找机会去创建规模虽小但却很容易体现合作行为的典范，让合伙人能够克服恐惧、摆脱诱惑、消除怀疑、尝试合作。

表30-1列举了很多"网络合作"的策略，在多地点开展业务的大型专

业服务公司可以考虑运用这些策略来促使它们的网络开展更多的合作。根据我在工作中对这些策略运用情况的直接观察和上文中进行的论证，我根据它们的作用大小对这些策略进行了排序。

因为这些策略均包括为了同一个客户项目而一起工作的来自不同团队的员工，所以培育未来相互合作的两个最佳策略是：交叉配置项目组成员（即由来自不同利润中心或部门的专业人士服务同一个客户项目）和员工轮岗（即安排一个团队中的员工到其他团队中工作一段时间，比如1年）。

在致力于培养合作精神的公司中，即使是执行那些不需要交叉配置员工的客户项目，

表 30-1　实现网络合作、共享合作益处的策略
（以效用大小为序）

交叉配置项目组成员
员工轮岗
形成一体化的客户工作
围绕那些我们想与之合作的人来重新组织工作
有选择地对网络决策进行集中管理
在公司层面对合作行为进行投资（资源"免费"）
跨区域的"客户关系合伙人"制度
聘请业务协调员
薪酬制度体现对合作行为的奖励
联合培训
联合委员会
转移支付和其他会计核算手段
信息共享
为获得专业知识和经验提供便利的数据库
教育／对可用资源的认识

它们也经常会运用这些策略。例如，一家公司可能把一名咨询顾问分配到审计项目团队中从事审计工作，即使该顾问在审计项目中的工作效率较低。做出这项"投资"的原因是，公司相信该顾问与他共事过的审计人员在未来开展合作所带来的收益将远远超过执行今天项目的效率损失。安排一个团队（或一个区域）的员工到其他团队中（或其他区域）"借调"一段时间所遵循的逻辑也是一样的。

一个相关的有力措施是通过公司在业务开发方面的努力，带来那些确实需要跨领域（或者跨地区）服务的客户项目。需要指出的是，这不是一般意义上的"交叉销售"，即不同的服务团队为同一个客户执行不同的项

目。那种方式并没有给来自不同团队的人员创造共同工作的体验，因此也就无法给他们提供相互了解、彼此信任的机会。与"交叉销售"独立的项目不同，我所说方式的目标是，推销那些同时需要配置多个领域专业人士的一体化客户项目（这种方式也有一个易于销售的重大好处，即客户往往愿意使用同一家公司的员工。在一个纯粹的"交叉销售"项目里，工作团队之间没有交集，客户就很难看到从同一家公司购买服务所带来的额外好处）。

显然，交叉配置项目组成员、员工轮岗和形成一体化的客户工作（推销一体化项目）等策略不仅效率低，而且成本高，所以常常被弃用。但是，它们仍然是为未来合作打基础的最有效手段。许多公司都已经认识到，如果基础打不好，下面列举的其他策略就会失去功效。创建合作型公司没有"捷径"可走，如果公司希望享受合作所带来的收益，就必须进行投资。

表 30-1 列举的下一个策略是"重组"——围绕那些我们想与之合作的人来重新组织工作。许多公司已经发现，让员工开展合作的最有效方法是把他们放在同一个利润中心。例如，一家大型律师事务所决定重新分配员工，目的是把服务于同一个行业客户的所有执业人员分到同一个团队中，不考虑他们的技术专长领域（公司法、税法、信贷人权利等）。现在，为那个行业提供服务就不再要求公司法部门（或者公司法部门的员工）去求助于或者向税法部门（或者税法部门的员工）提供帮助，因为他们就在同一个集体中，为了同样的目标而工作。把员工重组为行业专门化服务小组的趋势也同样在咨询公司和会计师事务所逐步显现出来。

与通过创造小规模"强制性"个人互动机会来促成未来自愿合作的道理相同，部分公司在整个公司层面制定预算，提供"免费"资源（比如获取专家经验），鼓励各个团队充分利用公司的资源。这些资金的另一个用途是对公司层面的研发、市场调研、产品开发等活动进行投资。这些已被证明行之有效的方法创造了前所未有的合作机会，因为在过去，是否开展合作的决定由参与合作的相关人员做出，而现在，对自己的付出一定要有回报的想法已经不再需要了，共同合作的决定是由一个包含公司各业务领域的专业人士的团队做出的。

　　一些公司已经尝试通过设置跨区域（即跨利润中心）组织领导职务，比如"全球重要客户主管合伙人"或"全国行业主管合伙人"等来寻求在更大范围内开展合作。设置这些职位所带来的效果差异很大。我的经验表明，成功实施这一策略的关键是钱，这一点不足为奇。如果担当这个角色的人有充足的资金对市场调研、项目建议书支持、方法研究等进行投资，他就能为各个办公室提供帮助。相应地，该人员还可以向他曾经帮助过的办公室收集"欠条"，然后要求那些打欠条的办公室再去帮助其他办公室，并且配合他计划在整个公司范围内开展的工作（参见第 31 章）。

　　一些公司试图预留部分资金在事后分配给那些在合作中展现出良好品质的个人（或者集体），以此来促成合作局面的形成，而他们的这种合作方式和态度可能没有在对薪酬分配（或利润分配）决定有影响的考核因素中得以反映。这些方法能够起到一定的作用，但是根据我的经验，它们只能促成那些效果十分显著的合作（比如针对某项具体活动开展的合作），而对日常工作中持续开展合作没有太大作用，但后者才是网络的本质所在。总体来说，这是一个很好的策略，但很少能独立发挥作用。

　　许多知名公司已经通过联合（跨利润中心举办）培训和组建联合委员会的方式取得了成功。合作不是靠培训的实质内容或者是委员会的会议议程来实现的，而是通过一个再简单不过的事实，即把这些人放在同一个工作环境中来实现。据我估计，这个策略尽管不像前文中提到的交叉配置项目组成员和员工轮岗的策略那么有效，但基本原理是一样的。

　　虽然转移支付（表现为各种形式，比如一个团队向另一个团队介绍业务，另一个团队要支付佣金）有一定的吸引力，但我的观察表明，它们都是"钝器"，很难进行调整（给予的奖励要么过多，要么过少），因此成功与失败的概率相差无几。

　　例如，如果当一个团队向另一个（公司内部）团队介绍新客户时收取推荐费（或者佣金），那么该如何判定应该下多大工夫才能值这笔钱？一种情形是介绍一个"现成的"客户,而另一种情形是仅仅发挥一下"牵线搭桥"的作用,接受推荐的团队还需要尽一切努力来准备项目建议书以赢得客户项目,这两种情形的推荐费用一样高吗?如果不一样,两者的分界线又在哪里?正是这些基本问题让大多数转移定价机制难以实行。

最后,我们把话题转向合作"助推器",包括数据库、信息共享、资源交叉使用、借鉴全球网络中其他成员机构的产品和有用技能。在我看来,把这些策略放在最后一步能有效发挥作用(使其他策略促成的合作开展起来更为顺畅),而放在最前面则不会有太大效果。

正如前文所述,合作方面存在的问题不是因为对合作机会及其好处缺乏了解,而是属于一个管理问题,即创造一个合作环境,让每个员工都熟悉自己在另外一个团队中的合作者,双方公平地开展合作(付出必有回报)。

本章中谈及的各种策略都不可能独自解决全球网络中存在的合作问题。但是,本章所列举的这些策略已经够多了,只要运用得当,我们的目标就能实现。然而,合作不会一蹴而就,因为合作需要精心培育,不能执行强压政策。

| 第31章 |

协调行业专门化小组

在典型的多地点运营的专业服务公司中,地理位置是占据主导地位的组织原则。公司的日常事务由地方成员机构的主管合伙人说了算。这些主管合伙人,而不是"公司总部",共同掌管公司的财政和人事大权。他们不但对各自负责的地方业务的市场走向具有重大影响力,而且掌控着推动公司整体向前发展的主要"引擎":专业人士的任务分配、考核、薪酬分配和晋升。

强调地方成员机构的主动权和独立性是非常容易理解的。虽然标准化、一体化服务和产品的重要性日益突出,但是大多数专业工作仍然属于高度定制式的活动,定制服务无论是在赢得客户方面还是在执行项目方面都对个体主动性提出了很高的要求。通常来讲,使公司提供的服务适应本土市场的需求是有必要的,这种必要性对相对分散的决策权提出了要求。地方资源和特性是如同国家能力和国家形象一样重要的竞争优势,而对前者的责任自然由地方成员机构的主管合伙人承担。从内部管理来看,对专业员工的辅导、工作分配、考核和奖励等关键职能显然都要求管理者对所涉及的具体个人有一个详细全面的了解,而地方成员机构的主管合伙人是最适合对这些关键杠杆进行控制的人。

然而，随着各专业服务行业中竞争的加剧，专业服务公司逐渐意识到跨办公室实现业务整合发展的需求。它们必须力求确保从事相同业务领域和行业专长的专业人士在应对市场需求时采取一致的方法，同时借鉴公司在该业务领域累积的专业知识和经验。越来越多的客户在选择专业服务供应商时，不仅看重专业服务公司在本土市场的知名度和在某个业务领域的专业知识及经验，而且看重它们对客户所属行业的特有问题和需求具备多少经验及独特见解。如今，专业服务公司必须跨办公室协调业务活动，不能只以业务专长为基础，还要考虑行业服务经验。相应地，在专业服务行业中，行业主管合伙人、行业协调员或其他类似职衔是提升最快的职衔。

行业主管合伙人的职位也并不令人羡慕。一般来说，他们在其被指定负责的行业对公司的总体业务承担重要责任，但是对于公司的关键资源（最重要的是人力资源），他们几乎没有任何直接的管控权。我对来自各个专业服务行业的多家公司进行了广泛研究，研究表明：在实现多地点运营的专业服务公司中，行业专门化项目的顺利实施仍然是最成问题的一个管理方面。我发现，在一定程度上，这是因为在实现多地点运营的专业服务公司中，行业专门化问题的复杂性往往被低估了。本章将探讨行业专门化问题的各种复杂之处，努力阐明几种可供选择的解决方案，并根据我的研究结果提出几项好建议。

下文中即将讨论的很多方法不仅适用于行业专门化，还适用于任何形式的对跨办公室业务领域的协调安排。本章中讨论的很多问题和解决方法同样适用于由各个部门组成的在单一地点实现运营的专业服务公司，这类公司需要跨职能部门协调各个行业客户的项目，同时也适用于在不同国家开展业务的公司所面临的合作问题。

密切联系有助于提振士气

理论上讲，针对某个行业的客户在各个办公室之间开展业务协调具有很多潜在好处。无论是在公司服务的营销方面还是操作执行方面，这种协调有助于增强协同效应、杠杆作用，提高劳动生产率和质量。从客户的角度看，在来自不同办公室的专业人士之间建立密切联系，共同解决相类似的问题，应该会为客户提供更高水平的服务，因为公司整体所具备的知识、技能和经验可以更为广泛地供客户使用。

如果公司的某个办公室所累积的经验教训能够在公司的所有办公室中得到迅速传播，那么从事某个特定业务领域的专业人士的工作能力很可能会得到快速提高。从市场开发的角度看，对各个办公室的同一个业务领域进行紧密整合能够使公司在市场中呈现更加一致的形象，同时确保（通常是分散化管理的）市场开发活动的协调一致。除此之外，把来自不同办公室的专业人士汇集在一起，能对荣誉感和士气产生有益影响。

既然有诸多潜在好处，为什么业务部门之间的整合又如此难以实现呢？在某种程度上，正是由于想要追求的潜在利益太多而产生了许多问题。例如，下面一段文字是对一家大型咨询公司的一位行业主管合伙人所承担职责的描述。

> 经过与办公室领导层的协商，行业主管合伙人要为公司在其所负责行业的业务制定和推荐一个整体战略。他将负责对其被指定负责行业的市场及竞争形势进行评估和监控，并对可供全公司使用的业务支持和其他市场开发工具的研发和传播负责。他要协助识别新的重大客户发展机会，在全公司范围内协调组建项目建议书编制团队和项目执行团队，以便提高公司在重大项目上的成功概率。他要对其所负责行业的产品和服务开发承担责任，并确保在全公司范围内投入使用。他要负责在各个办公室寻找和招聘从事他所负责行业的专业人士，并对这些人员的专业成长进行监管，其中包括开展适合的培训项目。同时，他还要保证在该行业开展的所有项目符合公司的质量标准。

鉴于这一系列职责，无论是对承担这些职责的个人（或团队）而言，还是对握有权力的成员机构主管合伙人而言,为什么对业务领域的管理存在这么多问题也就容易理解了。如果这些职责都由某个个人(或者团队)来执行的话,成员机构主管合伙人的自主权和权威性就会被削弱。为了完成上面这段话所描述的各项任务,行业主管合伙人又需要在公司内掌握重要权力并产生影响力。

事实上,对业务领域的管理涉及很多无法向客户收费的工作,比如市场调研、对宣传手册的更新或者是对新产品的研发投入等,这又加剧了上述问题的严重性。与生产型企业不同,专业服务公司习惯采用较为瘦身的组织架构,设置最少的员工岗位。专业服务公司的成功靠不断赢得和服务客户项目。因此,业务领域管理活动不仅因其对地方自主权构成威胁,还因其造成的间接成本负担经常引起质疑而令人心生不满。

共享知识的五种方法

鉴于以上这些利害关系,许多公司尝试通过不正式指定行业主管合伙人或者对组织架构进行重组的方式来实现跨办公室间的合作。更为基本的方式是寻求在组织架构上更容易接受、行政管理成本较低且地方主动性不会受到太大抑制的其他协调机制。既然在已经从组织架构层面正式建立协调机制的公司中,这些机制仍然得到应用,那么对这些机制简要进行讨论是值得的。

第一种方法,也是最基本的途径,是运用信息共享方法来达到协调开展工作的目的。例如"技能储备数据库",其中包括对全体员工的业务及行业专长信息的收集和传播,其目的是当员工需要寻求帮助时,他们可以快速找到那些具备行业专门化知识和经验的专业人员。概念虽然简单,但这是一个实施起来烦琐且需要不断更新数据的系统,尤其在大型公司中的运行难度更大。另外,收集到的信息也未必会被使用。

第二种方法是使用"转移定价"系统。一个办公室可以通过这个系统向其他办公室购买专业人士的服务，以促进专业知识和经验的分享。然而，专业服务公司使用的转移支付系统却经常会产生反作用。例如，系统可以对资深合伙人"在其所属办公室之外的地方"投入的可计费工时进行会计记录，但却无法充分确认由于该合伙人在本地市场的业务开发活动受到干扰而对其所属办公室可能造成收益损失的机会成本。因此，地方成员机构的主管合伙人不愿意让他们最优秀的员工免费参与整个公司范围内的工作（在强调利润中心会计核算方式且将个人奖励与利润中心的收益紧密挂钩的公司里，这个问题尤为突出）。实际上，寻求帮助的总是那么几个（通常是小型的）办公室，而提供帮助的也一贯是那么几个（通常是大型的）办公室，这种情况使得会计核算系统对业务整合发展所造成的障碍变得复杂了。

第三种鼓励开展合作的基本方法是通过薪酬分配制度对合作行为进行适当的奖励。许多公司在对员工及合伙人进行考核时都会考虑他们"对公司成功的整体贡献"，并且至少在某种程度上试图以此作为薪酬奖励的基础。但是，实际采用的绩效考核方式却常常不利于激励员工参与公司内部的工作。正如前文所述，地方成员机构的主管合伙人一般对其所负责成员机构的员工绩效考核和薪酬分配方式拥有主要发言权，所以专业人士也不愿意从事自己所属办公室之外的工作（比如参与其他办公室承接的项目），以免他们做出的贡献不能得到充分确认和奖励。

第四种方法是广泛利用"商讨"委员会，即把服务相同客户群体的专业人士聚集在一起，讨论彼此的利益、共同的发展机遇，解决共同面临的问题。"商讨"委员会不涉及决策问题，不会损害地方自主权，因此比较受欢迎。但是也正因为如此，这种方式也常常没有什么效果，同时也因为需要投入不可计费工时而令人心生不满。

第五种普遍做法就是共享目标，即确保公司的整体战略得到充分理解和传播，以便地方成员机构的主管合伙人能够把决策和战略有效结合起来。这种做法也常常是没有效果的。我不止在一家公司中听到了这样的抱怨："我们确实可以告诉各个办公室，在公司层面我们计划将发展重心放在哪个行业,但是我们没有强制执行手段。各个办公室仍然会继续寻找在它们自己看来有意义的业务发展机会。"

在哪个方面集中开展行动

上文描述的所有协调机制具备一个共同特点:它们都是在分散化的基础上发挥作用,没有一种机制要求建立可能会对各个办公室的自主权产生威胁的集权实体。但是,大多数专业服务公司很快意识到,虽然地方的自主权和主动性很重要,但是对于地方成员机构不能、不应该,或者是自己无法单独开展的行业专门化活动,还是采用集中化程度更高的方式合理。

至少可以明确下述几项正当理由:首先是那些如果让各个办公室各自开展,也许就会产生重复性劳动的工作(例如,针对某个行业收集市场信息可能就属于重复性劳动)。其次是那些各个办公室因为无法合理判断归于它们各自的收益是否能覆盖成本而回避的活动,即使是整个公司获得的总收益能够覆盖总投入。当然,这是一个有关规模经济的论证(行业培训可能属于这类活动)。再次是各个办公室因为风险高而可能回避的活动,比如对新产品及服务的研发投入。与单个办公室相比,一个代表整个公司开展工作且实现集中管理的行业专门化小组的风险预测和抵御能力更强,可以参与更多具有不确定性的活动。集中开展(或者至少是集中协调)行业活动的最后一个理由是,鉴于地方成员机构一般在短期结果上所承受的压力,行业专门化小组应该更有能力负担对某个行业的长期投资。

由于能够在全球范围内获得更多信息,行业专门化小组也有望对公司在某个行业的业务发展做出更为明智的决定。例如,地方成员机构可能无法充分认识到行业发展的重大趋势,需要公司在经过研究之后才能得出结论。出于在市场开发方式上保持一致性的需求,以及出于营销、运营,甚至是监管方面(比如审计服务)的考虑,集中管理的行业专门化活动的合理性也可以得到证明。最后,针对某个行业集中做出决策的合理性也可以从战略需求的角度得到证明，即通过为同样的客户群体提供同样的服务来最大限度地扩大专业服务公司在某个行业中的业务渗透机会。

正如我们所见，在公司范围内组建行业专门化团队的理由很充分。上文中关于重复性劳动、规模、风险、长期成效、信息受限、一致性和战略等方面的论证或许都能被用来证明广泛进行集中决策的正确性。然而，全盘接受这些论证或者集中化程度过高可能会带来使专业服务公司转变为反应迟钝的官僚制组织的风险，而且会严重抑制地方成员机构的企业家精神，而这种精神正是大多数地方成员机构建立的基石。因此，在大多数已经建立行业专门化团队的公司里，这些团队拥有的特权是在公司范围内协调开展工作，而不是对工作集中管理。这个团队发挥咨询部门的功能，职责是为各个办公室的业务活动提供帮助和支持，而不是充当它们的总指挥。其角色是辅助器、催化剂和协调员，而不是独裁者。因此，对于那些在全公司范围内负责行业专门化工作的人员而言，责任大于权力。

行业主管合伙人的必备技能

一家大型咨询公司的一位高层管理人员曾经对我说过，公司在某个行业的业务发展要取得成功，一个最重要的决定性因素就是挑选一位合适的行业主管合伙人。在我对实现多地点运营的专业服务公司进行研究和咨询的过程中，这一结论不断得到证实。我们不难发现，对行业主管合伙人的角色定位并不明确，这就要求由一位具备特有技能的人员来担任该角色。

在一些公司中，行业主管合伙人这个角色要么由该业务领域中声望最高的专业人士担任（理由是这样的人最适合通过他的声望来帮助公司赢得新客户），要么由技术能力最强的专业人士担任（理由是这样的人最适合担任业务发展的"思想领导者"，并让公司始终站在创新服务和产品的最前沿）。我的研究结论是：这两种被描述为"超级明星"式的方法都不是最佳方法。相反，我认为专业服务公司应该选择那些具备最佳管理技巧和最强领导能力的人员，尤其是擅长组织管理策略的人员担任行业主管合伙人。

由于权力有限，业务主管合伙人必须通过劝导或鼓励的方式来赢得大量独立运营的办公室的配合。他必须说服各个办公室的主管合伙人及其他人员在开展业务活动时对他所负责的行业或业务领域给予重视。由于他不能亲自执行所有的业务活动（例如市场调研、开发培训项目等），他必须让各个办公室（及其人员）同意付出时间来支持他的工作。最重要的是，尽管有强大的驱动力促使员工把注意力放在短期目标上，但是行业主管合伙人必须确保员工是为了公司的整体利益，而不是狭隘的地方成员机构的需求来支持他所负责的某个行业的业务。在上述这些工作中，他也必须与其他行业主管合伙人展开竞争，因为其他行业主管合伙人也会努力从地方成员机构或者公司的管理委员会中争取资金、专业人士的时间等宝贵资源。

为了实现这些目标，行业主管合伙人要具备良好的政治技能，即识别和倾听拥护者（地方成员机构）的需求（和价值观）的能力、鼓励拥护者分享他对工作计划的那份热情的能力，还要具备精明的"讨价还价"的能力，以便在有需要时总能获得拥护者的帮助和支持。在一个跨办公室开展合作的环境中，行业主管合伙人不能使用独裁专制的高压政治或手中掌握的奖赏权来实现他的目标。他必须通过帮助其他人实现他们的目标来发挥自己的影响力。他必须在推动大家达成一致意见、找到共同利益点、实现共同目标方面具备出色的能力。

行业主管合伙人必须是一个充满热情、表达能力强的人，要能够把远景目标传达给公司中那些应其要求而为公司的共同利益贡献力量的其他人员。为了能顺利赢得各个办公室的配合，行业主管合伙人必须能够说清楚他所负责的行业专门化领域的重要性和存在的机遇。他必须要善于在内部及外部宣传新思路，并在无法获得公司支持时，果断放弃那些不可行的想法。用一位公司首席合伙人的话说，他必须是一个"策略高明、立场坚定且对工作充满热情的人"。

在与我合作开展这个主题研究的各类专业服务公司中，我询问每一位行业主管合伙人，为了让工作更有成效，他们应该在哪一项工作上花费更多的时间。他们的回答经常会提到如下说法：

- 发展网络。
- 激发热情。
- 倾听地方成员机构主管合伙人的需求。
- 通过对提供支持的人员及时、公开地给予认可来提高大家的积极性。
- 经常出差，保持与各业务团队的密切联系。
- 培养团队合作精神。
- 经常把大家聚集在一起，让员工拥有属于一个大家庭，而不仅仅是一个地方成员机构的感觉。

这些建议均与学习如何发挥组织管理技能有关，目的是赢得其他人员对行业主管合伙人工作议程的热情和支持。

资源分配保持平衡

任命那些对工作满腔热情的行业主管合伙人的一个危险就是他们会不断地奋力争取把公司的更多资源投入到他们所负责的行业领域中（如果他们无法获取足够多的资源，就不会开展工作）。各个业务条线上的合伙人担心集中开展行业专门化活动或者其他业务活动所占用的资源可能会超出实际需求。从某种程度上来看，这种危险产生的原因是，在行业协作的名义下能够被证明是合理可行的活动有很多项。例如，前文中关于行业主管合伙人"岗位描述"的摘录。在那段简短的描述中，我们至少能找出 8 项相互区别，但又存在潜在冲突的职责。与工业企业的各个职能部门相类比，我们可以总结出一个行业专门化小组的如下功能：

- 市场调研部门，收集市场数据并进行分析，用以寻找市场机会。
- 战略规划部门，针对如何在特定领域以最有效的方式部署公司资源做出决策。

- 销售推广部门，制作宣传手册，撰写文章，编写小册子及其他销售辅助手段。
- 研发部门，致力于提升公司的产品及服务质量。
- 质量控制部门，确保工作符合规范及标准。
- 培训部门，负责培养销售和操作技能。
- 销售管理部门，确保公司的专家能够帮助地方成员机构赢得重要项目。
- 生产调度部门，对关键人员在重大项目中承担的工作任务做出安排。

在每一个行业专门化领域中，并不需要同时开展上述所有活动，但是如果某个领域确实是公司的战略重点，而不仅仅是一个便利的市场营销标签，那么在该领域的业务发展过程中，还是会要求同时开展上述大部分活动。显然，对行业专门化领域实现良好管理的一个最为重要的因素是清楚地认识到特定业务领域在特定时间的特定需求。在新兴行业专门化领域的发展初期，工作重点或许应该放在市场调研和战略规划上。在一个发展成熟的行业专门化领域中，或许应该将更多的注意力（和资金）放在培训和质量控制上。

为公司的各个行业专门化业务领域及上述各项活动分配资金是专业服务公司需要做出的最重要的战略决策之一。正是由于受优待的行业领域可以获得免费资源，公司管理层可以集中对地方成员机构的战略重点施加影响，同时又能保留地方成员机构的决策自主权。获得充足的资金支持的行业专门化项目能够为地方成员机构提供更多的（免费）服务，进而影响它们的业务发展方向。资金缺乏的行业专门化项目则基本无法为地方成员机构提供太多服务，因此在劝服地方成员机构参与行业专门化项目上的难度更大。

对行业专门化项目的资金投入水平和分配标准做出决策是一个艰难的过程，这在很大程度上是因为在评估行业专门化项目的有效性方面存在问题。公司或许能够计算出它在某个特定行业领域中业务量的增长规模，甚至是当它的成本核算系统的精细化程度足够高时，可以计算出在整个公司范围内某个行业领域所创造的利润。但是，它仍然很难与行业专门化项目的资金投入水平相关联。正是由于这些困难，行业专门化项目必须通过一个程序化的判断过程，而不是一个数字化的衡量系统来进行评估。这些评估不应该建立在短期成效的基础之上。归根结底，对行业专门化业务发展领域的投资是战略选择。

一个有效的行业专门化管理系统应该具备以下基本要素：首先，为避免"帝国诱惑"，实现对高难度工作职责的有效管理，对行业专门化领域的定义范围应该相对窄一些。大型行业专门化发展方案应该拆分成更易于管理的小型方案。对各个行业专门化发展计划的资金投入应该以其战略重要性为基础，而不是以规模为基础。对一个在公司所有业务收入中占比很大的行业领域的投入不一定会比对一个小型的新兴行业领域的投入大。

在对资金投入进行决策的过程中，对资金的需求应该以行业主管合伙人提供的详细建议书为依据，以判断该项需求的合理性。这份建议书应该清楚地写明本小节在开头所列举的各项活动分别需要花费资金的比例。自然，作为配套手段，应该安排每几年就对各个行业专门化项目的任务完成情况进行回顾性检查（我不建议每年开展回顾性检查。这是由其性质所决定的，对行业专门化领域的投资应该是一项长期性的风险投资，因此应该根据其性质相应地进行评估）。我认为给行业专门化领域强加一个"落日"政策是一种非常可行的做法。有了这个政策，行业专门化领域就不得不证明其在若干年之后仍然存在的合理性；没有这个政策，则会引发惯性成为影响业务投资的主要因素的危险。不要把行业主管合伙人的职位设置成永久性的职位通常也是一种明智做法，这样每隔5至10年就有新鲜血液和新的思想被带入到行业专门化领域中来（行业主管合伙人这个职位的难度很大，考虑到他可能会因为工作而筋疲力尽，这一事实也会影响到上述结论）。

最后，任何一个行业专门化项目都必须经得起各个办公室的严格验收标准的检验，而各个办公室则应该对具体的业务领域不断进行严格评估。对行业专门化领域提供的报告、产品和服务的优势的评估应该听听地方成员机构的主管合伙人及其他来自各个业务条线上的合伙人的意见。他们应该回答这样一个问题，即作为一个成员机构，行业专门化领域的存在和运作对他们有多大的帮助。考虑到各个业务条线对公司范围内发生"间接费用"的活动持怀疑态度，这项测试的难度也很大，但却至关重要。正如我们所见，在一家设立多个办公室的专业服务公司中，行业主管合伙人也有东西供"出售"，他的客户就是各个开展业务的办公室。只有善于使客户信服他所提供服务的价值，他才能实现目标，获得成功。这绝不是一项容易的工作，但是，如果公司能够在实现多地协调的基础上开发和出售行业专门化知识及经验（这一点对获得成功而言越来越重要），这就会是一项重要工作。

· 第七部分 ·

最后几点思考

MANAGING THE PROFESSIONAL SERVICE FIRM

| 第 32 章 |

资产管理

如果说有一个主题贯穿整本书,那就是确保专业服务公司未来成功的关键是要管理好以下两项重要资产:

(1)技能、人才、知识和能力的储备。
(2)良好的客户关系和声誉。

获得良好的经济收益是专业服务公司成功的一个必要条件,但远不能构成充分条件。对于专业服务公司而言,一个成功的财年不仅仅体现在实现业务量和利润目标上,而且要在培养新技能及加强客户关系上有所建树。

资产管理方法具体有哪些呢?以下是对本书中讨论过的一些"新"管理方法的总结。

方法 1:开展回顾性综合评价

在第 13 章中,我们讨论过客户工作可能会处于从"资产流失"到"资产累积"这个范畴的任何一点上,因此,管理公司的明智做法是要求公司在一定程度上以其所开发和承接的项目类型为判断公司成功与否的标准。但是，尽管大多数公司在新业务的开发方面制定了量化目标，却很少建立对新业务结构进行定性判断的机制。

它们的员工出去能靠销售什么来实现新的业务发展目标呢？是靠那些已被市场所熟悉的产品与服务，还是靠新的产品与服务？销售一个你所拿手的、已经有解决方案及方法可供参考的、你确信能够使问题得以解决的项目，要比销售一个可供你参考的类似项目不足5个，但能帮助你累积资产、学习新技能、开发新方法的项目容易得多。做此类熟悉的项目不仅更容易，而且更舒服，因为在解决客户问题时，你会对自己的能力感到更加自信。

如果成功的公司总是会受到利用声誉来争取业务机会的诱惑，而不是利用业务来建设它的资产负债表，那么对于那些还处于初创阶段、发展尚未成熟的公司而言，这个问题就更大了。由于急于寻求业务机会，这些公司会急切地接受它们所能获得的任何客户项目。对于它们而言，对利润表的考虑远远多于对资产负债表的考虑，这种情形带来的风险就更大了。更为麻烦的是，它在实际工作中会引发螺旋效应。如果一家公司以一张缺乏竞争力的资产负债表为开端，它就会非常渴望招揽到任何业务，而无暇顾及这些业务是否会使资产负债表得以充实壮大。所以，与那些有选择地承接客户项目的公司相比，它们的资产负债表改善得更为缓慢。如果能够明智地利用自己的声誉，一家不急于求成的公司能使自己的资产得到更快的累积。

对于专业服务公司而言，解决方案就是建立业务质量及数量的评价机制。定期开展回顾性综合评价就是这样一种方法。每3个月（或者类似时间段）公司应该对其所开展的项目，按照选定的"建设资产负债表"的标准，逐一进行打分（从1分到5分），标准如下：

（1）有助于我们发展新技能吗？

（2）能为我们提供接触到重要新客户的机会吗？

（3）有助于我们培训初级员工吗？

（4）能增进（不仅仅是维持）现有的重要客户关系吗？

（5）是否有助于我们在客户组织中体现出更大的价值？

（6）是否有助于我们开辟新市场？

定期认真地对业务"质量"进行评估，而不仅仅只关注业务规模，将为公司未来开发新业务的工作提供指导，并且还能起到"良心"尺度的作用。尽管不能期望每个项目在每项衡量标准上都得高分，但是对公司业务整体进行评价的结果会对公司的业务开发工作是否有助于改善资产负债表和利润表提供良好的指导。

方法2：对技能转移行为明确地进行衡量和奖励

资产管理问题不仅仅是（甚至可能不涉及）营销问题。与开发业务同等重要的是如何执行业务。从短期来看，让已经具备实践经验的专业人士承担项目任务会划算很多。但是，如果一直采用这种运营规则，公司将如何实现技能的转移和提升呢？在某个时点，公司必须通过使用人员配置系统来分配员工参与那些他们尚不具备技能来完成的项目任务，以便让他们有机会获得项目负责人的辅导。但是，有多少项目负责人会挑选新人来参与他们的项目呢？出于对自身利益的考虑，项目负责人倾向于选择公司的后起之秀来加入他的项目团队，而不是那些寻找锻炼机会的员工。

大多数公司都声称它们在薪酬分配制度中体现了对"帮助他人积累技能"的奖励。但是，我所见到的这些公司中的资深专业人士，很少会相信这一项所占的比重可以和（总的）收入增长、当前的盈利水平和个人工作量相提并论。因此，这一点往往成为"空头支票"也就不足为奇了。问题在于如何提高它的可信度和可行性。在第4章中，我们介绍了一种对责任做出详细说明的方法，即"向上反馈"或"对项目体验进行评分"的系统。

方法3：对客户满意度进行衡量和奖励

对于专业服务公司而言，或许没有比客户满意度更有价值的资产了。然而，很少有公司采用系统性的方法来跟踪客户满意度，并对在这方面表现出色的员工予以奖励。在第8章中，我们介绍了一种通过强制性地实施客户反馈系统对服务质量进行明确衡量并给予奖励的方法。在已经建立客户反馈系统的公司中，所有专业人士都会把更多的注意力放在累积资产、提高公司声誉的活动上。

方法4：将提升资产负债表质量的问题应用于合伙人的目标设置、考核及奖励

大多数对资深专业人士的薪酬分配方案都强调其对利润表的贡献，即收入、工作量和利润。很少有公司认可或者鼓励对开发新方法、实现技能转移等资产累积活动的投入。方法2和方法3中提到的衡量方法针对技能转移和客户满意度提供了系统的打分机制，在薪酬分配制度中，可以通过这种打分机制将工作重心转移到具有长远效益的活动上。

此外，在第22章中我们看到，在对资深专业人士的绩效考核系统中纳入提升资产负债表质量的有关问题是完全可行的。例如，要求他们回答这样的问题："你做的哪些工作可以使公司在未来变得更强大？"或者"与去年相比，你在哪些方面能为市场带来更大的价值？"

这些问题有效地构成了"个人战略规划"体系（参见第20章）。如果它们成为资深专业人士制定目标、绩效考核及薪酬分配机制的必要组成部分，那么就能促使资深专业人士把更多的精力投入到资产累积活动中。

方法5：强调针对现有客户开展市场营销工作

我们在上文中提到，为了发展新技能，任何一家专业服务公司都需要

承接一定比例的公司尚未形成成熟的解决方法、没有现成的类似项目可供参考、尚未建立起声誉的项目。谁会把这样的项目交给公司来做呢？新客户还是现有客户？如果我们向现有客户明确表达对此类项目的兴趣，那么这类有助于专业服务公司累积资产的项目很有可能就来自于现有客户。因此，正如我们在第 9 章中所讨论的，专业服务公司应该针对现有客户制订详细的营销计划和预算。

方法 6：对项目的系统化总结

专业服务公司学到的大部分新东西（技能、才干和知识的累积）都是在执行客户项目的过程中获得的，注意到这一点并没有太大价值。但是，必须指出的是，许多公司（和个人）并没有抓住这些潜在的学习机会，也没有使这些新知识在公司内部得到传播，认识到这一点是很重要的。

从理论上讲，大型专业服务公司具备的一项竞争优势是，它们能够带给市场的价值不仅仅是专业人士的个人才智，而是以整个公司积累的知识、智慧、制度、方法和经验为后盾的专业人士。要想实现这一潜在价值，就需要付出努力并对此给予重视。这要求对客户项目进行系统化总结，从中（书面材料或者影像资料）获取"我们学到了哪些东西"这个问题的答案，以便无论是执行同一个项目的员工，还是从事相同业务的其他员工，都能将这些逐渐积累起来的新知识应用于实际工作。

我所熟悉的一些公司在这方面煞费苦心，它们要求每个项目的负责人把"我们从这个项目中学到了哪些东西"形成书面材料，这就如同给客户发送账单一样，是项目负责人的一项不可推卸的责任。它们定期召开业务小组交流会议，专门安排大家一起分享最新的想法、策略和方法（参见第 14 章）。我所熟悉的大多数公司都期望这一做法形成一种"自然而然"的习惯。由于它是一项"非收费"工作，这项工作经常会被无限推迟，获取知识充其量也只能蜻蜓点水、断断续续地进行。

方法 7：对项目方法论的工业工程化研究

正如第 2 章所论述的，所有的专业服务都会经历一个生命周期，随着业务发展成熟，它要求专业服务公司学会如何越来越多地使用低成本员工来执行项目。检验这种做法是否有效果（即公司是否通过开发有价值的方法来积累资产，进而以较低成本为客户提供服务）的方式是间隔两三年，比较一下公司在"类似"项目上的人员配置情况是否发生了变化。当然，最好的结果是，公司发现在此期间它已经学会如何运用更多的方法和实践工具，并在资深人士投入较少时间的情况下来执行这些"类似"的项目。如果公司还做不到这一点，可以通过开展专项研究的方式对该项目所要求的每一项工作任务进行分析。如同开展工业工程化研究一样，公司可以找到重新界定工作任务的方法，并开发有助于提高"生产"效率的工具和流程。

结论

专业服务公司要想管理好资产负债表，我提出的上述这些管理方法还远远不够全面。然而，这些方法却为专业服务公司确保拥有一个健康的未来所需要的管理流程指明了方向。对于专业服务公司而言，未来的挑战不在于它们能否做出准确预测，而在于用今日的行动来保证公司拥有强大的实力去迎接明天的挑战。好消息是，为确保获得一张健康的资产负债表不必以牺牲对利润表的考虑为代价。如果做法得当，专业服务公司可以像挖掘现有资产一样，通过资产累积工作来赚取利润。共享和开发技能有利于专业服务公司的生存，同样有利于专业服务公司赚钱。坏消息是，这一切不会自然而然地发生，专业服务公司必须对此做好管理工作。

致　　谢

本书意在向专业服务公司的管理者们呈现看待公司所面临的各种问题的新视角，并对问题的解决提供切实可行的建议。本书中的章节基本上都源自我在过去 10 年间陆续发表的文章。为此，我要感谢多家杂志社为我写作此书提供了便利。其中，我要特别感谢史蒂夫·布雷尔（Steve Brill）和《美国律师》杂志（American Lawyer）（目前我是该刊物的特约作者）。我早期（及近期）创作的多篇文章都在《美国律师》上得以发表，不仅如此，正是由于史蒂夫长期以来对我的鼓励，我才能克服懈怠思想，坚持从事艰苦的写作之路。真诚地感谢《美国律师》全体同仁对我的支持。

在本书的撰写过程中以及创作所涉及的研究和咨询工作中，我的妻子凯西·梅斯特（Kathy Maister）和我的经理人朱莉·麦克唐纳·奥利尔（Julie MacDonald O'leary）发挥了重大作用。对她们，我要献上最衷心的感谢和最诚挚的敬意。一位富有智慧的哲学家曾经说过："所有的理论都是自传。"我的许多观点都是根据我经营一家小型专业服务公司的亲身经历而形成的。凯西是一位出色的教练，她不仅为我提供大力支持，而且在客户关系和合伙制企业治理方面，她的思想也使我受益良多。她一直是我的军师。朱莉是一位完美的专业人士——能干、敬业、灵活、勇于承担更多责任。我不敢想象，如果没有她的支持，我是否还能取得今天的成绩。

1991～1992 年，由于克利夫·法拉赫（Cliff Farrah）的加盟，我们团队的整体实力得到大幅提升，团队的工作效率也有很大提高。我们对法拉赫未来的事业发展充满兴趣和期待。

当然，如果没有广大客户的鼎力支持，如果客户没有给我提供和它们一起研究、实践和反思管理专业服务公司的新方法的机会，本书中的观点也就无从形成。

感谢广大客户鼓起勇气和我们一道探寻、实践那些具有争议且充满挑战的新理念。

参考文献

第 11 章

1. Gerald M. Weinberg, *The Secrets of Consulting: A Guide to Giving and Getting Advice Successfully* (New York: Dorset House Publishing, 1985).

第 12 章

由衷感谢塞奇出版公司（SAGE, Inc）的迈克·卡明斯（Mike Cummings）和巴里·施奈德（Barry Schneider）为本章提供初稿。

第 15 章

1. Tracy Kidder, *The Soul of a New Machine* (Boston: Little, Brown, 1981).
2. Morgan W. McCall, Jr., "Leadership and the Professional," in T. Connolly, ed., *Scientists, Engineers, and Organizations* (Monterey, Calif.: Brooks/Cole Engineering Division, 1983).

第 19 章

1. David Ogilvy, *On Advertising* (New York: Vintage Books, 1983).

第 23 章

1. Andrew S. Grove, *High Output Management* (New York: Random House, 1985).

第 27 章

1. R. Levering, M. Moskowitz, and M. Katz, *The 100 Best Companies to Work for in America* (Reading, MA: Addison-Wesley, 1984).
2. B. McGoldrick, "Inside the Goldman Sachs Culture," *Institutional Investor,* January 1984.
3. S. Brill, "Is Latham & Watkins America's Best Run Firm?" *American Lawyer,* August 1981, pp. 12–14.
4. Ibid.
5. Levering et al. (1984).
6. McGoldrick (January 1984).
7. Ibid.

8. See, for example, V. J. Sathe, *Culture and Related Corporate Realities* (Homewood, IL: Richard D. Irwin, 1985).
9. C. Bell, "How to Create a High Performance Training Unit," *Training*, October 1980, pp. 49–52.
10. McGoldrick (January 1984).
11. Brill (August 1981).
12. McGoldrick (January 1984).
13. See, for example, "The New Shape of Management Consulting," *Business Week*, 21 May 1979.
14. McGoldrick (January 1984).
15. Brill (August 1981).

第 31 章

本章的一些观点源自一篇学术文章，*The Evolution of Cooperation* by Robert Axelrod, Basic Books, 1984，它对于许多领域的合作问题都有独到的见解。

专业服务系列丛书

值得信赖的顾问：成为客户心中无可替代的人

作者：[美]大卫•梅斯特（David H. Maister）、查理•格林（Charles H. Green）、罗伯特•加弗德（Robert M. Galford）

ISBN: 978-7-111-59413-0 定价：69.00元

直达客户关系的灵魂，帮助你获得客户的深度信任。

（17年始终位于亚马逊顾问品类前3名）

专业服务公司的管理（经典重译版）

作者：[美]大卫•梅斯特（David H. Maister））ISBN: 978-7-111-59252-5 定价：79.00元

顶级会计师事务所、律师事务所、咨询公司、投资银行、
广告公司、猎头公司……都在遵循的管理法则

（专业服务大师梅斯特享誉全球的奠基之作）

专业主义

作者：[美]大卫•梅斯特（David H. Maister））ISBN: 978-7-111-63161-3 定价：69.00元

什么是专业主义？

专业主义和你的学历、从事的行业、在行业中担任的职位没有关系。
它只包含了你对工作的自豪、对高品质的追求、对客户的积极关注。

专业主义是一种态度，而不是一系列技能。